W0188952

«FÜRCHTET EUCH NICHT!»
IM GESPRÄCH MIT JOHANNES PAUL II.

«Fürchtet euch nicht!»

André Frossard
im Gespräch mit
Johannes Paul II.

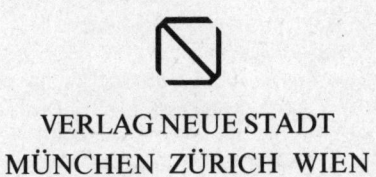

VERLAG NEUE STADT
MÜNCHEN ZÜRICH WIEN

Titel der französischen Originalausgabe:
« N'ayez pas peur!»
© 1982 Éditions Robert Laffont, Paris
Übersetzung: Mathilde Wieman OSB und Wolfgang Bader

CIP-Kurztitelaufnahme der Deutschen Bibliothek

Frossard, André

„Fürchtet euch nicht!" : André Frossard im Gespräch
mit Johannes Paul II.
[Übers.: Mathilde Wieman u. Wolfgang Bader].
– 1. Aufl. – München; Zürich; Wien:
Verlag Neue Stadt, 1982.
(Große Gestalten der Christenheit; 14)
Einheitssacht.: „N'ayez pas peur!" ‹dt.›
ISBN 3-87996-145-X

NE: Johannes Paulus ‹Papa, II.›; GT
Wojtyla, Karol [Früherer Name] –
Johannes Paulus ‹Papa, II.›

1982, 1. Auflage
© Alle Rechte der deutschsprachigen Ausgabe
bei Verlag Neue Stadt, München 83
Umschlaggestaltung: Josef Schaaf
Umschlagfoto: Photo Tim Graham-Sygma
Satz: Bauer & Bökeler Filmsatz GmbH, Denkendorf
Druck: May & Co., Darmstadt
ISBN 3-87996-145-X

Vorwort

Es war an einem Oktobertag, als er sich zum ersten Mal auf den Stufen von St. Peter zeigte. Vor sich ein großes Kruzifix, das er mit beiden Händen wie ein Schwert umfaßte. Seine ersten Worte «Non abbiate paura!» (Fürchtet euch nicht!) hallten auf dem Platz wider, und im gleichen Augenblick verstand jedermann, daß sich am Himmel etwas bewegt hatte. Nach dem Mann des guten Willens, der das Konzil begonnen hatte, nach dem großen geistlichen Vater, der es beendet hatte, und nach dem sanften und flüchtigen Intermezzo, das vorüberging wie der Flug einer Taube, hatte Gott uns einen Zeugen geschickt.

Man erfuhr, daß er aus Polen stammte. Ich hatte eher den Eindruck, daß er seine Netze am Ufer eines Sees verlassen hatte und daß er geradewegs aus Galiläa kam auf den Spuren des Apostels Petrus. Nie fühlte ich mich so nahe am Evangelium. Denn diese Worte „Fürchtet euch nicht!" waren an eine Welt gerichtet, wo der Mensch Angst hat vor dem Menschen, wo er Angst hat vor dem Leben und noch mehr vor dem Tod, Angst vor den Kräften der Energien, die ihn zum Gefangenen machen, Angst vor allem, vor dem Nichts und manchmal sogar vor seiner eigenen Angst. Aber es war auch – oder es könnte so sein – die Ermutigung eines Jüngers am Morgen des christlichen Zeitalters, mit der er seine Brüder aufrief, Zeugnis abzulegen. Als er sprach, stieg aus dem Marmor die Erinnerung an den Zirkus des Nero auf, worauf St. Peter errichtet ist.

Weder für die erstaunten Menschen auf dem Platz, deren Gesichter in einem anderen Licht erstrahlten, noch für meine Nachbarn, denen die Tränen kamen, noch für mich gab es

5

einen Zweifel: Das Christentum hat neu begonnen. Es stieg einmal mehr aus dem Grab auf, in welchem die Welt es endgültig bestattet zu haben glaubte. Dieser Papst würde der Mann eines christlichen Neubeginns sein. Mit ihm kehrte die verlorengegangene Hoffnung gestärkt zu uns zurück. Es würde kein traditionalistischer Papst sein, wie man wenig später schrieb; nicht einmal ein traditioneller Papst, sondern ein Papst vor der Tradition, ein Nachkomme der ersten Apostel, der mit seinem Kreuz mitten in der gleichen heidnischen Umwelt steht wie damals. Und diese hat die gleiche Tendenz, sich selbst zu vergöttlichen und sich mit unberechtigten Auszeichnungen zu überhäufen.

Nein, der Himmel hatte sich nicht geöffnet. Doch wie unsere Menschheitsgeschichte nur die langsame Entwicklung aus tiefen, grundlegenden Entscheidungen darstellt, die von Generation zu Generation am Horizont der Gedanken gefällt werden, so hat an diesem Tag die Zeit ihren Lauf angehalten, und die Geschichte hat einen Augenblick das Wort der Ewigkeit überlassen.

Doch das Evangelium gehört nicht einer Epoche an, es erneuert sich mit jeder Generation. Eine Zeit betont mit Maria Magdalena den Eifer für die Kontemplation und erbaut die Abtei Vézelay. Eine andere Zeit unterstreicht die Moral und errichtet Systeme, in denen die Strenge der Linien den Gesetzen entspricht. Unsere Zeit ist geprägt vom allgemeinen Zweifel, der von einigen Enttäuschten wie eine der „Schönen Künste" angesehen wird, dieser Zweifel an der Zukunft der Wissenschaft und der Menschheit selbst. In dieser Zeit stellt uns das Evangelium ganz einfach den Glauben vor Augen als das einzige Heilmittel für die Unmenschlichkeit unserer Tage. Das wird bald noch deutlicher werden; denn wir leben in einer Zeit eines außergewöhnlich raschen geschichtlichen Wandels, wo jeder moralische und verstandesmäßige Stützpunkt fehlt. Wir leben in einem Intervall verwäßrigter Werte und Ideologien, wo für den, der vorangehen möchte, der einzige Halt darin besteht, auf dem Wasser zu gehen. Der Mann des Glaubens, der Mann in Rom, gehört zu denen, die sich nicht fürchten, auf den Anruf zu antworten, der aus dem Boot Christi kommt: „Fürchtet euch nicht!" Seine Stimme trägt.

Sie trägt weit. Und mit ihr finden die Worte plötzlich ihre Jugend wieder, ihren inneren Gehalt, der durch die Inflation der Worte ausgehöhlt worden war. Wenn Sie Äpfel betrachten, die von Cézanne oder einem anderen Genie gemalt wurden, haben Sie den Eindruck, noch nie Äpfel gesehen zu haben, auf jeden Fall noch nie die Aufmerksamkeit darauf verwendet zu haben, die sie verdienen würden. So ist auch das Wort „Erde" nicht das gleiche, ob es von einem Vermessungsingenieur ausgesprochen wird oder von der Spitze eines Schiffsmastes kommt. Als Johannes Paul II. vor der Menschenmenge ausrief: «Gelobt sei Jesus Christus!» , war dieses Wort nicht mehr eine einfache liturgische Formel; es wurde zum Ausruf einer Entdeckung. Diese Eigenschaft, die Worte wieder auferstehen zu lassen, ist den Dichtern eigen, den großen Mystikern und natürlich auch den Aposteln Christi, die die Beauftragten des göttlichen Wortes sind. Die Menschen irren sich in diesem Punkt nicht, sie haben da ein musikalisches Gehör.

Weil er an sie denkt, an ihre Ängste, ihre Unsicherheit und ihre Fragen, die oft auch von den „Klugen und Weisen" nicht beantwortet werden, sagte er eines Tages zu mir:

«Stellen Sie mir Fragen.»

Ich glaube, ich habe ihm siebzig Fragen gestellt. Er ist keiner ausgewichen.

So begann das folgende Gespräch.

                                                              A. F.

Seine Person

I

Wenn es Fragen gab, die Johannes Paul II. nur zögernd beantwortete, dann waren es solche, die seine eigene Person betra-
fen. Johannes Paul II. spricht nicht gern von sich selbst.
Darum sind seine Biographen gewöhnlich auf das pfarramtli-
che Register von Wadowice angewiesen, wo er am 20. Juni
1920 getauft wurde und wo seine Lebensdaten in nüchternem
Standesamtsstil aufgeführt sind: Priester, Bischof, Erzbischof,
Kardinal an dem und dem Datum und endlich „Am 16. Oktober 1978 zum Papst gewählt; hat den Namen Johannes Paul II.
angenommen". Die letzte Eintragung ist ohne weiteren Kommentar über den Rand des eingerahmten Platzes hinausge-
schrieben, der unter dem Register für Anmerkungen freigelas-
sen ist; sonst findet man auf der gleichen Höhe der Seite nur
eine durchgestrichene Stelle und einen Tintenklecks.

Ich habe nichts gegen Kurzbiographien; doch ich würde mich
freuen, wenn der Papst mir ein wenig mehr als das Register von
Wadowice mitteilen würde.
    Er erklärt mir zunächst, daß meine kurze Frage mit sehr
vielen anderen Fragen zusammenhängt und daß er nicht auf
persönliche Einzelheiten eingehen wolle. Dadurch würden
Autobiographien so leicht verfälscht und sich nicht an das
Wesentliche halten. Er beginnt mit einigen philosophischen
Erörterungen über „die innere Zeit", die nicht mit der Uhrzeit
übereinstimmt, und über das allgemein bekannte Mißverhältnis zwischen der erlebnishaften Länge der ersten Kinderjahre
und den bruchstückhaften Erinnerungen, die uns bleiben;
dann kommt er auf die Ereignisse zu sprechen, die nicht im
Taufregister seiner Heimatpfarrei festgehalten sind, die nicht

auf dieser Seite stehen: die Trauerfälle, die seine Kindheit und Jugend mitgeprägt haben.

«Mit 20 Jahren hatte ich schon all meine Lieben verloren, auch diejenigen, die ich hätte lieben können, wie zum Beispiel meine große Schwester, von der man mir sagte, daß sie sechs Jahre vor meiner Geburt gestorben sei. Ich verlor meine Mutter noch vor meiner ersten heiligen Kommunion. Sie hatte nicht mehr die Freude, diesen Tag zu erleben, den sie wie einen hohen Festtag erwartet hatte. Sie hatte sich zwei Söhne gewünscht, von denen der eine Arzt, der andere Priester werden sollte. Mein Bruder war Arzt, und ich bin trotz allem Priester geworden.»

Er hat seine Mutter nie anders als krank gesehen. Sicherlich hat sie ihn beten gelehrt. Seine Erinnerungen an die Mutter sind ziemlich verschwommen. Doch erinnert er sich, daß er es als Entbehrung empfand, bei einer Reise nach Krakau nicht von ihr mitgenommen zu werden. Wahrscheinlich machte sie einen Arztbesuch: Sein 14 Jahre älterer Bruder hatte ihr offenbar „näher" gestanden. In seiner Jugend vermißte er die Mutter immer schmerzlicher. Als er später Ehevorbereitungskurse hielt, merkte er, wie die jungen Männer in ihrer Verlobten das Bild der eigenen Mutter suchten. Er sagte mir, daß es einen Zeitpunkt gibt, an dem auch die jungen Männer, die von ihrem Vater mit noch so viel Liebe und Güte erzogen worden sind, sich schmerzlich bewußt werden, daß sie keine Mutter gehabt haben:

«Mein Bruder Edmund starb während einer Scharlachepidemie in dem gleichen Krankenhaus, in dem er als Assistenzarzt arbeitete. Heute hätte man ihn mit Antibiotika retten können. Ich war damals zwölf Jahre alt. Der Tod meiner Mutter ist mir tief im Gedächtnis geblieben, und vielleicht noch mehr der Tod meines Bruders, wegen der tragischen Begleitumstände und weil ich schon reifer war.

So wurde ich verhältnismäßig früh ein mutterloser Waise

und einziges Kind. Ich bewunderte meinen Vater, fast alle meine Kindheits- und Jugenderinnerungen beziehen sich auf ihn. Durch die schweren Schicksalsschläge waren unermeßliche Tiefen in ihm aufgebrochen. Sein Leid wandelte sich in Gebet. Die einfache Tatsache, ihn niederknien zu sehen, war von entscheidendem Einfluß in meinen jungen Jahren. Er stellte so hohe Ansprüche an sich selbst, daß er keinerlei Ansprüche an seinen Sohn zu stellen brauchte. Allein durch sein Beispiel lernte ich Selbstbeherrschung und Pflichtbewußtsein. Er war ein außergewöhnlicher Mensch. Während des Krieges, in der Besatzungszeit der Nazis ist er ziemlich unvorhergesehen gestorben. Ich war noch keine 21 Jahre alt.»

Von nun an ist er allein in einem besetzten Land. Von 1939 bis 1941 sogar doppelt besetzt von Deutschen und Russen zusammen.

«Zu jener Zeit war ich Arbeiter und in einem Steinbruch beschäftigt, wo das Material für die Sodafabrik von Borek Walevski in einem Stadtteil von Krakau gewonnen wurde. Ein paar Monate nach dem Tod meines Vaters wurde ich vom Steinbruch in die Fabrik versetzt, und zwar in die Abteilung, wo der für die Dampfkessel bestimmte Sud gereinigt werden mußte. Die Zeitumstände haben es also mit sich gebracht, daß ich Arbeiter wurde. Im Herbst 1938, nach meiner Schulzeit am Gymnasium von Wadowice immatrikulierte ich mich an der Jagiellonen-Universität von Krakau und belegte die Fächer Philosophie und polnische Philologie. Ein Jahr später wurde die Universität von der Besatzungsmacht geschlossen, und die Professoren, unter denen sich eine große Anzahl von älteren und hochverdienten Männern befand, wurden in das Konzentrationslager von Sachsenhausen verschleppt. Daher die Karriere im Steinbruch, wohin mehrere meiner Kommilitonen mit mir zur Arbeit gingen.

Obgleich ich diesem einen Studienjahr an der ältesten Universität Polens viel verdanke, zögere ich doch nicht zu sagen, daß die folgenden vier Jahre im Arbeitermilieu ein Geschenk der Vorsehung für mich gewesen sind. Was ich während dieser Lebensphase an Erfahrung gewonnen habe, ist unschätzbar. Ich habe oft gesagt, daß ich sie womöglich für wichtiger und bedeutsamer halte als einen Doktorgrad, was aber keineswegs heißt, daß ich Universitätsdiplome geringschätze.»

Er selber hat – mühelos – mehrere Doktortitel erworben. Er hat immer leicht und gern gelernt. Und seine Berufung? Sie kam spät, aber nicht zu spät.

«Gegen Ende meiner Schulzeit meinten meine Bekannten, ich wolle Priester werden. Doch ich dachte nicht daran. Ich war überzeugt, daß ich Laie bleiben sollte. Ein engagierter Laie, fest entschlossen, am kirchlichen Leben teilzunehmen, aber nicht Priester.»

Er zitiert den Hebräerbrief (5, 4): „Keiner nimmt sich eigenmächtig diese Würde." Auf diesem Gebiet wählt man nicht, man wird gewählt. Der Ruf, den er sich aus dem Kopf schlagen wollte, erreichte ihn trotzdem. Es war am Ende einer Vorstellung am „Rhapsodischen Theater", wo er Gedichte vortrug, zusammen mit anderen Jugendlichen, die ebenso literaturbegeistert waren wie er selbst:

«Nach dem Tod meines Vaters im Februar 1941 habe ich nach und nach meinen eigentlichen Weg erkannt. Ich arbeitete in der Fabrik; ich ging, soweit es unter der Schreckensherrschaft der Besatzung möglich war, meiner Neigung zu Dichtung und Schauspielkunst nach. Meine Berufung zum Priestertum nahm mitten in dieser Umgebung Gestalt an, wie ein inneres Geschehen von unwiderlegbarer und absoluter Klarheit. Im Herbst des folgenden Jahres wußte ich, daß ich berufen war. Ich sah deutlich, was ich zu verlassen hatte, und erkannte das Ziel, das ich erreichen mußte, ‹ohne einen Blick zurück zu tun›. Ich wollte Priester werden.»

„Was es zu verlassen galt?" – Wohl jeder hat schon einmal gesehen, wie Johannes Paul II. ein Kind aus der Menge nimmt, es emporhebt und in seine Arme schließt. Und wer das

14

beobachtet, stellt sich die Frage nach der menschlichen Liebe, die ich jetzt ihm selbst stelle:

«Darauf will ich Ihnen kurz antworten: Auf diesem Gebiet habe ich mehr Gnaden empfangen als Kämpfe zu bestehen gehabt. Es gab einen Tag, an dem ich die volle Gewißheit hatte, daß mein Leben nicht in natürlicher menschlicher Liebe seine Erfüllung finden würde, so sehr ich deren Schönheit stets ganz tief empfunden habe. Als Seelsorger habe ich viele junge Menschen auf die Ehe vorbereitet. Mein Priestertum hat niemals trennend zwischen uns gestanden, im Gegenteil. Es brachte mich ihnen näher und hat mir geholfen, sie besser zu verstehen.

Sie lernten sich kennen, sie entschieden sich füreinander, sie gründeten Familien. Ich segnete ihre Ehen, ich nahm an ihren jungen Elternfreuden teil, ich taufte die Kinder, die zur Welt kamen. Sie hatten Vertrauen zu mir, und wir sprachen offen über all ihre Probleme.

Daß mein Leben anders als das ihre ist heißt nicht, daß ich ihnen deshalb entfremdet werde, im Gegenteil. Ich habe einmal bei Max Scheler gelesen, daß Jungfräulichkeit und Ehelosigkeit für das Verständnis von Ehe, Familienleben, Mutterschaft und Vaterschaft eine besonders wichtige Rolle spielen. Ich finde diese Ansicht außerordentlich richtig und zutreffend. Die menschliche Liebe der Brautleute, der Ehegatten, der Väter und Mütter war ein Thema, das sich wie ein roter Faden durch all meine Überlegungen und Beiträge zog; es war verknüpft mit meiner ganzen Lebenserfahrung, mit meinem eigenen Weg, oder es stellte sich im Zusammensein mit denen, die einen anderen Weg eingeschlagen hatten. So ist es immer gewesen. Und so ist es auch heute noch. Das ist ein großes Thema, das ich unaufhörlich erforsche, und ich erkenne immer besser, wie tief es den Worten der Offenbarung eingeschrieben ist. Ich glaube, daß es da noch viel zu tun gibt. In dieser Hinsicht ist die Situation in der Kirche und in der Welt eine Herausforderung.»

Das Wort „Herausforderung" kommt im Gespräch immer wieder vor. Meistens im Sinne von „Antrieb" oder „Provokation", um sich für das Gute, die Gerechtigkeit, die Wahrheit einzusetzen oder darauf zu reagieren.

«Christus verlangt von uns die Reinheit des Herzens, entsprechend unserem Stand und unserer Berufung. Er fordert sie ohne Umschweife. Aber viel mehr noch weist er uns den Weg zu Werten, die sich nur dem reinen Blick und dem reinen Herzen erschließen. Diese Reinheit erreicht man nicht ohne Verzicht und ohne inneren Kampf gegen die eigene Schwäche. Hat man sie aber einmal erlangt, dann ist die Reife des Verstandes und des Herzens ein hundertfacher Lohn für alles, was sie einem gekostet hat. Es erwächst daraus eine neue Spontaneität der Gefühle, des eigenen Handelns und Verhaltens, welche die Beziehungen zu den Menschen, vor allem zu den Kindern, erleichtert . . . Ich denke, daß ich damit Ihre Frage beantwortet habe.»

Er hat als Priester geantwortet. Unser Gespräch war aber erst an dem Punkt angelangt, wo er noch nicht Priester ist. Wir kehren also nach Polen zurück, wo der junge Mann, der geglaubt hatte, nicht für das Priestertum geschaffen zu sein, seine Berufung entdeckte. Normalerweise hätte er nun Theologie studiert. Aber die Nazis hatten die Universitäten nicht geschlossen, um dafür Priesterseminare zu eröffnen. Und so erfolgte die Ausbildung zum Priestertum in der größten Heimlichkeit. Die Theologie war in den Untergrund gegangen:

«Im Oktober 1942 wurde ich Student des heimlichen Priesterseminars, das der theologischen Fakultät der Jagiellonen-Universität angeschlossen war und von den Nazis unbemerkt weiterexistierte. Ich bereitete mich in meinen Freistunden und sogar – im Rahmen des Möglichen – während der Arbeitspausen in der Fabrik auf meine Examen vor.»

Da ereignet sich eine intellektuelle Entdeckung, gewissermaßen eine kopernikanische Wende an seinem Gedankenhim-
mel. Man gab dem neuen Seminaristen ein Grundlehrbuch zur
Einführung in die Metaphysik in die Hand.

«Im großen und ganzen war das eine Schwierigkeit. Meine
auf die Humanwissenschaften ausgerichtete literarische Bildung hatte mich absolut nicht auf die scholastischen Thesen
und Formulierungen vorbereitet, die das Lehrbuch von
Anfang bis Ende brachte. Ich mußte mir einen Weg durch das
dichte Gestrüpp von Begriffsanalysen und Lehrsätzen bahnen, ohne das Terrain ausmachen zu können, auf das ich
zuging. Nachdem ich zwei Monate in dieser Vegetation gero-
det hatte, kam der Blitzstrahl: Ich entdeckte, welch tiefen Sinn
all das barg, was ich vorher nur gelebt und geahnt hatte. Nachdem ich mein Examen bestanden hatte, sagte ich meinem Prü-
fer, daß ich die neue Weltsicht, die ich in diesem engen Kontakt mit meinem Lehrbuch der Metaphysik erworben hatte, für
wertvoller hielt als meine Examensnote. Ich hatte nicht übertrieben. Was ich bis dahin durch Intuition und inneres Gespür
von der Welt gewußt hatte, das fand sich nun zuverlässig bestätigt.»

Diese Übereinstimmung zwischen dem Leben und einem
Lehrbuch der Philosophie, die man ohne weiteres wunderbar
nennen könnte, hatte eine entscheidende Wirkung:

«Diese Entdeckung, die noch heute die Grundlage meiner
Denkstrukturen bildet, steht auch am Anfang meiner ausgesprochen seelsorgerlichen Berufung. Die Umstände haben mir
niemals viel Zeit zum Studium gelassen. Von meiner Veranlagung her ziehe ich das Denken der Gelehrsamkeit vor. Davon
konnte ich mir während meiner kurzen Laufbahn als Hochschullehrer in Krakau und Lublin Rechenschaft geben. Meine
Auffassung von der Person, die ‹einzig› in ihrer Identität ist,
und vom Menschen als Mittelpunkt des Weltalls ist eher aus
der Erfahrung und aus dem Gespräch mit anderen erwachsen

als aus der Lektüre. Die Bücher, das Studium, die Überlegung und die Diskussion, der ich nicht ausweiche, wie Sie wissen, helfen mir, das zu formulieren, was die Erfahrung mich lehrt. Mit diesen beiden Dimensionen meines Lebens und meiner Tätigkeit gewann die Berufung zum Seelsorger die Oberhand über die Berufung zum Professor und Wissenschaftler. Sie zeichnete sich allmählich immer tiefer und stärker ab. Aber wenn sie sich auch voneinander entfernt haben, so gab es doch nie einen Bruch zwischen ihnen.»

Das Leben, die Erfahrung. Und die Freundschaft?

«Ich schulde mehreren Priestern tiefe Dankbarkeit, vor allem einem von ihnen, der heute sehr alt ist und der mich in meiner frühesten Jugend durch seine Güte und Einfachheit zu Christus geführt hat. Er war mein Beichtvater, und er wußte, in welchem Augenblick es angebracht war, mir zu sagen: ‹Christus ruft dich zum Priestertum.› Meine Dankbarkeit richtet sich auch auf die Betreuer im Seminar, auf die Theologieprofessoren und auf die Geistlichen, die während meiner kurzen Zwischenstation in der Pfarrseelsorge meine Mitbrüder gewesen sind, ganz besonders auf einen von ihnen.

Unvergeßlich bleibt mir Kardinal Sapieha, der während des Krieges in der furchtbaren Besatzungszeit sich als echter Vater des Vaterlandes erwiesen hat.

Ich hatte sehr viele Freunde in der Welt: an der Universität, in der Fabrik, in der Widerstandsbewegung. Ich müßte ihnen allen danken, jedem einzelnen. Ich bemühe mich, es vor Gott zu tun, und denke dabei zuerst an jene, die nicht mehr auf dieser Welt sind. Unter ihnen denke ich an einen ganz einfachen Mann, einen jener unbekannten Heiligen, die mitten unter den anderen verborgen leben, wie ein wunderbares Licht auf dem Grund der Existenz, in einer Tiefe, in der gewöhnlich nächtliches Dunkel herrscht. Er hat mir die Reichtümer seines inneren Lebens, seines mystischen Lebens erschlossen. Er hatte seine Studien abgebrochen, um in der Schneiderwerkstatt seines Vaters mitzuarbeiten. Denn diese Arbeit entsprach mehr seinem Zug zur Kontemplation. Unter der Besatzung war er ein wahrer Lehrmeister des geistlichen Lebens für viele junge Menschen, die als ‹lebendiger Rosenkranz› um meine Pfarrei herum zusammengeschlossen waren. Er hieß Jan. Durch sein Wort, seine Spiritualität und sein ganz Gott hingegebenes Leben verkörperte er eine Welt, die ich bis dahin noch nicht gekannt hatte. Ich habe die Schönheit einer in der Gnade entfalteten Seele gesehen. Ich hatte noch nicht an das Priestertum gedacht, als er mir unter anderem die Werke von Johannes vom Kreuz zu lesen gab und als erster mit mir darüber sprach. Er war von dieser Schule.

Später als Theologiestudent lernte ich privat für mich Spanisch, um den Gedanken des mystischen Lehrers in meiner Doktorarbeit zu erläutern. Diese Arbeit hatte ich in Krakau angefangen und im Angelicum zu Rom bis zum Abschlußexamen weitergeführt, das zu zwei verschiedenen Zeitpunkten in Rom und in Krakau stattfand. Aber das ist nicht das Entscheidende. Es zählt das, was ich dem eben erwähnten bewundernswerten Unbekannten verdanke: die Offenbarung eines Universums. Der Schock war mit dem zu vergleichen, den ich im tiefsten Dickicht meines metaphysischen Dschungels erlebte, wovon ich Ihnen erzählt habe.»

So ist der Arbeiter in der Sodafabrik ein heimlicher Seminarist der Untergrunduniversität von Krakau. In seinem entschlossenen Auftreten hat er etwas von einem Freischärler aus den Karpaten behalten, ob er nun Priester, Bischof, Erzbischof und Kardinal wurde – wie es im Taufregister von Wadowice aufgezeichnet ist.

Dieser Abschnitt seines Lebens ist bekannt. Aber hat sich seit jenem Tag, an dem er die priesterlichen Gewänder anlegte, um sein erstes Meßopfer darzubringen, seine Auffassung vom Priestertum und von der Rolle des Priesters in der heutigen Zeit geändert? «Im wesentlichen nicht. Das Zweite Vaticanum hat uns eine neue Sicht über die Teilnahme des ganzen Gottes-volkes am Priestertum Christi vermittelt. Das Sakrament der Priesterweihe, das die Aspekte Hierarchie und Amtspriester-tum einschließt, wurde in den großen Zusammenhang des Priestertums der Gläubigen gestellt. Freilich kann das richtige Verständnis des priesterlichen Amtes [erst recht des Bischofs-amtes] nichts anderes sein als die reife Frucht einer Teilnahme an der universalen Fülle des Priestertums Christi. Diese Teil-nahme geht aus dem Sakrament hervor, das die Erlösungsge-walt verleiht und der menschlichen Seele an einem bestimmten Tag ein unauslöschliches Merkmal einprägt und sie mit einem Siegel bezeichnet: *dem Priestertum auf ewig.*

Die heiligen Priester aus den vergangenen Jahrhunderten haben ihre Berufung und ihren Dienst immer als schlechthin gemeinschaftsbezogen, man kann sogar sagen ‹horizontal› aufgefaßt, indem sie in erster Linie ‹für die anderen› lebten. Allerdings ist es klar, absolut klar, daß dieser ‹Horizontalis-mus› von einem echten vertikalen Verständnis abhing, was nicht nur abstrakt, sondern vielmehr wirklich existentiell war, tief verwurzelt im Geheimnis des Priestertums Christi.

So hat das Zweite Vaticanum meines Erachtens nicht jene lebendigen Vorbilder abgewertet, die für mich in meiner Semi-narzeit und in meinen frühen Priesterjahren ein so starker Rückhalt waren. Ganz im Gegenteil, ich bin überzeugt, daß diese Vorbilder entscheidend dazu beigetragen haben, mir eine Auffassung vom Priestertum zu geben, wie sie uns dann das Konzil in seiner ganzen Fülle und Echtheit vor Augen gestellt hat.

Meine Vorbilder? Ich habe sehr viele. Der heilige Franz von Assisi, der sich nicht für würdig hielt, Priester zu werden, und Diakon geblieben ist; der Bruder Albert Chmielowski, einer seiner treuesten Jünger in meinem Vaterland. Gegen Ende des vorigen Jahrhunderts war Bruder Albert ein Wegbereiter der geistlichen Wiedergeburt Polens. Sein Leben als Student, als von inneren Konflikten erschütterter Maler, dann als Franziskanertertiar und Diener der Armen – in diesem Ideal fand er seinen Frieden – läßt sich in den Worten eines ausgezeichneten Biographen zusammenfassen: ‹Er hat seine Seele hingegeben.› Das ist es. Ich frage Sie, was ist der Priesterberuf anderes als ein Aufruf, seine Seele hinzugeben? Wir Priester brauchen dringend Vorbilder, die uns lehren, große Anforderungen an uns selbst zu stellen, die uns zeigen, wie sehr das Priestertum Christi uns übersteigt, und die uns mitreißen, das zu suchen, ‹was oben ist›. »

Die beiden ersten Vorbilder, von denen Johannes Paul II. spricht, waren keine Priester. Erst der dritte, und dieser bis zur Vollendung. Man nennt ihn den heiligen Pfarrer von Ars:

«Im Seminar las ich mit Ergriffenheit, die nicht von der Schönheit der Sprache ausgelöst war, das Buch von F. Trochu über Johannes Maria Vianney, den Pfarrer von Ars, dessen ganzes Leben von der Größe des Priestertums Christi Zeugnis ablegt. Mir scheint, daß wir kein Recht haben, unter dem Vorwand von Anpassung oder Erneuerung auf solche Vorbilder zu verzichten. Wir können sie nicht einfach als ‹überholt› oder ‹unzeitgemäß› abtun, noch weniger als verblaßte Illustrationen einer ‹eindimensionalen› Theologie, wie man es gelegentlich hört. Wir können und müssen sie nachahmen, indem wir sie neu lesen im Lichte oder im Spiegel der neuen Zeit. Wenn der Pfarrer von Ars in unserer Zeit lebte, so würde er sich zweifellos dem heutigen Apostolat und der heutigen Seelsorge widmen, mit dem ganzen Heroismus seines priesterlichen Lebens und mit der ganzen Liebe, die er aus dem Evangelium schöpfte und die von seiner Person ausging.

Könnte man sich ihn als Arbeiterpriester vorstellen? Ich glaube ja, wenn man den evangelischen Radikalismus bedenkt, den diese Orientierung voraussetzt. Jedenfalls ist es wahrscheinlich, daß seine Arbeitskollegen ihn sehr bald bitten würden, etwas weniger Arbeiter und dafür etwas mehr Priester zu sein, damit er ihnen die Wahrheiten des Glaubens weitergibt, die Kranken besucht und ihre Kinder im Glauben unterweist.»

Ob das Apostolat der Arbeiterpriester nicht auf einen Vianney des 20. Jahrhunderts wartet? Einen Vianney aus dem Arbeiterstand? Zwar stelle ich diese Frage nicht, aber ich habe den Eindruck, daß der Papst sie sich stellt.

II

Wenn der Name Wojtyla französisch ausgesprochen wird, weckt er unwillkürlich den Gedanken an einen Galoppritt in der Steppe, während die korrekte Aussprache für westliche Ohren etwas Afrikanisches hat. So glaubten viele bei der Verkündigung durch Kardinal Felici auf dem Petersplatz, es wäre ein Papst aus der Dritten Welt gewählt worden. Übrigens ist anzunehmen, daß die richtige Aussprache sehr schwer zu lernen ist, denn ein Freund von Johannes Paul II., der als Zuschauer auf dem Petersplatz stand, erkannte nicht den Namen des Erzbischofs von Krakau und teilte für einen Augenblick den allgemeinen Irrtum. Als man erfuhr, daß es sich um einen polnischen Kardinal handelte, war das Erstaunen riesig groß, als ob der weiße Rauch aus dem Kamin der Sixtina ein Kanonenschuß gewesen wäre.

Woher hatten die Kardinäle der Heiligen Kirche, die man ein paar Tage später in ehrwürdigem Zug mit ungleichmäßigen Bergsteigerschritten zur Huldigung des Neugewählten auf den Stufen des Thrones emporsteigen sah, nur die Kühnheit geschöpft, mit einer 500jährigen Tradition zu brechen, um einen Papst hinter dem Eisernen Vorhang hervorzuholen, aus jenem Gebiet, das durch Drahtverhaue von einer Pseudoreligion eifersüchtig abgeschirmt wird, die glaubt, sie könne den

Worten der Ewigkeit überall mit geschichtlichen Parolen entgegentreten?

Aber als die Kirche mit einer Gewohnheit brach, knüpfte sie an das Evangelium an: «Waren die Apostel nicht Galiläer, wie auch Simon, dem Christus den Namen Petrus gab, ein Fischer von Beruf, mit seinem ungestümen Temperament, der im Augenblick der Versuchung seine Schwachheit bitter erfahren sollte? Unter dem Antrieb des Heiligen Geistes ist eben dieser Petrus nach Rom gekommen und hat im Vertrauen auf die Verheißungen Christi die Kirche gegründet, die noch heute besteht. Als ich am Tag meiner Wahl in Rom sagte, daß ich ‹von weither komme›, dachte ich an Petrus, den Sohn Israels aus Galiläa. Auch er war von weither gekommen.»

Man hat sofort von dem „polnischen Papst" gesprochen, zuweilen mit einer Herablassung, die freilich nicht von solcher Höhe fiel, daß sie jemanden verletzen konnte, die aber um so mehr befremdete, als sie aus intellektuellen Kreisen kam, in denen man es nie genug sein lassen kann, den westlichen Überlegenheitsdünkel zu verurteilen. Sind wir denn tatsächlich so verunsichert, daß wir uns entschuldigen müßten, einer heldenhaften Nation anzugehören, die einfach aufgrund ihrer Existenz – und wie lange schon! – zu einer „unerwünschten Person" in Europa abgestempelt wird? Muß man gewisse Christen um Verzeihung bitten, Sohn eines Volkes zu sein, das sich niemals gefürchtet hat, seinen Glauben zu bekennen? Müssen wir wirklich um Anerkennung kämpfen? Wenn ich in einem bestimmten Ton von dem „polnischen Papst" reden höre, dann erinnere ich mich an die Plakate mit Bildern von den Ruinen Warschaus nach dem Krieg, die an die unzerstörten Mauern von Paris angeschlagen wurden. Ich denke an dieses Volk, das in regelmäßigen Zeitabständen zu Grabe getragen wurde und sich nur wieder erhob, um von neuem kämpfen zu müssen. Und ich schäme mich.

«Nach dem Tod des Petrus ist die Kirche von Männern jeglicher Herkunft geleitet worden. Sie sind im *Päpstlichen Jahr-buch* verzeichnet. Möglicherweise sprach man in jenen vergangenen Zeiten schon von einem ‹afrikanischen› , einem ‹syrischen› oder einem ‹spanischen›Papst, ehe man anfing, die Herkunft dieses oder jenes Papstes – *ex gente teutonica, gallica* oder *anglica* – näher zu beschreiben. Im Anfang gab es Päpste oder vielmehr Bischöfe von Rom, die aus dem römischen Weltreich stammten. Ihnen folgten andere aus den neuen Völkergruppen, die sich auf seinen Trümmern oder in den Ländern jenseits seiner alten Grenzen gebildet hatten.

In den letzten fünf Jahrhunderten hat das Kardinalskollegium stets Italiener gewählt. Mit dem plötzlichen Bruch dieser langen Tradition hat es nun eine andere, noch ältere Tradition wieder aufgenommen, die bis auf Petrus selbst zurückgeht. Die letzten Päpste, vor allem Paul VI., haben ihr Möglichstes getan, um die Kirche auf diesen Wechsel vorzubereiten. Sie haben sich nicht nur von der alten Tradition inspirieren lassen, sondern auch in besonderer Weise die Situation der Kirche in der heutigen Welt berücksichtigt.

Sicher enthält die Bezeichnung ‹polnischer Papst› verschiedene Bedeutungen. Besser würde man von einem ‹Papst aus Polen› sprechen. Sehr wahrscheinlich waren die Reaktionen auf einen ausländischen Papst sehr unterschiedlich, je nach den verschiedenen Ebenen von Geschichtsbewußtsein und Nationalgefühl, die bestimmt nicht überall und zu allen Zeiten die gleichen sind. Man hat nicht ohne Grund geltend gemacht, daß der Papst als Bischof von Rom der Nation seiner Diözesanen angehören müsse. Bei dieser Gelegenheit möchte ich nicht versäumen, meinen römischen Diözesanen zu danken, daß sie einen Papst, der aus Polen stammt, wie einen Landsmann aufgenommen haben. Das Charisma der Universalität muß wohl in der Seele dieses Volkes tief verankert sein, denn schon seine christlichen Vorfahren haben Petrus, den Galiläer, aufgenommen und zugleich mit ihm die Botschaft Christi, die für alle Völker der Erde bestimmt ist.»

Der Papst erinnert mich daran, daß Polen im Laufe der Zeit und sogar in den Akten des Apostolischen Stuhls gewöhnlich als *Bollwerk der Christenheit*[1] bezeichnet worden ist und daß der Papst, der das Bollwerk nun verlassen hat, die Erfahrung der immer noch andauernden polnischen Wachbereitschaft mitbringt. Auch wenn es in Frankreich hervorragende Historiker gibt, so sind wir es doch längst nicht alle. Und viele Elemente der «polnischen Erfahrung» entgehen uns:

«Der ‹Papst aus Polen› ist der erste slawische Papst. Nach Herkunft und Muttersprache ist er mit allen slawischen Völkern Osteuropas und eines großen Teils von Mitteleuropa verbunden. Von daher ist er, zusammen mit seinem Volk, Erbe der Nachbarschaft und Begegnung von zwei christlichen Traditionen und Kulturen: der westlichen, mit dem Mittelpunkt Rom, und der östlichen, mit Anschluß an Konstantinopel. Bei dieser Gelegenheit ist zu erwähnen, daß die Slawenapostel Cyrillus und Methodius aus Thessalonike kamen, also aus dem Einflußgebiet von Konstantinopel. Dennoch wissen wir aus der Geschichte, daß sie für ihre Missionsarbeit unter den Slawen um Unterstützung und Bestätigung in Rom nachsuchten. Ganz im Anfang seiner Geschichte hat Polen durch die Vermittlung einer böhmischen Prinzessin, der Gemahlin des ersten geschichtlich bezeugten Herrschers meines Vaterlandes, die Taufe empfangen. Die Verbindung mit Rom hat unser christliches Jahrtausend geprägt. Gleichzeitig, vor allem aber seit der Vereinigung mit Litauen am Ende des 14. Jahrhunderts, hat Polen enge Beziehungen zu den diesseits und jenseits der Grenze Lemberg – Kiew ansässigen Ruthenen und durch sie mit der orientalischen Tradition aufgenommen. So ist unser Erbe entstanden als Frucht der Begegnung zwischen Ost und West.»

Die folgenden Worte widme ich allen, die vergessen haben,

---

[1] Ein Wort, das Paul VI. in einem Brief vom 17. Dezember 1965 an Kardinal Wyszynski prägte (AAS 58).

daß im westlichen Europa des 15. und 16. Jahrhunderts die Gewissensfreiheit nicht einmal ein Wunschtraum war:

«Polens bemerkenswerte Einstellung zur Gewissensfreiheit erwies sich auf dem Konzil zu Konstanz im Jahre 1414, als der Rektor der Universität von Krakau Paul Wlodkowic sich jeder Art von Zwangsbekehrung zum Katholizismus entschieden widersetzte (was auf die Bemühungen der Deutschordensritter jenseits der nordpolnischen Grenze gemünzt war). Zur Zeit der Reformation, die auch im Polen des 16. Jahrhunderts Anhänger fand, erklärte König Sigismund-August: ‹Ich bin nicht König über euer Gewissen.› Nach diesem Grundsatz handelte er, so daß es in Polen im Gegensatz zu den westlichen Ländern niemals Scheiterhaufen zur Ketzerverbrennung gegeben hat. Es gehört also zum geistlichen Erbe des Papstes aus Polen, für die menschliche Gewissensfreiheit einzutreten.»

Dieses Volk, eins in Glauben und Sprache, hat seine Einheit im Verlauf der Geschichte nicht immer leben können. Der schreckliche Alptraum seiner Zerstückelung durch das zaristische Rußland, durch Preußen unter Friedrich dem Großen und durch Österreich unter Maria Theresia und Josef II. lastet seit zwei Jahrhunderten auf der Rechtsprechung und der sittlichen Ordnung. Doch als die Polen alles verloren hatten, gewannen sie einen Freiheitssinn, der nicht aus großen Worten, sondern ganz und gar aus der Erfahrung stammt. «Die Freiheit», so sagt der Papst, «besitzt man nicht, man erringt sie.» Und wenn er von ihr und ihrer Bedeutung für die Entfaltung der menschlichen Persönlichkeit spricht, gebraucht er ein sehr starkes Wort: «Man muß mit ihr das persönliche Leben und das soziale Leben aufbauen.»

In meiner Kindheit habe ich von alten Frontkämpfern aus dem Ersten Weltkrieg von den endlosen Schrecken einer Schlacht gehört, wo die ganze strategische Kunst der Befehlshaber darin bestand, die Granatlöcher mit lebendigen Soldaten aufzufüllen, bis die Munition des Gegners verbraucht war. Sie erzählten, wie sie wegen einer Verwundung oder eines

26

Urlaubs für ein paar Tage oder Wochen in «die Etappe» kamen und wie das, was sie dort an Feigheit, Bespitzelung und verdächtiger Begeisterung zu sehen bekamen, ihnen half, zwar nicht ohne Furcht, aber zumindest fast ohne Bedauern zu ihren Kameraden im Feuerhagel der Front zurückzukehren.

Recht verstanden – und ich meine das nicht nur im militärischen Sinn – denke ich, daß das heutige Polen wie seit jeher an der vordersten Front steht und daß unsere schönen westlichen Demokratien mit ihrem Überfluß an Wirtschaftsgütern und ihrem Mangel an Sittlichkeit dahinter zurückstehen. Das sage ich dem Papst.

«Man kann tatsächlich sagen, daß hinsichtlich der letzten Epoche unserer Geschichte, dem Zusammenstoß des Christentums und der polnischen Kirche mit dem marxistischen System das Christentum in Polen seit nunmehr 30 Jahren an vorderster Front steht. 1966 hat mein Volk die Tausendjahrfeier des Christentums in Polen begangen. Inzwischen hat die Vorsehung zum Nachfolger Petri einen Papst aus Polen bestimmt. Er ist bereit, der römischen Kirche zu dienen, aber auch, seinen Auftrag zu erfüllen und seine weltweite Verantwortung wahrzunehmen. Er bittet den Heiligen Geist, daß die tausendjährige ‹polnische Erfahrung› seiner Aufgabe zugute kommt und Frucht trägt.»

Er hat die «Vorsehung» erwähnt. Hat sie ihn am 16. Oktober 1978 überrascht?

«Ich glaube, daß die Abstimmung des Konklave an jenem Tag eher andere Menschen überrascht hat als mich. Aber für das, was Gott gebietet, auch wenn es menschlich gesehen unmöglich erscheint, gibt er die Gnade, um es erfüllen zu können. Das ist das Geheimnis jeder Berufung. Jeder Ruf ändert unsere Pläne und eröffnet uns einen neuen Weg; und es ist erstaunlich zu sehen, bis zu welchem Grad Gott uns innerlich beisteht, wie er uns eine neue ‹Wellenlänge› schenkt, wie er uns hilft, auf diesen neuen Plan einzugehen und ihn uns so zu eigen zu machen, daß wir in ihm ganz einfach den Willen des Vaters erkennen, mögen unsere Schwäche oder die Anhänglichkeit an unsere eigenen Ansichten auch noch so groß sein.

Während ich so mit Ihnen spreche, denke ich an andere Situationen aus meiner seelsorgerlichen Erfahrung, an die unheilbar Kranken, die an ihren Rollstuhl oder an ihr Bett gefesselt sind. Oft sind es junge Menschen, die den unerbittlichen Verlauf ihrer Krankheit kennen und oft wochen-, monate-, jahrelang in ihrer Agonie gefangen sind. Sollte ich nicht auch annehmen können, was sie annehmen?

Vielleicht sind Sie über diesen Vergleich ein wenig erstaunt. Aber am Tag meiner Wahl drängte er sich mir auf. Und weil sie wissen wollen, was meine ersten Gedanken waren, gebe ich sie Ihnen so wieder, wie sie mir gerade einfallen. Wohlgemerkt, ich mußte zuerst Kardinal Villot Antwort geben, der nach Vorschrift des Protokolls den Erwählten zu fragen hatte, ob er die Wahl annehme. Ich habe mich also an die Anweisungen dieses Protokolls gehalten (es handelt sich um die Apostolische Konstitution *Romano Pontefici eligendo,* Nr. 86), die den Erwählten auffordert, wenn möglich, seine Wahl anzunehmen und darin den Willen Gottes und das Wirken des Heiligen Geistes zu sehen. Trotz meiner Unwürdigkeit machten es mir diese Richtlinien zur Pflicht, im Geiste des Gehorsams und im Glauben an Jesus Christus, meinen Herrn und Erlöser, und in gänzlicher Hingabe an seine Mutter die Wahl anzunehmen. All das war in meiner Antwort an den Camerlengo enthalten, und ich habe es bei meinem ersten Segen *Urbi et orbi* wiederholt.»

Das Protokoll, das dem Erwählten nahelegt, seine Wahl, „wenn möglich", anzunehmen, berücksichtigt offensichtlich den Fall, daß der Betreffende sich seiner Unfähigkeit oder seines Mangels an Eignung bewußt ist, was aber der Versammlung der Kardinäle unbekannt geblieben war. Da jedoch eine Papstwahl nicht das Ergebnis einer Wahlschlacht ist, neigt der

28

Gewählte wohl meist dazu, sich für den Schlechtesten und nicht für den Besten zu halten. Nach jenem „wenn möglich", das sein Gewissen beruhigen soll, erinnert deshalb das Protokoll an den „Willen Gottes", um seiner Demut zum Gehorsam zu verhelfen.

Aber der Papst kommt auf die Schwerkranken zurück, die so wesentlich zu seinem geistlichen Leben gehören, daß ihn nie der Gedanke an sie verläßt. Er spricht zu mir über das Wirken der Gnade im Schmerz dieser Körper:

«Wie können diese unheilbar Kranken in ihrer Schwäche und ihrem langsamen Sterben menschlich gesehen ihr Los annehmen? Manche werden sich nach und nach bewußt, daß auch das Leiden eine bevorzugte Berufung im Mysterium Christi und der Kirche ist. Sie leben aus dem Pauluswort (Kol 1,24): ‹Ich ergänze an meinem Leibe, was an den Leiden Christi noch fehlt.› Mehr als einmal habe ich festgestellt, daß das furchtbar Unausweichliche angenommen werden konnte, nicht als ein unvermeidliches, blindes Schicksal, sondern vielmehr als ein Zeichen der Auserwählung und Berufung. Da liegt die Quelle für den Frieden und die Freude, die der Mensch erfährt, wenn er den Sinn seines Lebens und seine Identität entdeckt, das heißt den Namen, mit dem Gott ihn ruft. In meinen Gesprächen mit den am schwersten heimgesuchten Menschen war ich oft ergriffen von dieser unerwarteten Gelassenheit und Freude, in denen ich nichts anderes erkennen konnte, als den greifbaren Beweis für das Wirken der Gnade und für die Gegenwart des Heiligen Geistes im Herzen des Menschen.

Ich bin überzeugt, daß mir, als ich am 16. Oktober 1978 aufgefordert wurde, den neuen Plan anzunehmen, den Gott mir durch die Abstimmung der Kardinäle zeigte, die Hilfe all derer zugute gekommen ist, die ‹an ihrem Leib ergänzen, was am Leiden Christi fehlt›, jene ganz hingegebenen und im Mystischen Leibe Christi tief verborgenen Menschen, die vielen, welche die Versammlung der Kardinäle mit ihrem Gebet und Opfer unterstützten, die Opfer und Gebete all derer, die mir nahestehen. Und ich vertraue darauf, daß ich aus denselben Quellen schöpfen darf, um Gottes Absichten zu erfüllen und dem Ruf zu entsprechen, auf den ich mich am Tag meiner Wahl eingelassen habe. ‹Meine Kraft kommt in der Schwachheit zur Vollendung›, sagt Paulus (2 Kor 12,9).»

Das Wort ist bekannt: Wer als Papst ins Konklave geht, kommt als Kardinal heraus. Es kommt freilich auch vor, daß man als Kardinal ins Konklave geht und als Papst herauskommt. Ich frage, ob man ein anderes Bild vom Papst bekommt, wenn man selber Papst ist. Ich möchte also wissen, ob Karol Wojtyla noch dieselbe Auffassung vom Papsttum hat, seit er Johannes Paul II. ist.

Als ich ihm meine Frage stellte, dachte ich an die früheren Päpste, die durch das Zeremoniell gewissermaßen ins Übermenschliche gehoben wurden. Der Kardinal von Krakau, der als Bischof von Rom aus dem Konklave hervorging, gibt eine originelle Antwort:

«Der seelsorgliche Dienst des Bischofs von Rom auf dem Stuhl Petri findet seinen Sinn und seine Fülle in der Tradition und vor allem im Lehramt des Zweiten Vatikanischen Konzils. Es handelt sich hier nicht nur um das dritte Kapitel der Konstitution *Lumen Gentium*[1] über die hierarchische Verfassung der Kirche und besonders des Episkopats, das sich an das Kapitel über das Volk Gottes anschließt; es handelt sich um die gesamte Lehre des Konzils. Selbstverständlich kann der Nachfolger Petri in der jetzigen Zeit sein Amt nicht anders verwalten als im Geist dieser Lehre.

Die Vorsehung hat es gefügt, daß ich an allen Sitzungen des Konzils teilnehmen konnte. Es ist meine tiefe Überzeugung,

---

[1] *Licht der Völker* – Die Konzilsdokumente haben wie die Enzykliken als Titel die lateinischen Anfangsworte des Textes. Vom Zweiten Vatikanischen Konzil zitiert Johannes Paul II. am häufigsten „Lumen Gentium" und „Gaudium et spes" – *Freude und Hoffnung*.

daß das Zweite Vaticanum der Kirche unserer Zeit die echte Sprache des Heiligen Geistes vermittelt hat. Man muß ihr folgen, indem man sie sowohl in die Gemeinschaft als auch in das persönliche Leben integriert, je nach der Berufung des einzelnen und seiner ‹Gnadengabe›. Das gilt für jeden Getauften, für jeden Ordenschristen, jeden Priester, jeden Bischof und folglich auch für den Bischof von Rom, den Nachfolger Petri. Davon war ich am 16. Oktober 1978 überzeugt. Ich habe mein Vertrauen auf den Heiligen Geist gesetzt, der zur Kirche und zur heutigen Welt durch die Stimme des Zweiten Vatikanischen Konzils gesprochen hat. Das glaube ich auch heute noch genauso und versuche nach Kräften, das, was ich glaube, zu bekennen und zu verwirklichen.

Das Konzil hat die Zusammengehörigkeit von Aufgabe und Sendung des Bischofs in der Kirche betont. Der Vorsteherdienst und die Aufgabe des Bischofs von Rom müssen in diesem Sinne verstanden und ausgeübt werden. Die Bischofssynode 1969 hat in ihrer außerordentlichen Sitzung die tatsächlich bestehende (effektive) und die brüderlich liebende (affektive) Kollegialität ausdrücklich betont. Nicht, um einen Unterschied hervorzuheben, sondern vielmehr, um daran zu erinnern, daß sie einander im Leben der Kirche ergänzen. Christus hat den Aposteln, die als Kollegium der Zwölf das Urbild des Bischofskollegiums bilden, gesagt: ‹Ihr alle seid Brüder› (Mt 23,8). Ich meine, daß der Nachfolger Petri sich diese Worte tief ins Herz schreiben muß. Und wenn schon die brüderliche Gesinnung zur Berufung jedes Christen gehört, dann gehört sie erst recht zur Kollegialität der Bischöfe.

Die hierarchische Struktur der Kirche soll die Worte Christi verwirklichen: ‹Ihr alle seid Brüder.›»

Die christliche Hierarchie muß man sich umgekehrt vorstellen, wie es die Kreuzigung des Petrus mit dem Kopf nach unten auf grausige, aber deutliche Weise versinnbildlicht. Das ergibt sich aus der guten Ordnung im göttlichen Heilsplan, wo

Demut Größe hervorbringt, wo das Mehr ganz natürlich aus dem Weniger entspringt:

«Die Sendung des Nachfolgers Petri und sein universaler Dienst wurzeln tief in seinem Amt als Bischof von Rom, der in dieser Eigenschaft der ganzen Kirchenversammlung und dem brüderlichen Bischofskollegium vorsteht. Man kann sogar sagen, daß die weltumspannende Dimension in der örtlichen Dimension seines Amtes verwurzelt ist. Das entspricht der gesamten eucharistischen, kirchlichen Ordnung von ihrer Einsetzung und Geschichte her. Ich habe es von Anfang an für die erste Pflicht des Nachfolgers Petri gehalten, Bischof von Rom zu sein. Es scheint mir die unbedingte Voraussetzung für jede andere Initiative oder Tätigkeit auf Weltebene, daß ich mich als Bischof dieser konkreten Gemeinschaft fühle und, wenn möglich persönlich, als Bischof dieser Ortskirche handle.

Ich habe soeben gesagt, ‹wenn möglich persönlich›. Ich brauche wohl diese Worte nicht zu erklären. Jeder weiß, daß ein Papst viel zu tun hat. Da sehe ich schon eine neue Frage auf mich zukommen. ‹Weil der Papst nicht alles tun kann – was muß er zuerst tun?› Ich meine, daß es seine vordringlichste Aufgabe ist, das Volk Gottes zur Einheit zu führen.

In Krakau habe ich die Erfahrung gemacht, daß es wichtig ist, die Gemeinden, und vor allem die Pfarreien persönlich zu besuchen. Sicher ist das nicht die einzige Aufgabe. Aber ich messe ihr trotzdem größte Bedeutung bei. In zwanzigjähriger Erfahrung habe ich verstanden, daß eine Pfarrei dank der Pastoralbesuche des Bischofs immer stärker in die umfassendere Struktur der Kirche eingefügt und inniger mit Christus verbunden wird. Meine Besuche in den römischen Pfarreien sind notgedrungen kürzer, und ich habe auf mein früheres Programm von Krakau verzichten müssen. Dieses größere und mehr ins einzelne gehende Programm fällt nun den Weihbischöfen zu.

Diese Begegnungen in Wort und Eucharistie tragen entscheidend dazu bei, das ‹Volk Gottes zu versammeln›, wie wir es im dritten Hochgebet erbitten. Das ist die zentrale Aufgabe.»

Mir fällt auf, daß Johannes Paul II., wenn er mehr von seinem Amt als von seiner Person spricht, bald „Nachfolger Petri", bald einfach „Petrus" sagt. Diese ganz und gar evangeliumsgemäße Ausdrucksweise erinnert mich zunächst an die Gründungsverheißung Christi: „Du bist Petrus, der Fels, und auf diesen Felsen will ich meine Kirche bauen." Jenes Wort, das einigen Fischern, die selber wie zufällig aufgefischt waren, wie aus heiterem Himmel verheißen wurde und das durch die Jahrhunderte gefestigt worden ist. Weiter muß ich daran denken, daß die Reihenfolge der Päpste nichts mit einer Stammtafel von Herrschern zu tun hat, da nicht ein Papst auf den anderen folgt, sie folgen vielmehr unmittelbar auf Petrus. Kurz gesagt, es gibt kein Zwischenglied zwischen dem ersten Nachfolger und dem letzten, und es hat deshalb keinen Sinn, sie einander gegenüberzustellen, wie man es mit Pius V. bis hin zu Paul VI. getan hat, da sie alle nacheinander derselbe ‹Petrus› waren. Es ist von daher nur ein Schritt, sich vorzustellen, daß sie alle am See von Tiberias berufen wurden. Ich mache diesen Schritt. Der Heilige Vater wird korrigieren, was daran übertrieben sein kann, er rückt meine Bemerkung liebenswürdig zurecht:

« Erinnern Sie sich an die letzten Worte Christi an seine Jünger: ‹Seht, ich bin bei euch alle Tage bis zum Ende der Welt› (Mt 28,20). Sie gelten für alle Generationen von Jüngern, Bekennern und Nachfolgern. In der ersten Gemeinde, angefangen bei den Zwölfen, die der Herr ‹in die ganze Welt› hinaussendet, sind gewissermaßen alle Generationen mitgenannt und mitgerufen. In dieser Hinsicht kann man sagen, daß in dem Apostel Simon Petrus von Betsaida, der als erster die Kirche von Rom geleitet hat, all seine Nachfolger aus den kommenden Zeiten und ‹bis zum Ende der Welt› genannt und berufen worden sind.

Wenn Christus sagt: ‹Ich bin bei euch›, überwindet er alle

33

Begrenzungen, denen der Mensch als geschichtliches Wesen unterworfen ist, wie auch alle menschlichen Institutionen und die Kirche selbst, sofern sie aus Menschen besteht.

Christus, der Sohn Gottes, hat als Mensch die geschichtlichen Grenzen auf sich genommen. Sein irdisches Leben war kurz ... Als er seinen Aposteln im Abendmahlssaal zum Abschied sagt: ‹ Ich lasse euch nicht als Waisen zurück › (Joh 14,18), spricht er vom Heiligen Geist, den sie als Preis seines Weggangs empfangen sollten. („Es ist gut für euch, daß ich fortgehe ... gehe ich, so werde ich ihn zu euch senden"(Joh 16,7).) Wenn der Heilige Geist im Lauf der Zeit das Bischofsamt einsetzt, dann ist Christus zugegen. *Lumen Gentium* sagt, daß ‹er in ihrer Versammlung anwesend ist›.

Wenn wir an diese Sukzession der Bischöfe auf der ganzen Welt und besonders in Rom denken, ordnen wir sie in die Geschichte ein. Aber wir haben kein Recht, diese geschichtliche Aufeinanderfolge von der wesentlichen Dimension der Kirche zu trennen: Diese Dimension ist ein Geheimnis.»

III

Während viele von uns sich innerlich beständig mit dem Glauben auseinandersetzen müssen, was nicht immer förderlich ist, so erscheint der Glaube bei Johannes Paul II. wie „angeboren". Ich frage, ob der Glaube ihn stets wie ein friedliches Land regiert hat.

«Ich glaube, daß man vom Menschen sagen kann, daß er ‹von Natur aus religiös› (auf Gott bezogen) ist oder daß die Seele des Menschen ‹von Natur aus christlich› ist. Doch dann müssen wir auch die Beziehung zwischen Glauben und natürlicher Religiosität näher bestimmen: Der Glaube als persönliche Antwort auf das Wort des lebendigen Gottes, das in und durch Jesus Christus ein für allemal und endgültig ausgesprochen wurde, ist ein Themenfeld, das näher ins Auge gefaßt werden muß.»

Wir kommen auf die große Frage nach dem Einfluß von Umwelt und Erziehung auf die Glaubensentfaltung zu sprechen. Im folgenden Kapitel, das wesentlich vom Glauben handelt, wird der Heilige Vater seine Gedanken über diesen äußerst wichtigen Punkt noch vertiefen.

«Ich bin seit meiner frühesten Kindheit in einem Klima von Glauben und in einem sozialen Milieu aufgewachsen, das tief im kirchlichen Leben und Wirken verwurzelt war. Trotzdem – und vielleicht gerade deshalb – scheint es mir um so wichtiger zu betonen, daß sich der Glaube ‹als persönliche Antwort auf das in Jesus Christus gesprochene Wort Gottes› unaufhörlich neu schafft und entfaltet. Ich kann das aufgrund meines eigenen Werdegangs behaupten. Gleichzeitig bin ich überzeugt, daß mein Glaube niemals, in keiner meiner Lebensphasen eine rein ‹soziologische› Erscheinung gewesen ist, die sich aus den Gewohnheiten oder Sitten meines Milieus oder schließlich aus der Tatsache ergeben hätte, daß andere in meiner Umgebung ‹so glaubten und handelten›. Ich habe meinen Glauben nie als traditionell betrachtet, obgleich ich eine stets wachsende Bewunderung für die kirchliche Tradition und jenen lebendigen Teil von ihr selbst empfand, der das Leben, die Geschichte und die Kultur meines Volkes genährt hat.

Wenn ich jedoch in voller Objektivität meinen persönlichen Glauben betrachte, so habe ich immer festgestellt, daß er nichts mit irgendeiner Art von Konformismus zu tun hatte, daß er in der Tiefe meines ‹Ich› geboren wurde, daß er aber auch die Frucht der Anstrengung meines Verstandes war, der eine Antwort auf die Geheimnisse des Menschen und der Welt suchte. Ich habe immer klarer erkannt, daß der Glaube ein Geschenk ist. Mit der inneren Reife kam die Einsicht, daß er meine persönliche und *freie* Antwort auf das in Jesus Christus

gesprochene Wort Gottes, das menschgewordene Wort ent-
hielt. So war mein Glaube [der Papst betont *mein*] von Anfang
an ein Geschenk Gottes. Ich habe ihn nach und nach immer
vollständiger als eine innere, vollkommen geschenkte Wirklichkeit gelebt.»

Für „Wiegenchristen", wie die Angelsachsen jene nennen,
die das oft viel zu wenig geschätzte Glück haben, in einer
christlichen Familie geboren zu sein, erscheint der Glaube
durchweg als ein Produkt von Umwelt und Erziehung, was
keineswegs – im Gegenteil – die freie Entscheidung ausschließt, aus der der persönliche Glaube „sich schafft [ich
nehme an, daß man dieses Wort bemerkt hat] und unaufhörlich entfaltet".

Es kommt auch vor, daß man von friedlichstem Unglauben
unversehens zum entschlossensten Glauben kommt. Als
Zwanzigjähriger habe ich konvertiert, ohne jegliche Vorbereitung oder Vorahnung. Es geschah aufgrund eines stillen und
milden Aufleuchtens, das mich mitten im schlaffen Dunkel
meiner Skepsis überraschte. Und 35 Jahre später habe ich zwei
Bücher über jenen Augenblick geschrieben, über den ich heute
noch voller Staunen bin. Der Heilige Vater hat sie gelesen:

«Sie haben eine besondere, man kann sagen eine außergewöhnliche Erfahrung mit diesem Übergang vom Unglauben
zum Glauben gemacht. Aber weil Sie mir nichts davon sagen,
ebensowenig von der Auseinandersetzung des persönlichen
und kirchlichen Glaubens mit dem militanten Unglauben und
Atheismus, will auch ich nichts mehr darüber sagen.»

Wenigstens nicht im Moment. Ich lasse mir eine solche Frage
nicht entgehen. Ich werde im gegebenen Augenblick den
Heiligen Vater an den Zwischenruf eines jungen Mannes im
Parc des Princes in Paris erinnern, der ihm Fragen gestellt hat,
auf die ich später zurückkomme.

IV

Lange habe ich von den päpstlichen Gemächern nur das kleine
Fenster gekannt, wenigstens scheint es vom Petersplatz aus
klein, wo sich die Päpste nach altem Brauch am Sonntagmittag
zeigen, um die Menge zu segnen. Es ist so winzig auf der leuch-
tenden Mauer des Vatikans, wie die weiße Bohne im Dreikö-
nigskuchen, was im übrigen die gleiche Art der Freude in den
Familien auslöst. Als es mir zum ersten Mal vergönnt war, in
diese bis dahin unzugängliche Wohnung einzudringen, von
der es hieß, daß die Päpste darin in erschreckender Einsamkeit
lebten, war meine Ergriffenheit so stark, daß ich in der Kapelle
mit der hellen Preßglasdecke kaum den Kreuzweg aus Bronze
an einer Wand und die Ikone der Madonna von Tschenstochau über dem Altar bemerkte. Der Heilige Vater kniete; er
schien mir sehr groß. Das Bischofsmäntelchen auf seinen breiten Schultern erinnerte an den ewigen Schnee der Berge. Und
ich fragte mich, wie man es fertiggebracht hat, ein Gebirge in
einem so engen Raum unterzubringen (nach dem Attentat vom
13. Mai wird der Schnee schmelzen und das nackte Gestein zu
sehen sein). Ich hatte einen „Gebetsfelsen" vor mir. Nach der
Messe, die genau nach den liturgischen Vorschriften gefeiert
wurde und für mich so lange dauerte wie der scheinbar langsame Umlauf der Gestirne, waren noch 20 Minuten einer
Übung gewidmet, die heute fast gänzlich außer Gebrauch
gekommen ist, der Danksagung, bei der Johannes Paul II. auf
seinem Betstuhl kniete, dessen Armlehne so breit wie ein Pult
ist. Er betet sozusagen, wie er atmet, und ist dennoch in Tätigkeit.

Welche Rolle spielt das Gebet in seinem Tun? Hat er
niemals an eine kontemplative Lebensweise gedacht?

«Von jeher war meine Berufung in erster Linie auf das Tun

ausgerichtet. Sicher gab es in meiner Jugend eine Zeit, in der ich an eine andere Richtung dachte. Aber meine Kontakte mit dem Karmel haben nicht zum Ziel geführt. Endlich hat mein Bischof, Kardinal Sapieha, Metropolit von Krakau, den Fall entschieden. Er sah keine hinreichenden Gründe, die eine Umorientierung gerechtfertigt hätten. Und ich im Grunde auch nicht.

So war ich also nicht zum kontemplativen Leben berufen, wohl aber seit der weit zurückliegenden Zeit meiner ‹Bekehrung›zu einem Leben der Innerlichkeit, und von daher zum Priestertum. Im ganzen Verlauf meines Weges war ich von der unbedingten Notwendigkeit des Gebets durchdrungen und in besonderer Weise von der Bedeutung des kontemplativen Gebets für alles Wirken, das sich aus meinem Beruf ergibt. So ist es in all meinen Lebensphasen gewesen. Zuerst als Seelsorger auf dem Lande, dann in der Stadt, als Hochschullehrer, als Bischof und endlich seit dem 16. Oktober 1978 [er sagt nicht „als Papst" , denn das ist keine vorübergehende Phase mehr]. Ich sehe in dieser Hinsicht keinerlei nennenswerte Veränderung. Vielleicht mußte ich als Kaplan länger aufbleiben, um die notwendige Zeit für das Gebet und vor allem für die Meditation zu finden. In der Folge wurde es mir leichter, das eine wie das andere in mein Tagesprogramm einzubauen.»

Er fügt ergänzend hinzu: « Als ich selber darüber verfügen konnte.» Ich weiß nicht, ob das heute noch der Fall ist. Ich habe den Eindruck, daß der Stellvertreter Christi ebensowenig Herr über seine Zeit ist wie der Kaplan auf dem Land.

«Wenn mein früheres und jetziges Leben ‹aktiv› genannt werden kann, so dürfen wir nicht vergessen, daß der höchste ‹Akt› an jedem Tag die heilige Messe ist, die alles Beten in vollkommenster Weise zusammenfaßt und das Herzstück der Begegnung mit Gott in Christus darstellt. Eine über dreißigjährige Erfahrung priesterlichen Lebens hat mich gelehrt, daß man diesen Gipfel nur erreicht, daß man zu dieser Synthese und Fülle nur gelangt, wenn man durch das Gebet eintritt und wieder hinausgeht, um den ganzen Tag über zu beten, auch wenn man genau weiß, daß dieser Tag bis zum Überlaufen voll ist von Arbeiten und Verpflichtungen jeder Art. Es ist bekannt, daß der Tageslauf des Priesters ‹liturgisch› ist, nicht nur aufgrund der Meßfeier, sondern auch durch das liturgische Stundengebet[1], das dem Tag seinen ihm eigenen Rhythmus gibt. Im großen und ganzen nimmt die Arbeit mehr Zeit in Anspruch. Aber alles Tun muß ins Gebet versenkt sein wie in eine geistliche Ackerscholle. Diese Scholle darf nicht zu klein sein und nicht zu sehr an der Oberfläche liegen. Durch die innere Erfahrung lernen wir, sie Tag für Tag zu formen, bis sie ausreichend groß ist.»

Am Anfang dieses Buches habe ich gesagt, daß eine der Besonderheiten der Redeweise von Johannes Paul II. darin besteht, den geläufigsten Worten ein Gewicht zu geben, welches sie durch Mißbrauch seit langem verloren haben. Ich habe mich oft gefragt, was für ein medizinisches Wunder nötig wäre, damit diese armen, erschöpften, blutleeren Worte, die ihres Gehaltes so sehr beraubt sind, daß das Denken unserer Zeit kaum noch etwas anderes tun kann, als sie in Watte zu wickeln, um ihnen einen Anschein von Leben zu erhalten, plötzlich ihre Frische und ihre wahre Aussagekraft zurückerhalten. Hier ist die Antwort. Bevor die Worte ausgesprochen werden, müssen sie *gebetet* sein:

«Ich komme auf die Kontemplation zurück. Ohne nach einer kontemplativen Regel zu leben, sehe ich doch klar, daß diese Gebetsscholle, in die jeder Tag eingebettet ist, viele Elemente und im eigentlichen Sinne kontemplative Augenblicke enthält, die für meinen Dienst und vor allem für die Verkündigung des Wortes Gottes von großer Bedeutung sind. Der alte Grundsatz: *Contemplata aliis tradere* (anderen die Früchte der Kontemplation weitergeben) ist immer aktuell und lebendig.

[1] Das Brevier

Er betrifft in erster Linie den, der ‹weitergibt›, den Verkünder oder Diener des Wortes. Er hat einzig und ausschließlich das Recht, die *Contemplata* weiterzugeben, die Gedanken, die durch das Gebet hindurchgegangen sind.»

Es bleibt noch über das zu sprechen, was wir im geläufigen Sinne mit „Gebet" bezeichnen, und was mehr mit Beten oder Hilfesuchen zu tun hat als mit Kontemplation.

«Eine Zeitlang glaubte ich, man müsse das ‹Bittgebet› einschränken. Diese Zeit ist vorüber. Je mehr ich auf dem Weg voranschreite, den die Vorsehung mir zugewiesen hat, um so mehr empfinde ich das Bedürfnis nach dieser Gebetsform, und um so mehr erweitert sich der Kreis. Zugleich werde ich mir mehr und mehr bewußt, daß ich von Gebet umgeben bin, und ich fühle mehr und mehr, wieviel Dank ich schulde.»

Mit Johannes Paul II. über das Gebet sprechen heißt, auch über Maria sprechen. Im Westen, und ganz besonders in Frankreich, gibt es merkwürdige Schwierigkeiten mit der Marienverehrung. Es ist nicht übertrieben zu sagen, daß die meisten Franzosen irgendwann in Lourdes gewesen sind, nach Lourdes gehen oder gehen werden. Als aber vor etwa 20 Jahren die Verkündigung des Dogmas von Maria, der „Mittlerin der Gnaden" zur Debatte stand, waren die Zeitungen voll von Protesten. Zu meiner großen Bestürzung. Schließlich sind die Frauen von Natur aus Mittlerinnen. Sie vermitteln zwischen dem Vater und Kindern und zwischen den Kindern untereinander, zwischen dem Gatten und dem Nachbarn, zwischen dem Nicht-Sein und dem Leben, weil sie die Menschen zur Welt bringen, zwischen der Familie und dem Unglück, denn die Männer bürden ihnen gern Leid auf, und sogar zwischen uns und Gott in dem Maße, als man sie am häufigsten in der Kirche sieht. Wollte man die Logik des Betrachters ein wenig pressen, käme man zu dem überraschenden Ergebnis, daß alle Frauen Mittlerinnen sind, ausgenommen die Jungfrau Maria.

Aber der Heilige Vater wird später, im Kapitel „Die sittliche Ordnung" von der Marienverehrung sprechen. Selbstverständlich ist es unmöglich, seine Persönlichkeit ohne diese marianische Frömmigkeit zu verstehen, ebensowenig wie man sie ohne die Erklärungen verstehen kann, die er uns selbst schon gegeben hat: an erster Stelle die Bewunderung für den in jeder Hinsicht vorbildlichen Vater. Es handelt sich keineswegs um einen „Ödipuskomplex" in dieser schönen Erzählung von kindlicher Dankbarkeit; und dabei hat er nie die zurückhaltende erzieherische Strenge vergessen. Danach die Einsamkeit mit 20 Jahren, also in einem Alter, in dem man mehr denn je seine Eltern nötig hat, sei es auch nur, um seine Identität in ihnen oder gegen sie zu messen. Ich möchte sagen, das tut nichts zur Sache, vorausgesetzt, daß Liebe da ist. Er hat weder Vater noch Mutter, weder Schwester noch Bruder, die Sonne seiner Existenz ging im Verlust seiner Familie und in der Unterdrückung seines Vaterlandes auf. Was bleibt ihm in dieser Wüste, die er allein mit seinem Unglück durchschreiten muß, ohne zu klagen und ohne zu wanken? Sein Glaube, der niemals in Frage gestellt wird, und ihn in Verbindung mit einem auffallend starken Charakter vor den Verführungen und dem Teufelskreis der Irrwege der Jugend bewahrt: „Ich habe mehr Gnaden empfangen", sagt er, „als ich Kämpfe zu bestehen hatte." Und das sollte genügen, um gewissen Gerüchten über die sentimentalen Anfänge seines Schicksals den Boden zu entziehen. Besser wäre es zu sagen, mitten in all dem, was damals sein Leben ausmachte – zuerst unmerklich, aber geheimnisvoll eindringlich – spürte er den Ruf der inneren Stimme, die Berufung. Es ist ein Priester, der diese Botschaft entziffert, wie man dem Empfänger ein Telegramm vorliest. Die Antwort darauf ist Gnade.

Offenbar kommt auch seinen Jahren in der Fabrik und seinen Erfahrungen mit der Arbeiterwelt allergrößte Bedeutung zu. Wir haben Päpste von jeglicher Herkunft gehabt, auch vom Lande. Aber seit der Zeit, da die Fabrikschlote auf der

Erde emporzuschießen begannen, ist es das erste Mal, daß die chemische Industrie zur Heranbildung eines Papstes beigetragen hat. Es ist bemerkenswert, daß ein solcher Mann der Kirche am Ende unseres Industriezeitalters geschenkt wurde. Und noch auffallender ist die Tatsache, daß die Verfechter des sozialen Engagements anscheinend keinen Grund sehen, darüber besonders erfreut zu sein.

Wir dürfen aber auch nicht die intellektuelle Entdeckung übergehen, die er am Anfang seines philosophischen Grundstudiums machte, als es in einem verbissenen Kampf mit einem Lehrbuch der Metaphysik plötzlich hell für ihn wurde. Wie für Jakob nach seinem nächtlichen Ringen mit einem Engel eine neue Welt aufging.

Zu diesen persönlichen Gegebenheiten kommt gewissermaßen ein nationaler und beständiger Faktor hinzu, der Geist des Widerstandes gegen die Unterdrückung, der sich in dem schauerlichen Umkreis einer besonders grausamen Besatzungsmacht ungehindert in ihm entwickeln konnte.

All diese Faktoren haben zusammengewirkt, um einen Menschen von außergewöhnlichem Format heranzubilden, der weiß, um was es geht, wenn er von Elend, Einsamkeit und Gewalttat reden hört, von diesen drei Schlüsselworten am Ende unseres Jahrhunderts. Aber die Welt besteht nicht nur aus Unglück, vor allem nicht für einen Christen; und seit Johannes Paul II. unter uns erschienen ist, weiß gekleidet mit friedvollem Mut und mit einer Art von unbändigem guten Willen, kommt mir eine Stelle aus dem Evangelium in den Sinn, die Schlußszene aus dem Johannesevangelium, die uns sagt, daß das Christentum zu allererst eine Liebesgeschichte ist:

„Als sie gegessen hatten, sagte Jesus zu Simon Petrus: Simon, Sohn des Johannes, liebst du mich mehr als diese? Er antwortete ihm: Ja, Herr, du weißt, daß ich dich liebe. Jesus sagte zu ihm: Weide meine Lämmer! Zum zweiten Mal fragte er ihn: Simon, Sohn des Johannes, liebst du mich? Er antwortete ihm: Ja, Herr, du weißt, daß ich dich liebe. Jesus sagte zu ihm: Weide meine

Schafe! Zum dritten Mal fragte er ihm: Simon, Sohn des Johannes, liebst du mich? Da wurde Petrus traurig, weil Jesus ihn zum dritten Mal gefragt hatte: Hast du mich lieb? Er gab ihm zur Antwort: Herr, du weißt alles, du weißt, daß ich dich liebe. Jesus sagte zu ihm: Weide meine Schafe" (Joh 21,15–17).

Ob die Päpste, die den Stuhl Petri besteigen, dieselbe Frage vernehmen? Mir scheint, daß die Kirchengeschichte aller Zeit mit der Frage konfrontiert wird, daß alle Verirrungen und Verzerrungen, die sie erlitten hat, ebensoviel zurückhaltende oder anmaßende Formen der Antwort waren: die einen sagen ja unter Vorbehalt näherer Prüfung, die anderen leisten sich ein übertriebenes Selbstvertrauen. Die einzig richtige Antwort ist die Antwort des Petrus, die dritte: « In dem Bericht des heiligen Johannes (die in der Zeit nach der Auferstehung spielt) haben Frage und Antwort ihre eigene Aussagekraft und Bedeutung. Auf die Frage Christi: ‹Liebst du mich› , antwortet Petrus nicht direkt: ‹Ja, ich liebe dich›; vielmehr gibt er die bezeichnende Antwort: ‹Herr, du weißt alles, du weißt, daß ich dich liebe.› Er beruft sich nicht auf seine Liebe, er benimmt sich nicht so wie ein paar Tage zuvor, als er beteuerte: ‹Und wenn alle an dir Anstoß nehmen, ich niemals›(Lk 26, 33). Er will sich bei seiner Antwort und seinem Bekenntnis nicht auf das Zeugnis seines Gewissens verlassen, nicht auf die Gewißheit seines eigenen Herzens, sondern nach dem Ausdruck des heiligen Johannes, auf den, ‹der weiß, was im Herzen des Menschen ist›.

Darum ist seine Antwort so glaubwürdig und für uns so überzeugend. Sie hat Christus selbst überzeugt, weil er sie dreimal bestätigt, wenn er sagt: ‹Weide meine Schafe!› Diese Worte sind Ausdruck des höchsten Vertrauens, denn seine Lämmer, seine Schafe, das sind alle, die ‹um einen hohen Preis› erkauft sind, wie Paulus sagt, um den Preis des Kreuzes und der Auferstehung. Der Preis der Erlösung ist unendlich, und somit auch der Preis der Erlösten. All das ist in der kurzen Weisung enthalten: ‹Weide meine Schafe!›

Die Kirche ruft uns dieses Zwiegespräch zwischen Christus und Petrus oft ins Gedächtnis. Wer den Dienst des Petrus zu versehen hat, auf demselben Stuhl, den der erste Apostel einst innehatte, sieht sich vom ersten Tag an vor diese erschütternde Frage gestellt. Und er dankt dem Fischer von Betsaida, daß er so geantwortet hat, wie er es tat, und nicht anders: ‹Herr, du weißt, daß ich dich liebe.›

‹Liebst du mich?› Das ist die schwierigste Frage, die es gibt; es ist gut, wenn der, der nach der Liebe fragt, das Geheimnis des Herzens kennt, denn dann kann man antworten, wie Petrus geantwortet hat. So muß die Liebe des Menschen antworten, die Kirche und die Welt, auch die Welt von heute.»

Offenbar hat der Papst selbst so geantwortet. Aber bevor ich ihn frage, was er glaubt und wie er glaubt, möchte ich von ihm erfahren, wie er inmitten so vieler Beschäftigungen noch Zeit zum Lesen findet:

«Ich habe immer viel gelesen, obgleich ich nie ganze Bibliotheken verschlungen habe, abgesehen vielleicht von meiner Jugendzeit, in einem Alter, wo man anfängt, die Schönheit der Dichtung zu entdecken. In der ausgesprochen wissenschaftlichen Arbeit, der ich nur wenige Jahre meines Lebens widmen konnte, habe ich keine Gelehrsamkeit gesucht, aber sie schien mir wesentlich für das Ergebnis meiner Untersuchungen. Es war mir wichtiger, meine Zeit auf das Verarbeiten und Nachdenken zu verwenden. So ist es immer gewesen, selbstverständlich mehr oder weniger regelmäßig.

Heute habe ich sicherlich weniger Zeit zum Lesen als früher. Trotzdem kann ich sagen, daß ich in gewissem Sinn mehr lese, vor allem, um mich zu informieren. Das ist mir möglich, weil ich dank des methodischen Fleißes meiner Mitarbeiter schnell Einblick in die wichtigsten Veröffentlichungen nehmen kann und gleichzeitig die Möglichkeit habe, auf Einzelheiten einzugehen, je nach Bedarf und Nützlichkeit.

Ich lese ‹systematisch› theologische, geistliche, philosophi-

sche und naturwissenschaftliche Werke. Im Augenblick zum
Beispiel mehr Theologie als Philosophie. Bestimmte Bücher
lese ich von Anfang bis zum Ende, ... andere blättere ich
durch, so wie ich die Zeitschriften überfliege. Auf dem Gebiet
der Naturwissenschaften fesseln bestimmte Texte gelegentlich
meine Aufmerksamkeit. Ich lese sie mit großem Gewinn,
obwohl ich nicht besonders geschult für diese Art von Lektüre
bin.

Was die ‹Belletristik› betrifft, so leiste ich mir diesen Luxus
nur während des Urlaubs. Aber dann kann es mir auch passieren, daß ich etwas ‹nicht programmäßig› lese, wie vor kurzem
eine große Gedichtsammlung von Milosz und Rainer Maria
Rilke, was mir früher nicht möglich war. Aber das ist eine
Ausnahme.»

Er erlaubt sich wenig Freiheiten in seiner Zeiteinteilung. Ja,
er erlaubt sich gar keine. Außer den wenigen Tagen, die er zur
Erholung in Castel Gandolfo verbringt, gönnt er seinem persönlichen Leben keine Minute. Die Vollnarkose ist das einzige
Mittel, das man bisher gefunden hat, um ihn von seiner Arbeit
abzuhalten.

Wenn er auch etwas weniger Zeit zum Lesen hat, so findet er
doch die Zeit zum Schreiben. Und er schreibt konzentriert. Bei
der Flut von Lehrschreiben und Ansprachen, die von St. Peter
wegströmt und sich als Enzykliken, Predigten, Hirtenbriefe,
Ansprachen der verschiedensten Art über die ganze Welt
ergießt, haben die Journalisten unter vorgehaltener Hand eine
Frage gestellt, die den Betreffenden sehr amüsiert hat: „Wer
verfaßt die Reden des Papstes?“ Die Antwort war ernüch-
ternd: Der Verfasser der wichtigsten Reden des Papstes ist der
Papst selbst. Er schreibt manchmal über ein einfaches Thema
Dinge von enormer Beredtsamkeit, so die Antrittsrede zu
seinem Pontifikat oder seine Predigt in Notre Dame zu Paris.
Zuweilen behandelt er aber auch schwierige Themen, wie früher „Person und Tat“, ein außerordentlich schwer verständli-
ches Werk, von dem in Polen das geflügelte Wort umgeht, daß

Kapitalsünder, denen die Lektüre dieses Buches zur Buße auferlegt wird, für gewöhnlich vorziehen, in Unbußfertigkeit zu verharren.

Wenn es um Glaubensfragen geht, schreibt er nicht selten kniend vor dem heiligsten Sakrament. Ungefähr so wie der heilige Thomas von Aquin, der seinen Kopf an den Tabernakel lehnte, bevor er über die Eucharistie sprach. Aber ich glaube nicht, daß der Papst noch Gedichte schreibt, oder er hält sie geheim, und das ist schade. Es war der Blumenstrauß auf der Zwingmauer. Schade? Ich weiß nicht recht. Poesie und Prophetie gehören zusammen, und es gibt Prophezeihungen, die man lieber nicht hört. Ich denke an jenes Gedicht, das seit dem Attentat vom 13. Mai einen beunruhigenden Nachklang hat, jenes, in dem der heilige Stanislaus vor einem König von Polen, der dem Christentum feindlich gesinnt war, leise vor sich hinspricht:

Mein Wort hat dich nicht bekehrt,
mein Blut wird dich bekehren.

Der Glaube

I

Ich beginne das zweite Kapitel des Dialogs nicht ohne Ergriffenheit. Denn das, was ich jetzt wiederzugeben habe, ist ein
geistliches Bekenntnis von höchstem Rang. Gleichzeitig ist es
sehr demütig, weil der, welcher nur zum Wohl seiner Brüder
und des ihm anvertrauten Volkes spricht, seinen eigenen Glauben ohne Umschweife und Zugeständnisse einer Prüfung
unterzieht. So sollen jene, die sich mit quälenden Fragen her-
umschlagen, von ihm die „gebeteten Worte" hören, die wenigstens ihrer Einsamkeit, wenn nicht all ihren Fragen ein Ende
machen.

Aber wie ich schon sagte, ist man bei Johannes Paul II. nie
sehr weit vom Evangelium entfernt. Beginnen wir also das
Gespräch mit einem Gleichnis, dem Gleichnis vom verlorenen
Schaf.

An dem turbulenten und großartigen Abend im Parc des Princes zu Paris stieg plötzlich ein junger Mann mit einem Zettel in
der Hand auf die Tribüne und stellte dem Heiligen Vater mit
fieberhafter Hast eine Reihe von Fragen in jenem ehrerbietig
herausfordernden Ton, den die Jugend gern Respektsperso-
nen gegenüber anschlägt. Er sagte, daß er Atheist sei, aber die
Gelegenheit des Papstbesuches nicht versäumen wolle, um
den Glauben zu finden. Als er seinen Zettel vorgelesen hatte,
tauchte er im Tumult der Gesänge und Hochrufe unter. Es
folgten weitere Fragen, und die seinen blieben unbeantwortet.
Noch Monate später warf sich Johannes Paul II. vor, daß er
sein verlorenes Schaf in den Brunnen der Anonymität hatte
fallen lassen:

«Ich bin froh, daß Sie den Parc des Princes und meine Begegnung mit der Jugend in Paris erwähnt haben. Wie konnte es nur geschehen, daß ich auf die Frage, oder vielmehr auf die Reihe der Fragen des jungen Mannes nicht eingegangen bin? Kann man so wichtige Fragen einfach vergessen?

Trotzdem ist es passiert. Denken Sie daran, daß gerade in dem Augenblick der Veranstaltung mehrere Jugendliche, darunter ein behindertes junges Mädchen, auf dem Podium standen und mir in immer rascherer Aufeinanderfolge ihre Fragen stellten, die meine volle Aufmerksamkeit in Anspruch nahmen.»

Man erinnert sich vielleicht noch daran, daß die spontane Begeisterung der jungen Zuhörer an diesem Abend das Programm umwarf, so daß der Papst seine vorbereitete Rede abbrach und statt dessen improvisierte.

«Als dieser junge Mann das Wort ergriffen hatte, wurde deutlich, daß er einen völlig anderen Standpunkt als die anderen hatte und daß seine Fragen nicht auf der Liste standen, die mir zuvor ausgehändigt worden war. Er schnitt ein grundlegendes Problem an. Es war unmöglich, es in seinem ganzen Ausmaß und in seiner Vielschichtigkeit mit wenigen Worten zu behandeln. Aber man hätte wenigstens sagen sollen, daß es eine gründlichere Antwort verdiente, als im Rahmen dieser Veranstaltung möglich war ... Kurz darauf fing ich meine Rede an, in der ich meine Antworten auf alle Fragen zusammengefaßt hatte. Doch bald wurde die Ansprache zu einer Art Dialog zwischen mir und 50.000 Stimmen; die Wogen schlugen höher und höher, wie immer bei der Jugend, und ich vergaß ganz einfach, diesem einen unprogrammgemäßen Gesprächspartner zu antworten, der sich als Atheist bezeichnet hatte.»

Es bot sich keine Gelegenheit mehr. Es gab auch keinen solchen Abend mehr. «Aber Sie wissen ja, wie außerordentlich gedrängt das Programm meines Pariser Aufenthaltes war. Es

50

fing um 7 Uhr morgens an und dauerte bis Mitternacht . . .»
. . . frühestens.

Ich erinnere mich, wie ich zu dieser Stunde an einem Tor von
Paris mitten zwischen 50 anderen Autofahrern eingekeilt war.
Wir hatten erfahren, daß der Papst hier vorbeikommen würde.
Alle stiegen aus. Sein Wagen tauchte schließlich aus einer
Unterführung auf. Und für einen kurzen Moment konnten wir
im Schein der Deckenbeleuchtung einen Blick auf ihn in
seinem weiten, roten Mantel werfen. Er grüßte uns mit einer
freundlichen Handbewegung, Hochrufe erklangen, und dann
setzte sich jeder wieder ruhig an sein Steuer. Damals habe ich
zum ersten Mal Pariser Autofahrer erlebt, die eine Viertelstunde lang in einem Stau ausgehalten hatten, ohne vor Unge-
duld zu kochen. Wenn später einmal die Seligsprechung von
Johannes Paul II. erwogen werden sollte, dann wird dieses
Wunder hoffentlich anerkannt.

Aber der Heilige Vater möchte, daß jener junge Mann wenigstens an dieser Stelle die Antwort findet, die er damals im Tru-
bel des Parks nicht geben konnte. Eine Antwort, die in diesem
Buch noch alle wünschenswerten Ergänzungen erhalten wird.
    «Erst als ich wieder in Rom war, erinnerte ich mich an die
unbeantwortete Frage. Ich habe sofort an Kardinal Marty
geschrieben, um ihn zu bitten, diesen jungen Mann ausfindig
zu machen und mich bei ihm zu entschuldigen. Kurz darauf
antwortete mir der Kardinal, daß alle notwendigen Schritte
unternommen worden seien und daß alles in Ordnung gehe.

Damals war ich recht niedergeschlagen über dieses Versäum-
nis. Heute, nachdem ich mich etwas ausgeruht und den Fra-
genkatalog nachgelesen habe, den Sie mir vorgelegt hatten,
bedauere ich nicht mehr so sehr, damals nicht geantwortet zu
haben, obgleich ich es mir vorgenommen hatte. Vielleicht hätte
es das Ende der Diskussion bedeutet, statt sie in Gang zu brin-

gen. *Felix culpa!* Selige Schuld. Dank dieses Versäumnisses wollen wir nun über den Glauben sprechen.»

Meine religiöse Bildung hat ihre Grenzen, und ich bekenne, daß ich nicht alle päpstlichen Dokumente gelesen habe, seitdem ich eher durchs Fenster als durch die Tür in die Kirche geschlüpft bin. Allerdings habe ich seit dem Schreiben Pius XI. gegen den Nationalsozialismus („Mit brennder Sorge") bis zur Enzyklika von Johannes Paul II. über die Arbeit die Rundschreiben der Päpste ziemlich aufmerksam verfolgt. Aber ich erinnere mich nicht, einen Text über den reinen Glauben im einfachen, gewöhnlichen und „quälenden", fast möchte ich sagen, im schmerzlichsten Sinn gelesen zu haben, der für den Ungläubigen und oft auch für den Gläubigen aus zwei Worten besteht: Existiert Gott?

«Der junge Mann im Parc des Princes hatte mich gefragt: ‹Heiliger Vater, an wen glauben Sie? Warum glauben Sie? Wofür lohnt es sich sein Leben hinzugeben, und wer ist dieser Gott, den Sie anbeten?› Sie haben mir gesagt, daß diese Fragen eine ausführliche Abhandlung über die Glaubensprobleme erforderten. Ich bin der gleichen Ansicht. Deshalb darf die Antwort nicht unvollständig bleiben. Vielleicht sollte man sie von mehreren Seiten aus angehen. Denn dieser junge Mann hat nicht nur gefragt: ‹Wer dieser Gott ist, an den der Papst glaubt und den er anbetet›, er wollte auch wissen, ‹warum› er glaubt . . .

Trotzdem meine ich, daß dies noch nicht das Wesentliche ist. Wichtig ist dieser Augenblick, wo der Glaube vom Unglauben befragt wurde, wo zwei innere Haltungen ans Licht gerückt wurden, die verschiedenen Weisen entsprechen, wie man existieren und Mensch sein kann. Gewiß haben zu allen Epochen der Geschichte und auch in der gegenwärtigen Zeit des Christentums Ungläubige neben Gläubigen gelebt. Dennoch scheint es mir, daß die entgegengesetzten Standpunkte in unserer Zeit bewußter und radikaler sind. Man kann heute ganz einfach nicht mehr vom Glauben sprechen, ohne den Unglauben und Atheismus zu berücksichtigen.

Diese beiden Worte haben übrigens nicht denselben Inhalt. Strenggenommen steht der Atheismus im Gegensatz zum Theismus, andererseits ist der Glaube nicht dasselbe wie der Theismus oder irgendeine andere Weltanschauung [der Papst gebraucht das deutsche Wort], die auf ihre Weise die Existenz Gottes akzeptiert .Der Glaube ist viel mehr als das: Er ist die innere Antwort auf das Wort Gottes im Bereich des menschlichen Denkens und Wollens. Er setzt also ein besonderes Eingreifen Gottes voraus. Im Hebräerbrief (1, 1–2) heißt es, daß Gott viele Male und auf vielerlei Weise zu den Vätern durch die Propheten gesprochen hat; in dieser Endzeit aber hat er zu uns gesprochen durch den Sohn.

Somit ist der Theismus in dem Begriff des ‹Glaubens› zwar organisch enthalten, jedoch wesentlich überhöht. Selbstverständlich ist der Glaube ‹theistisch›, insofern er die Existenz eines Gottes annimmt, aber er ist nicht nur theistisch; er ist seinem Wesen nach ‹theologal›, das heißt auf Gott bezogen, denn er beschränkt sich nicht darauf, Gott zu zitieren, sondern er spricht von ihm und mit ihm.

Kommen wir auf den jungen Mann zurück, der sich im Parc des Princes als ‹Atheist› bezeichnet hat. Seine Bemerkungen verdienen aufmerksam nachgelesen zu werden. Er sagte: ‹Ich bin Atheist. Ich lehne jeglichen Glauben und Dogmatismus ab. Ich möchte hinzufügen, daß ich keines Menschen Glauben bekämpfe, aber ich verstehe den Glauben nicht.› Das Geständnis ist eindeutig. Wenn der junge Mann sagt: ‹Ich bin Atheist›, dann will er deutlich machen, daß er ungläubig ist, aber die Existenz Gottes nicht unbedingt leugnet. Er lehnt das ab, was er unter ‹Gläubigsein› und ‹Dogmatismus› versteht, als ob er beides für unentbehrlich hielte, um die Existenz Gottes wenigstens auf eine gewisse Weise anzuerkennen. Doch er ist so loyal, daß er die Überzeugung der Gläubigen nicht antastet. Er verzichtet nicht nur darauf, sie anzugreifen und negativ zu beurteilen, sondern er bekundet sogar ein gewisses Interesse an dieser Überzeugung – mit anderen Worten: an einer Tatsache, die er nicht verstehen zu können glaubt, obgleich er es möchte. Darum wendet er sich an den Papst. So kann man es zumindest aus seinen Fragen herauslesen.»

Ich bewundere, wie geduldig der Papst sich mit einer Botschaft auseinandersetzt, bei der mir persönlich nur aufgefallen ist, daß alle Sätze mit „Ich" anfangen, was meiner Ansicht nach ein Ausgangspunkt ist, der die Suche nach der christlichen Wahrheit oft schwierig macht.

«Man muß all das bedenken, was ich soeben gesagt habe; nicht nur, um diesem jungen Fragesteller gerecht zu werden, sondern auch, weil seine Erklärung für eine ganze Generation bezeichnend ist. Wenn er eine Art zu glauben ablehnt, die von vornherein festgelegt ist oder einen Gewissenszwang ausübt, dann erklärt er im Grunde indirekt, warum er den Glauben nicht verstehen kann. Denn der Glaube zwingt das Gewissen nicht, unterwirft es nicht einem System von ‹fertigen Wahrheiten›. Wir haben soeben den Unterschied zwischen der theistischen Weltanschauung und dem Glauben gemacht. In beiden Fällen handelt es sich um ein *echtes Engagement* unseres Verstandes. Als Weltanschauung ist der Theismus das Ergebnis einer Schlußfolgerung oder eines bestimmten Weltverständnisses, während der Glaube eine bewußte und freiwillige Antwort des Geistes auf das Wort des lebendigen Gottes ist. Er beansprucht den ganzen Menschen. Die Tatsache, *daß* ich glaube und *warum* ich glaube, hängt organisch zusammen mit dem, *was* ich glaube.»

II

Freilich findet das Wort, dem wir eine „bewußte und freiwillige" Antwort geben sollen, nicht immer und überall offene Ohren, und man denkt unwillkürlich an das Wort des Evangeliums: „Wird der Menschensohn, wenn er kommt, auf der Erde noch Glauben vorfinden?"(Lk 18, 8) Es scheint, daß selbst die überzeugtesten Christen heute aus dem Evangelium nur das herauslesen, was den sozialen Fortschritt und ihre persönliche Freiheit fördert. Mehr und mehr verbreitet sich unter ihnen die Auffassung, daß es unnötig ist, von Gott zu sprechen, weil man ihn ja doch nicht erkennen kann. Und wenn man nicht *von* ihm sprechen kann, dann kann man auch nicht *zu* ihm sprechen, so daß infolgedessen Kontemplation und Gebet gleichermaßen sinnlos werden und auch unsere „bewußte und frei gewollte Antwort" sinnlos machen.

Kann man Gott erkennen? «Eigentlich haben wir dieses Problem schon angeschnitten, als wir die Erklärung des jungen Mannes im Parc des Princes erläutert haben. Aber Sie wollen Näheres wissen. Die Frage ist umfassend, und es gibt reichlich Literatur darüber. Sie wissen, mit welchen Ausdrücken sich die Kirche auf dem Ersten Vatikanischen Konzil dazu geäußert hat. All das ist bekannt. Aber wenn wir uns lieber weiter unterhalten wollen, anstatt unser Gespräch zu einer Vorlesung zu machen, dann schlage ich Ihnen eine andere konkretere Methode vor.»

Nun spricht der Papst zum zweiten Mal über meine Bücher. Ich weiß schon, was man dazu sagen wird: daß ich das Wohlwollen des Papstes ausnütze, um meine Werke bekannt zu machen. Daß ich mich nur zu gern für gewisse Mißverständnisse und Kritiken entschädigen möchte, und daß ich selber das Gespräch auf dieses Thema gelenkt haben müsse. *Nego simpliciter* – ich leugne klar und entschieden, wie aufgebrachte Theologen zu sagen pflegen. Ich habe nicht nötig, mich schadlos zu halten. Die Freundschaft des Heiligen Vaters ist mein kostbarstes Gut, und ich denke nicht daran, sie als Reklame zu verwenden. Schließlich bin ich ganz und gar nicht glücklich, daß ich in dem folgenden Abschnitt von dem sprechen muß, was mich persönlich betrifft. Und so war es mein erster Gedanke, mich zu stellen, als hätte ich nichts gehört. Der Heilige Vater aber ließ nicht locker und bestand darauf, daß ich seine Antwort, so wie er sie gegeben hatte, notierte, und zwar aus einem gewichtigen Grund: Die Frage „Kann man Gott erkennen?" bietet dem Verstand vielfältige Aspekte, so daß man nicht weiß, durch welche Türe man eintreten soll. Man kann diese Frage mit jener anderen vergleichen: „Was ist Gott?", die Thomas von Aquin sich schon als Kind gestellt hatte und die er 40 Jahre lang unaufhörlich beantwortete. Deshalb geht der Heilige Vater vom Bericht jener plötzlichen Erleuchtung aus, der ich meine Bekehrung verdanke, und er nimmt ihn als konkreten Ausgangspunkt für seine Ausführungen. Indem er also durch diese Tür eintritt, teilt er uns zunächst die für den Verlauf des Gesprächs wichtige Tatsache mit, daß er in seinem Leben keine mystische Erfahrung gemacht hat. Dann behandelt er das Problem der Gotteserkenntnis, wie es sich jedem Christen stellt, der seinen Glauben und aus seinem Glauben lebt.

Ich bin sicher, daß jeder Christ ergriffen ist, mit welcher Einfachheit der Heilige Vater uns ins Vertrauen zieht. Ich stelle mir vor, daß manche überrascht sein werden, wenn sie die durchsichtige, klare Tiefe erkennen, in der sein Glaube wie auch der ihre verankert ist.

«Ich trage dem Rechnung, daß ich mit einem Schriftsteller spreche, der vor zwölf Jahren das bekannte Buch veröffentlicht hat ‹*Gott existiert – ich bin ihm begegnet*›. Ich hatte seinerzeit Gelegenheit, den einzigartigen Bericht Ihrer persönlichen Erfahrung zu lesen. Vor einigen Monaten haben Sie mir ein zweites Buch gebracht mit dem Titel ‹*Es gibt eine andere Welt*›. Auch das habe ich sofort zur Kenntnis genommen. Es ist ebenfalls ein autobiographisches Zeugnis mit dem Ziel, die in dem Buch ‹*Gott existiert – ich bin ihm begegnet*› erzählten Ereignisse noch gründlicher zu durchleuchten. Was mich an Ihrem zweiten Buch am meisten gefesselt hat, ist die Ähnlichkeit zwischen Ihrer Bekehrung im Jahre 1935 und der Konversion von Alphonse Ratisbonne ein Jahrhundert zuvor. Diese beiden Ereignisse haben eines gemeinsam: eine totale, vollkommen unerwartete, plötzliche innere Umwandlung, der Übergang vom Unglauben (oder vom ‹Atheismus›) zum Glauben ohne irgendeine Vorbereitung. Man möchte in beiden Fällen sagen, daß eine unsichtbare Macht ein denkendes Wesen an den gegenüberliegenden Pol schleudert und in eine neue Welt versetzt, die der vorhergehenden diametral entgegengesetzt ist. Ein Leben wird für ein anderes preisgegeben. Sie selbst sind, wie damals Ratisbonne, in einem Augenblick von einem Ungläubigen zu einem bedingungslos gläubigen Katholiken geworden, offenbar ohne allmähliche Annäherung, ohne irgendeine vorhergehende Glaubensunterweisung.

Der Titel Ihres ersten Buches ist großartig und provozierend. Was bedeutet das Wort ‹Begegnung›? Innerhalb menschlicher Beziehungen bezeichnet es ein ‹Gewahrwerden›. Von der Begegnung mit Gott können wir das nicht sagen. Das widerspräche den Worten des Johannesprologs: ‹Niemand hat Gott je geschaut› (Joh 1, 18), sowie dem Zeugnis des Mose im Alten Testament, dem Gott gesagt hat: ‹Du kannst mein Angesicht nicht sehen, denn kein Mensch kann mich sehen und am Leben bleiben› (Ex 33, 20). Sie behaupten ja auch keineswegs, Gott im Augenblick Ihrer Bekehrung gesehen zu haben. Der Titel Ihres Buches besagt nur, daß Sie sein Wirken in Ihrem Innern erfahren haben, daß Sie gewissermaßen die innere Berührung seines Lichtes und seiner Macht gespürt haben. Das ist die einzige Erklärung für diese plötzliche Verwandlung. Und weil Sie sich in Ihrer neuen Geistesverfassung sofort wiedergefunden haben, wurden Sie sich unmittelbar Ihrer Identität bewußt. Was noch wichtiger ist: Sie fühlten gleichzeitig, daß Sie zu sich selbst fanden, und vielleicht noch mehr als vorher. Ihre Bekehrung hat Sie nicht entäußert und nicht Ihrer Persönlichkeit beraubt, ganz im Gegenteil. Das ist ein gewichtiges, von der Erfahrung bestätigtes Argument gegen die These, daß der Mensch durch die Religion sich selbst ‹entfremdet› werde.»

Es gibt noch ein anderes Argument zugunsten der Kirche. Ich habe Gott nicht „gesehen", nein; aber sein Licht, ja. Und gewöhnlich weiß man nicht oder hat es vergessen, daß dieses Licht nicht das physikalische Licht ist, das uns teilnahmslos trifft oder blendet, sondern ein Licht der Wahrheit, ein ausgesprochen erhellendes Licht, das durch sein Leuchten Einsicht schenkt und in einem einzigen Augenblick ein größeres Wissen über das Christsein vermittelt als zehn Lehrbücher zusammen. Nun ist es höchst aufschlußreich, daß genau das die Lehre der Kirche ist, nämlich ohne Worte die Wahrheit zu vermitteln. Ob wir die christliche Wahrheit durch eine geistliche Erleuchtung oder durch den Kanal des überlieferten Glaubens erkennen – sie bleibt dieselbe. Die Übereinstimmung ist absolut und vollkommen. Der Konvertit entdeckt Amerika, und die Geographen der Kirche, die niemals dort gewesen sind, kennen es mindestens ebenso gut wie er. Mir scheint, daß dieses Argument überzeugend ist für die Echtheit der christlichen Lehre, und ich bedaure, daß es so wenig herangezogen wird.

Aber Johannes Paul II. kommt noch einmal darauf zu sprechen, wie sein eigener Glaube entstanden ist, wovon ja bereits im 1. Kapitel dieses Buches die Rede war:

«Was ich soeben sagte, war keine Antwort auf Ihre letzte Frage, hat aber das Terrain abgesteckt. Verweilen wir einen Augenblick bei diesem Zeitabschnitt. Ich persönlich habe keine solche Erfahrung gemacht wie Sie. Seit meiner Kindheit habe ich in einem Glaubensklima gelebt, von dem ich mich – ehrlich gesagt – niemals gelöst habe, obgleich sich die Situationen und Begleitumstände meines Lebens, vor allem in meiner Jugend, oft verändert oder überlagert haben. Darüber haben wir ja bereits gesprochen. Für mich bestand das fundamentale Problem nicht in der Wende vom Unglauben zum Glauben, sondern eher im Übergang vom ererbten, empfangenen und mehr gefühlsmäßigen als verstandesmäßigen Glauben zu einem bewußten Glauben und zu einer vollen intellektuell vertieften Reife aufgrund einer persönlichen Entscheidung. Dieser langsame und schrittweise Übergang, der sich auf verschiedenen Wegen vollzog, diese Überfahrt, die ich nur bis zu einem bestimmten Punkt auf der Navigationskarte selbst steuerte, schienen äußerlich wohl von dem Ablauf der Geschehnisse bestimmt, aber sie ereigneten sich auch in einer Schicht meines inneren Lebens, die tiefer reicht als meine Überlegungen, Entscheidungen, Antworten oder Einsichten. Ich bin mir bewußt, daß ich in diesem langen Prozeß, der immer im Gange ist, *nicht allein bin*.»

Bis zu welchem Punkt hängt die Gotteserkenntnis vom Verstand ab? Inwieweit ist sie eine Glaubenserkenntnis aufgrund der Annahme des göttlichen Offenbarungswortes?

«Ich möchte mir selber Antwort geben, wenn ich Ihnen antworte. Aber zunächst müssen wir eine Frage klären, die wir schon umkreist haben. Ich habe soeben erwähnt, daß ich meinen Glauben durch die Vermittlung meiner Eltern, meiner Umwelt, in der ich lebte und aufwuchs, meiner Pfarrei, meiner Erzieher und geistlichen Berater, meiner Kameraden usw. ‹geerbt und empfangen› habe. Aber trotz all dieser Vorgegebenheiten meine ich nicht, daß mein Glaube ‹traditionell› genannt werden kann, daß er Konformismus wäre, die Frucht von Anpassung an andere, etwas, was man sich durch bloße Angleichung aneignet. Nein, ich könnte eine solche Interpretation meines Glaubens oder, wenn Sie wollen meines ‹Theismus›, um diesen Ausdruck noch einmal zu gebrauchen, nicht zulassen. Ich sage ganz entschieden nein. Ich kann eine solche

Ansicht nicht akzeptieren. Denn wenn ich auch nie vergesse, was ich anderen verdanke (einschließlich der Geschichte meines Vaterlandes), muß ich doch nach Wissen und Gewissen feststellen, daß die Gesamtheit von Überzeugungen und Haltungen, die mir das Recht geben, mich als Christ zu betrachten, gleichzeitig und von Anfang bis Ende die Frucht meines eigenen Denkens und meiner persönlichen Entscheidung sind.

Aber Sie wollen wissen, wie diese Überzeugung zustande kommt, wenn man auf dem Weg des Denkens zu Gott geht und sich mit dem Verstand dem ewigen Wort und dem in ihm beschlossenen Geheimnis unterwirft: Das ist Ihre Frage nach der Gotteserkenntnis durch die Vernunft (eben das, was man ‹Theismus› nennen könnte), und wie sie der Glaube aufnimmt, der sich aus der Offenbarung und durch die Offenbarung entfaltet. Wenn ich nun mein religiöses Bewußtsein weiter erforsche, von dem ich natürlich weiß, daß es das Bewußtsein eines gläubigen Menschen ist, dann stelle ich fest, daß dieser mein Glaube nicht unabhängig von meiner intellektuellen Überzeugung, daß Gott existiert, in mir entsteht, sondern vielmehr in Verbindung mit ihr und sozusagen auf ihrem Hoheitsgebiet.»

So unterscheiden und durchdringen sich im Aufbau des geistlichen Lebens die Anteile von Verstand und Geschenk wie in einem bunten Kirchenfenster die Anteile von Menschenwerk und Licht.

«Diese verstandesmäßige Überzeugung von der Existenz Gottes, die natürlich einige Kenntnisse von seinem Wesen voraussetzt, durchzieht gewissermaßen den ganzen Bereich der Offenbarungsgeheimnisse. In meinem Leben gab es eine Zeit, wo der intellektuelle Aspekt vorherrschte. Aber allmählich, ohne daß er aufgehört hätte an Tiefe zuzunehmen, ist er zurückgewichen und wie ausgelöscht. Dafür hat das Mysterium mehr und mehr an Raum gewonnen, das Geheimnis, das in den Worten der Offenbarung liegt und die Seele durchdringt, so daß sie in meinem religiösen Bewußtsein aufleuchten und sich entfalten konnten.

Was ich Ihnen da sage, wäre vielleicht eine Antwort auf Ihre Frage: Ist Gott nicht zu ‹erkennen›? Oder kann man ihn erkennen, auch wenn man keinen Glauben hat? Ich persönlich antworte (indem ich mich immer auf mein Bewußtsein und seine Wahrnehmungsfähigkeit berufe): Ich weiß, daß ich an Gott ‹glaube›, aber ich weiß auch, daß das, was ‹ich glaube›, zu einem Wissen intellektueller Ordnung in Beziehung steht. Diese Tatsache und auch die, daß so viele Menschen, die nichts von der Offenbarung gewußt haben, im Laufe der Jahrhunderte erkannten (und immer noch erkennen), daß Gott existiert und daß sie sich eine bestimmte Vorstellung von ihm gemacht haben und machen, berechtigt mich zu der Schlußfolgerung, daß man Gott mit der reinen Vernunft erkennen kann, obgleich diese Kenntnis für gewöhnlich ziemlich unzutreffend und ungenau ist.»

Pascal sagt, daß eine philosophische These, mag sie auch noch so falsch erscheinen, immer „von irgendeiner Seite her" wahr ist und daß man diese Seite herausfinden muß, bevor man über die anderen diskutiert. Johannes Paul II. läßt seine Diskussionsweise im Pascalschen Sinne der „Tod-Gottes-Theologie" zugute kommen. Es ist bekannt, daß man unter dieser Rubrik solche christlichen Denker zusammenfaßt, die recht gegensätzliche Ansichten vertreten, aber doch alle eines gemeinsam haben, nämlich daß sie gewöhnlich nicht von großer Klarheit sind. Immerhin haben sie „von irgendeiner Seite her" recht:

«In unserer Zeit und vor allem in unserer westlichen Zivilisation, in Europa vielleicht noch mehr als in Amerika, begegnet man immer häufiger dem Phänomen eines intellektuellen Atheismus, der nach meinem Dafürhalten eher ein ‹Agnostizismus› als ein ausgesprochener ‹Atheismus› ist. Der Agnostiker sagt: ‹Ich weiß nicht, ob Gott existiert. Ich habe keine

Beweise dafür.› Während der Atheist behauptet: ‹Ich weiß, daß er nicht existiert.› Dieses weitverbreitete Phänomen hat sicherlich zur Entstehung der verschiedenen Theorien über den ‹Tod Gottes› beigetragen und schließlich sogar zu einer ‹Tod-Gottes-Theologie›. Diese Formulierung, die einen Widerspruch in sich zu enthalten scheint, nimmt sich weniger ungereimt aus, wenn wir sie als einen Versuch zu einer möglicherweise theologischen Überlegung über das Phänomen des modernen Agnostizismus und Atheismus ansehen und wenn wir ihre Wurzeln in der Mentalität des Menschen von heute untersuchen. Nebenbei bemerkt scheint mir die Bezeichnung ‹Tod-Gottes-Theologie› das negative Gegenstück zu dem Titel Ihres Buches ‹*Gott existiert – ich bin ihm begegnet*› zu sein.»

Tatsächlich habe ich dieses Buch verfaßt und diesen Titel gewählt, der genau beschreibt, was ich sagen wollte: meine Reaktion auf eine ganze Flut von Literatur über den „Tod Gottes", wo der eine verkündete, daß Gott „in Jesus Christus gestorben" sei, der andere „Gott ohne Gott" predigte und alle von Tod sprachen, wo ich das Leben gefunden hatte, mehr noch, das ewige Leben. Es ist eines der Merkmale der zeitgenössischen Religiosität, daß in ihr der gute Same und das Unkraut emporschießen und so eng ineinander verschlungen sind, daß man fast sicher sein kann, mit einem Irrtum auch eine Wahrheit auszureißen. Es braucht die feinfühlige Hand von Johannes Paul II., um die „Tod-Gottes-Theologie" von ihrem Unkraut zu reinigen.

Was den religiösen Agnostizismus oder kurz den Atheismus betrifft, so ist seine Verbreitung nach den Worten des Papstes „auf die Unterordnung der ontologischen Fragen unter die epistemologischen Probleme" zurückzuführen. Im philosophischen Sprachgebrauch ist die *Ontologie* die Lehre vom Sein, während die *Epistemologie* mit der Erkenntnisweise des Seins zusammenhängt. Für den Leser, dem diese Terminologie weniger geläufig ist, möchte ich in vereinfachender Sprache hinzufügen, daß der Verstand, der wahrscheinlich von der Erforschung der geheimnisvollen Erscheinungsformen des Seins genug hat, sich nun auf die Materie stürzt, um sich bestätigt zu fühlen. Das Denken des Menschen kommt nicht mehr vom Sichtbaren und Meßbaren los, es sei denn, um Systeme aufzurichten oder Hirngespinste zu produzieren:

«Der Agnostizismus und der Atheismus sind die Früchte der positivistischen Epistemologie. Der heutige Mensch praktiziert sie häufig, ohne sich allzuviel um deren theoretischen Aspekt und um die Erkenntnisweise zu kümmern. Er beschränkt sich einzig auf die sichtbare Welt, die manchmal nur unter Zuhilfenahme außerordentlich feiner Meßinstrumente erkannt werden kann. Nur diese ermöglichen, die Materie bis in ihre ultramikroskopischen Dimensionen zu erfassen. Aber mit unseren noch so feinen Meßgeräten entdecken wir lediglich das, was der materiellen Ordnung angehört, und zwar *nur* der materiellen Ordnung. Diese sogenannte experimentelle Erkenntnis hat sich der Menschen so sehr bemächtigt, daß sie von allem abgeschnitten sind, was ‹jenseits der Materie›, ‹jenseits der Erscheinungsformen› liegt. Im Rahmen der verschiedenen brauchbaren und wirkungsvollen Methoden zur immer tieferen Erforschung der sichtbaren Welt, die allerdings auch die positivistische Epistemologie enthalten, ist nicht nur kein Raum mehr für das, was ‹unsichtbar› ist, sondern dieses ‹Unsichtbare› verliert auch noch seinen Sinn. Diese geistige Einstellung wird mit dem Ausdruck ‹Tod Gottes› umschrieben.

Wenn Gott in meinem Geist nicht ‹tot› ist, so verdanke ich das vor allem meiner bewußten Ablehnung der mir wohlbekannten Mechanismen, sowie der methodologischen und epistemologischen Strukturen, die im Geist des heutigen Menschen den ‹Tod Gottes› herbeigeführt haben. Das soll keineswegs heißen, daß ich die Errungenschaften und Fortschritte der Wissenschaft nicht bewundere. Es handelt sich um etwas

ganz anderes. Ich schätze alles, was auf dem Gebiet der natur-
wissenschaftlichen Forschungen und Experimente geleistet
worden ist, aber die positivistische Regel lasse ich nicht gelten.
Ich bin nicht mit ihr einverstanden, weil sie eine zu enge und
infolgedessen irrige Auffassung von der empirischen Erfahrung hat, die dem Menschen die Wirklichkeit vorenthält, die
seinem Verstand zugänglich ist. Ich fürchte, daß nach dem
‹Tod Gottes› der nächste Schritt dieser Epistemologie zum
Tod des Menschen führt, den wir ja schon am Horizont unserer
Kultur und unserer Zivilisation heraufdämmern sehen.»

Der Tod des Menschen? Wir haben es hier keineswegs mit
einer plötzlichen pessimistischen Anwandlung bei einem
Manne zu tun, der sich niemals einer solchen Stimmung überläßt. Der Pessimismus entsteht aus dem Zweifel, und der Zweifel ist ein Produkt der kleinen Kunstgriffe des „Ich". Wenn der
Glaube wirklich eine „vollständige Selbsthingabe" ist, wie der
Papst soeben gesagt hat, wo wäre dann Platz für den Zweifel?
Der Papst verzweifelt nicht an der Menschheit. Denn der „Tod
Gottes" ist nichts anderes als eine vorübergehende Verfinsterung des Göttlichen in den hartnäckig auf die Materie einge-
schworenen Menschen. Der „Tod des Menschen" als psycho-
logische Rückwirkung auf den „Tod Gottes" ist – hoffentlich –
auch nur eine vorläufige Verfinsterung des Abglanzes Gottes
im Verstand des Menschen.

In der Philosophie von Johannes Paul II. sind jedenfalls weder
der eine noch der andere, weder Gott noch der Mensch „tot",
was er zum Teil seinem entschiedenen Widerstand gegen den
Positivismus zuschreibt, insofern dieser sich anmaßt, das
menschliche Erkenntnisvermögen auf das zu beschränken,
was den Sinnen zugänglich ist:

«Aber das ist nur eine negative Erklärung. Es gibt eine positive Erklärung, der zufolge ich auf einen Punkt zurückkommen muß, den ich in meiner autobiographischen ·Skizze
erwähnt habe. Ich habe sie da auf das große Erlebnis, das

beinahe eine intellektuelle Umwälzung war, aufmerksam gemacht, das zu Beginn meiner Studienzeit von meinem ersten Kontakt mit einem einfachen Lehrbuch der Metaphysik oder der ‹Seinsphilosophie› ausgelöst worden war. Womöglich besteht zwischen dieser inneren Erschütterung eine gewisse Ähnlichkeit mit jenem Erlebnis oder eine Ahnung von dem, was der wesentliche Gegenstand Ihrer Bücher ist. Diese intellektuelle Entdeckung von damals, die man mit Aristoteles eine Entdeckung der ‹Grundphilosophie› oder der elementarsten Stufe sowohl unserer vorwissenschaftlichen wie unserer eigentlich wissenschaftlichen Erkenntnis bezeichnen könnte, hat in meinem Geist einen dauerhaften Grund für die verstandesmäßige Erkenntnis von Gott gelegt. Es handelt sich da um ein weites Gebiet von intellektuellen Gottesbegegnungen. In dieser Hinsicht eröffnet die Seinsphilosophie dem menschlichen Geist weite Perspektiven. Und diese Perspektiven sind von einem bestimmten Gesichtspunkt aus wichtiger als die fünf ‹Wege› oder ‹Gottesbeweise› des heiligen Thomas von Aquin. Ich will sie hier nicht aufzählen und auch nicht würdigen. Nach meiner Meinung enthält jeder dieser ‹Wege› eine gewisse Abwandlung, die zur größeren Verdeutlichung in die Perspektive des *Seins* und der *Existenz* eingebracht wird. Thomas von Aquin führt das Werk des Aristoteles auf dem Gebiet der ‹Grundphilosophie› nicht nur weiter, er hat es erneuert und verbessert, was auch die französischen Thomisten, Maritain und Gilson, aufgezeigt haben.

Von einem anderen Gesichtspunkt aus hat die Religionsphilosophie Ergebnisse von außerordentlicher Bedeutung auf dem Gebiet der verstandesmäßigen Gotteserkenntnis erzielt. Diese Philosophie bedient sich einer anderen Methode als die Ontologie. Sie beruht auf der Analyse der religiösen Erfahrung, berücksichtigt also die menschliche Subjektivität. Diese Art von Analyse liegt meinem Denken besonders nahe. Es geht dabei unmittelbar um die Erkenntnis von *Gott*, nicht allein von dem *Absoluten,* wie in der metaphysischen Sicht der Ontologie. Das hindert mich jedoch nicht, überzeugt zu sein, daß die Öffnung auf das ‹Sein› und die ‹Existenz› (genauer gesagt: auf das Sein in der Sicht der Existenz) eine wesentliche Grundlage für die verstandesmäßige Gotteserkenntnis bleibt.»

III

Es kann sich also der Verstand eine Vorstellung von Gott machen, und im Gegensatz zu einer inzwischen zum Gemeinplatz gewordenen Auffassung kann der Verstand sehr wohl auf Gott hinweisen, wenn er ihn auch nicht beweisen kann. Ich frage mich sogar, ob er jemals auf irgend etwas anderes hinweisen konnte. Das ist so wahr, daß man sich seit zwei oder drei Jahrhunderten den Kopf darüber zerbricht, wie man die Befugnisse des Verstandes auf das Sichtbare und Meßbare einschränken kann. Das geht so weit, daß man ihm gewisse Fragestellungen verbietet, wie jene Warum, von denen der Biologe Jean Rostand sagte, daß „sie überhaupt keinen Sinn haben, daß sie nicht einmal das Recht haben, aus einem menschlichen Mund zu kommen", daß wir aber sehr „viel Mühe haben, sie zu schlucken, wenn uns die metaphysische Übelkeit in die Kehle steigt."[1]!

Aber durch den Verstand gewinnen wir nur ein unvollkommenes Gottesbild. Nicht von ihm, sondern von der Heiligen Schrift und der Offenbarung wird den Menschen seit den bewußten Anfängen der jüdisch-christlichen Religion Hoffnung gegeben. Wenn es also zwei andere Mittel zur Gotteserkenntnis gibt, erhebt sich die Frage: Wie und in welcher Geisteshaltung soll man die Heilige Schrift lesen? und: Wie wird uns die Offenbarung mitgeteilt, vorausgesetzt, daß man

[1] Jean Rostand, *Ce que je crois,* Grasset

unter diesem Wort eine persönliche Unterweisung Gottes zu verstehen hat? Ich stelle dem Heiligen Vater diese Frage aus zwei Gründen. Zum einen, weil die Bibel sich seit einiger Zeit eine schlimme Behandlung gefallen lassen muß! Wollte man gewissen Kommentatoren Glauben schenken, so wäre Vorsicht geboten bei allem, was in diesem heiligen Buch steht – nur nicht bei den Fußnoten unten auf den Seiten, die sie selber verfaßt haben. Die Bibel würde also weniger dazu dienen, Gott als vielmehr die Exegeten kennenzulernen. Zweitens scheint es mir wichtiger denn je zu wissen, ob das Judentum und das Christentum letzten Endes das überwältigende Ergebnis eines Gesprächs mit Gott sind und ob unsere gemeinsame Religion tatsächlich eine *geoffenbarte* Religion ist.

«Die beiden Fragen nach der ‹inneren Haltung›, in der man die Heilige Schrift lesen soll, und ‹wie uns die Offenbarung mitgeteilt wird›, müssen zuerst in eine gewisse Ordnung gebracht werden. Aber wenn ich mich an Ihre Formulierung halte, dann beantworten sich diese Fragen von selbst. Denn wenn man annimmt, wie Sie es tun, daß die ‹Offenbarung eine persönliche Unterweisung Gottes› ist, dann ist klar, daß für das Lesen der Bibel, in der die Offenbarung schriftlich niedergelegt worden ist, damit sie die Zeiten überdauern kann, die innere Haltung eines *Schülers* angemessen ist. Sie steht keineswegs im Gegensatz zur Haltung des Gelehrten, wenn man unter einem Gelehrten nicht so sehr einen Menschen versteht, der andere unterweist, als vielmehr einen Schüler, der mit einer größeren Reife den Lehrgegenstand zu vertiefen weiß.

Die verstandesmäßige Erkenntnis Gottes besteht in gewisser Weise darin, seine Gegenwart aus dem Buch der Schöpfung herauszulesen. (So war es für Einstein die Entdeckung der Weisheit, die sich im Aufbau und in der Ordnung der Welt offenbart.) Wenn die Schriftlesung den Glauben in uns formen, sagen wir besser: unseren Glauben formen soll, dann müssen wir uns beim Lesen nicht nur tief in die biblischen Texte versenken, sondern sogar ihren Inhalt überschreiten bis hin zu dem, der sich durch die Worte der Schrift selbst mitteilt. Das ist eine vollkommen andere Erkenntnisweise. Es geht weniger darum, Gott zu *kennen*, als *seine Bekanntschaft zu machen*.»

Ja, man hat richtig gelesen. Durch die Worte der Schrift „teilt Gott sich selbst mit". Folglich wäre es überflüssig, irgendeinen Unterschied zu machen zwischen dem was er *ist,* und dem, was er *sagt*. Er ist derart in seinem Wort enthalten, daß die Schriftlesung in Wirklichkeit eine Vereinigung ist, sozusagen die Urfassung der Eucharistie. Ich würde gern mehr darüber hören, aber der Papst möchte, daß wir es im Augenblick dabei bewenden lassen. Und im übrigen kommt mir eine andere Frage in den Sinn. Der Christ versteht unter der Heiligen Schrift zunächst das Evangelium. Nun hat sich bei den Christen allmählich die Idee eingeschlichen, daß die Texte der vier Evangelisten (Matthäus, Markus, Lukas und Johannes) nachträglich im Legendenstil verfaßt worden seien, um die neue Wahrheit primitiven Menschen zugänglich zu machen. Der sogenannte „ursprüngliche Sinn des Evangeliums" wäre demnach nur die gewissermaßen journalistische Berichterstattung von den göttlichen Heilstaten, nur eine erfundene und seelsorgliche Art und Weise, um eine unerhört neue Lehre zu verkünden, die in ihrem rein geistigen Gehalt allzu schwer verständlich ist.

Wenn es nach dieser sehr abwegigen Auffassung vom Evangelium ginge, wäre das Christentum eine tiefe esoterische Lehre, die zur Wonne der Eingeweihten unter dem bunten Flitter einer spannenden Geschichte verborgen gehalten würde. Der „ursprüngliche Sinn" jedoch hat dem Evangelium zum Sieg verholfen. Weil es als eine wahre Botschaft aufgenommen wurde und nicht als ein zusätzlicher Mythos, hat es in so vielen Jahrhunderten die Herzen so vieler Menschen erobert. Im Glauben daran, daß ein Mensch wirklich von einer Jungfrau geboren wurde, daß er wirklich gelitten hat, unter Pontius Pilatus gekreuzigt wurde und am dritten Tag auferstanden ist, sind unzählige Märtyrer in den Tod gegangen. Und weil sie ihr Leben für eine Person, nicht für ihre Idee hingegeben haben, nennt man sie Zeugen und nicht Anhänger. Und deshalb haben auch wir einmal zum Glauben gefunden.

Christus sagt: „Ich preise dich, Vater, weil du all das den Weisen und Klugen verborgen, den Unmündigen aber offenbart hast" (Mt 11,25). Wären diese Worte nie gesprochen worden oder wären sie nur gesprochen worden, um die Unmündigen irrezuführen, während sie sich in Wirklichkeit doch an die „Weisen und Klugen" gerichtet hätten, dann wäre das Evangelium eine Lüge und Gott machte sich lustig über die Armen im Geiste, denen er das Himmelreich verheißen hat. Darum meine Frage: Berichtet das Evangelium *wahre Begebenheiten*, die sich wirklich in einer bestimmten Zeit zugetragen haben?

Die Antwort des Heiligen Vaters beginnt mit einem Zitat aus dem Konzilsdokument über die göttliche Offenbarung „*Dei Verbum*" : «*Die Kirche hat entschieden und unentwegt daran festgehalten und hält daran fest, daß die vier Evangelien, deren Geschichtlichkeit sie ohne Bedenken bejaht, zuverlässig überliefern, was Jesus, der Sohn Gottes, in seinem Leben unter den Menschen zu deren ewigem Heil wirklich getan und gelehrt hat bis zu dem Tag, da er aufgenommen wurde (vgl. Apg 1,1–2). Die Apostel haben nach der Auffahrt des Herrn das, was er selbst gesagt und getan hatte, ihren Hörern mit jenem volleren Verständnis überliefert, das ihnen aus der Erfahrung der Verherrlichung Christi und aus dem Licht des Geistes der Wahrheit zufloß. Die biblischen Verfasser aber haben die vier Evangelien redigiert, indem sie einiges aus dem vielen auswählten, das mündlich oder auch schon schriftlich überliefert war, indem sie anderes zu Überblicken zusammenzogen oder im Hinblick auf die Lage in den Kirchen verdeutlichten, indem sie schließlich die Form der Verkündigung beibehielten, doch immer so, daß ihre Mitteilungen über Jesus wahr und ehrlich waren. Denn ob sie nun aus eigenem Gedächtnis und Erinnern schrieben oder aufgrund des Zeugnisses jener, ‹die von Anfang an Augenzeugen und*

Diener des Wortes waren> (Lk 1,2–4), es ging ihnen immer darum, daß wir die <Wahrheit> der Worte erkennen sollten, von denen wir Kunde erhalten haben.»

Der Papst sagt mir: «Dieser lange Abschnitt aus dem Konzilstext gibt nach meiner Ansicht eine erschöpfende Antwort auf Ihre Frage. Man weiß, daß parallel zu den vier Evangelien die übrigen neutestamentlichen Texte erschienen. Hier berufe ich mich noch einmal auf eine Stelle aus der Konstitution *Dei Verbum*, die unser Problem berührt. Wir lesen da:

<Der neutestamentliche Kanon umfaßt außer den vier Evangelien auch die Briefe des heiligen Paulus und andere apostolische Schriften, die unter der Eingebung des Heiligen Geistes verfaßt sind. In ihnen wird nach Gottes weisem Ratschluß die Botschaft von Christus, dem Herrn, bestätigt, seine echte Lehre mehr und mehr erklärt, die heilbringende Kraft des göttlichen Werkes Christi verkündet. Die Anfänge der Kirche und ihre wunderbare Ausbreitung werden erzählt und ihre herrliche Vollendung vorausverkündet.>

Man sieht an diesen Zitaten, daß der kritische Geist der Exegeten und Ausleger der Schrift sich immer auf die Geschichtlichkeit der vier Evangelien und auf die Geschichtlichkeit ihres Inhalts konzentriert hat. In dieser Hinsicht faßt die Konzilskonstitution die Forschungsergebnisse zahlreicher Historiker und Bibelwissenschaftler zusammen.»

Aus dem ersten Text behalte ich vor allem die ersten Zeilen: Die Evangelien „überliefern zuverlässig , was Jesus wirklich getan und gelehrt hat". Der Glaube verlangt nicht mehr, aber er verlangt auch nicht weniger. Andernfalls wäre das Evangelium keine Botschaft, höchstens eine Neuigkeit. Weihnachten, Ostern und die anderen großen Daten des christlichen Kalenders wären keine Feste, sondern Themen für theologische Doktorarbeiten; und es gäbe keinerlei Grund, sie in Musik zu setzen.

«Was die geschichtliche Wahrheit der Evangelienberichte angeht, so möchte ich noch eine Bemerkung zum Thema Erkenntnis oder ‹Erkennbarkeit› Gottes hinzufügen, das Sie eben angeschnitten haben. Dieser Gott, an den wir als Christen glauben, ist nicht nur der *unsichtbare Schöpfer,* den unser Verstand beim Anblick der Welt und der Geschöpfe erfassen kann. Es ist auch ein Gott, der den Menschen *entgegengeht* und deshalb in die Geschichte eintritt . . .»

. . . die unser natürlicher Aufenthaltsort ist:

«Der Mensch ist ein geschichtlich eingebundenes Wesen und somit der Vergänglichkeit unterworfen. Aber er weiß um diese Zeit, die vergeht und die er zur Entfaltung seiner selbst benutzen soll. Er muß sich in die Zeit einfügen und sie so gebrauchen, daß er sich als einmaliges, unwiederholbares Wesen verwirklichen kann. Die Geschichtlichkeit unterscheidet sich wesentlich von der zeitlichen Begrenzung. Denn alle Geschöpfe der uns umgebenden Welt vergehen mit der Zeit. Einzig der Mensch hat eine Geschichte, und er allein schafft sie. Freilich schafft er sie in Verbindung mit der Dauer, aber zugleich schafft er sie, weil in seinem Innern etwas ist, das der Vergänglichkeit seiner Existenz entgegengesetzt ist und sie übersteigt. Wenn ich von ‹Geschichtlichkeit› spreche, habe ich nicht die Entstehung der Geschichte als Kultur oder Wissenschaft im Sinn. Ich denke an die Existenzweise des Menschen als solchen, jedes Menschen, ohne Ausnahme.

Wenn die Geschichtlichkeit des Menschen so aufgefaßt wird, erklärt sie das Erscheinen Gottes am Horizont und seinen Eintritt in die Geschichte. Die Offenbarung erreicht ihren Höhepunkt in der Lebensgeschichte Christi, von der uns die vier Evangelien berichten und die von den übrigen Schriften des Neuen Testamentes bestätigt wird – wie die Konstitution *Dei Verbum* sagt. Die ganze Offenbarung ist historisch in dem Sinn, als sie sich auf die Geschichtlichkeit als Existenzweise des Menschen in dieser Welt bezieht. Sie verkündet die ‹Großtaten Gottes›, nämlich die Früchte seines transzendenten Wirkens oder mehr noch seiner Gabe an die Menschen. Im allgemeinen erscheinen seine Werke in der konkreten Form der Heilsgeschichte.»

Ich möchte den Leser bitten, die folgende Beweisführung sehr aufmerksam zu verfolgen. Sie beruht auf einer unleugbaren Evidenz: Im Menschen gibt es etwas, wie der Heilige Vater sagt, was der Zerstörung durch die Zeit widersteht. Dieses Etwas drängt ihn, ein Werk zu schaffen, einen Namen in den Marmor oder in den Himmel zu schreiben, Pyramiden zu bauen oder prosaischer: Kinder zu haben, um durch sie biologisch weiterleben zu können. Aufgrund dieses unumstößlichen Prinzips erlebt er seine eigene Geschichte und erfährt sie als eine Erinnerung, einen Widerschein und einen Samen der Ewigkeit, und gerade das ruft ihm ins Gedächtnis, daß er nach dem Bilde Gottes[1] geschaffen ist.

Und in dieser usprünglichen Personmitte keimt der Glaube auf:

«Gott schenkt sich dem Menschen, der nach seinem Bild geschaffen ist. Und nur weil der Mensch das ‹Abbild› Gottes und ‹ihm ähnlich› ist, kann diese Vereinigung zustande kommen. Es ist die innere, transzendente und auf das letzte Ziel hingerichtete Spur in der Geschichte jedes Menschen und der ganzen Menschheit. Es handelt sich auch um eine ‹übergeschichtliche› Spur, weil sie zwar mit der Vergänglichkeit des Menschen rechnet, der ebenso wie die ganze sichtbare Welt der Zeitlichkeit unterworfen ist, gleichzeitig aber jenes Etwas in ihm bekundet, dem Verfall und Tod nichts anhaben können. Die ‹Geschichtlichkeit› des Menschen besteht also in dieser Abgrenzung, dieser Fähigkeit zu erfassen, was vorübergeht, und daraus das für sich zu behalten, *was nicht vergeht* und was das Menschliche in seinem innersten Wesen unsterblich

---

[1] „Dann sprach Gott: Laßt uns Menschen machen als unser Abbild, uns ähnlich" (Gen 1,26).

macht, das nämlich, wodurch der Mensch Gott ebenbildlich und über alle der Vergänglichkeit unterworfenen Geschöpfe erhoben wird. ‹Geschichtlichkeit› bedeutet auch die Existenz einer Person, die trotz ihrer ‹Vergänglichkeit› ihre Identität behält.

Wenn die Geschichtlichkeit des Menschen so verstanden wird, dann ist sie der Angelpunkt der Offenbarung, wo Glaube und Glaubensgeschichte entstehen, folglich seine Geschichte.

So betrachtet, ist die Geschichtlichkeit des Menschen eine der Quellen des theistischen Denkens, des Verstandes, der auf Gott zugeht. Gerade aufgrund seiner Geschichtlichkeit drängt es den Menschen, ein Wesen zu suchen, in dem all das verwirklicht ist, was in ihm selbst unvergänglich ist, das heißt die höchste Erfüllung seiner eigenen Transzendenz, das ewige Urbild, dessen Bild und Gleichnis er in seinem Menschsein ist.

So ist also nicht nur das Universum der Ausgangspunkt vernunftgemäßer Gotteserkenntnis, sondern auch und vielleicht vor allem der in die Welt eingebundene Mensch, der Mensch in seiner Geschichtlichkeit, das heißt zugleich in dem, was ihn übersteigt.»

IV

Johannes Paul II. ist von erstaunlicher Schaffenskraft, die von einer guten Konstitution und einer guten Organisation unterstützt wird. Vor dem Attentat vom 13. Mai wirkte er außergewöhnlich kraftvoll. Wenn er auf dem Petersplatz die Messe feierte, umwirbelte ihn sein weites, weißes Gewand wie der Faltenwurf der Gewänder der tanzenden Mädchen auf dem berühmten Fries von Samothraki. Als ich den Papst zum ersten Mal mehr aus der Nähe sah, eilte er zwischen spalierbildenden Besuchern und einer ihm atemlos folgenden Gruppe von *Mon-*

signori durch eine Galerie des Vatikans. Inzwischen wird er wieder,was er war. Aber wenn ich den Vergleich wagen darf, läßt er seinem Pferd nicht mehr so wie früher die Zügel schießen.

An gewöhnlichen Tagen folgt er einer strengen und zugleich flexiblen Zeiteinteilung. Er steht um viertel vor sechs Uhr auf, was ihm nicht leicht fällt, wie er sagt. Messe um sieben Uhr, nach einer langen Meditation. Er gibt nicht selten eine kleine Audienz von zehn bis fünfzehn Minuten, bevor er zum Frühstück geht, zu dem immer ein oder mehrere Gäste geladen sind. Den Vormittag von neun bis elf Uhr verbringt der Papst in seinem Arbeitszimmer und empfängt niemanden. In Krakau schloß er sich in seiner Kapelle oder in einem kleinen Raum ein, dessen Fenster auf den Altar zeigte. Kardinal Wojtyla schrieb zwei Stunden vor dem Altarssakrament. Und dieser Mann, den das Gebet sozusagen ständig gefangen hält, erledigt in zwei Stunden ein ungeheures Arbeitspensum. Um elf Uhr beginnen die Audienzen und dauern bis halb zwei oder viertel vor zwei. Zum Mittagessen wie zum Frühstück einige Gäste, die der Papst besonders ehren will oder von denen er irgendwelche zusätzlichen Informationen erwartet. Danach ruht er sich eine halbe Stunde aus und geht dann zum Breviergebet auf seine Terrasse. Von halb vier bis halb sieben Uhr berät er sich mit seinen engsten Mitarbeitern in seinem Arbeitszimmer; dann laufen die Akten der Minister und der hohen Beamten der Kurie, dem Regierungsorgan der Kirche, ein. Die Hauptmahlzeit im Vatikan, das Abendessen, wird gegen acht Uhr eingenommen. Um neun Uhr ist er wieder im Arbeitszimmer oder in der Kapelle, Abschluß des Breviers, dessen übrige „Horen" er in den Zwischenzeiten gebetet hat. Der Heilige Vater geht oft erst nach elf Uhr abends zu Bett, nachdem er durch Gebet, Denken, Reden und Handeln sein ganzes Tagewerk der Kirche gewidmet hat, ohne eine einzige Minute für andere Zwecke zu vergeuden.

Johannes Paul II. verwendet auf alles, was er tut, die gleiche äußerste Gewissenhaftigkeit, wie man es auch aus der Genauigkeit seiner Antworten ablesen konnte. So fiel beispielsweise unser Dialog, den er als privat ansieht, obgleich er dessen Veröffentlichung beschlossen hatte, niemals in seine Arbeitsstunden, die er ausnahmslos der Kirche schuldig zu sein glaubt. Er gönnt sich allerdings ein paar freie Augenblicke in Castel Gandolfo oder sonntags vormittags oder auch während der Mahlzeiten, die nicht alle für wichtige Besucher verplant sind. In dem großen, in Grau gehaltenen Speisesaal, eine Art Gemäldegalerie mit sehr schönen Werken alter Meister an den Wänden, wo man auf einem Eckmöbel eine kleine polnische Statue von der heiligen Anna entdeckt, die das Kind Maria in ihren Armen trägt, die selbst das Jesuskind hält, ist das Zeremoniell immer das gleiche: Der Heilige Vater nimmt allein auf der einen Seite des Tisches Platz, sein Gast ihm gegenüber, seine beiden Sekretäre an den Schmalseiten. Sobald das Tischgebet gesprochen ist, deutet der Papst mit dem Finger auf die mitgebrachten Papiere. „Nun, wo stehen wir?" Er ißt sehr schnell, achtet nicht sonderlich auf das, was es gibt, und ehe man es sich versieht, schiebt er mit einer energischen Handbewegung seinen leeren Teller zurück, als wolle er einen Einwand vom Tisch fegen; dann hört er in der Haltung zu, wie man ihn von vielen Bildern her kennt. Mit aufgestütztem Ellenbogen das Kinn in der Hand, verfolgt er aus den Augenwinkeln den Gang der Argumentation, deren Ziel er längst vor den anderen erreicht hat und wo er sie geduldig erwartet. Denn die Geduld ist einer seiner wesentlichsten Charakterzüge. „Ich habe es nicht eilig", pflegt er zu sagen. Aber sein Geist schweift niemals ab, und jeder seiner einmal gefaßten Beschlüsse wird, zur Überraschung der Betreffenden, sofort in die Tat umgesetzt. Was sie als Zögern auslegten, war nichts anderes als die kluge Vorsicht des Bergsteigers, der sich „sichert". Der Papst kennt nur eine Art von „Sicherung": das Gebet. Er betet lange vor allem, was er tut und sagt.

Wenn nun ein Papst bereit ist, Fragen zu beantworten, wird

man doppelt besorgt. Wird man zu viel oder wenig zu fragen? Und bald kommt noch die Befürchtung hinzu, unangebrachte Fragen zu stellen. Ich war der Ansicht, es sei meine Pflicht, mich bei meinen Fragen zum Sprecher all derer zu machen, die niemals das Wort ergreifen oder kaum je Gelegenheit haben, jemand anderen als sich selbst die Hamletfrage radikaler Einfachheit zu stellen: Sein oder Nichtsein; existiert Gott oder existiert er nicht? Darum fragte ich den Heiligen Vater nach der Gotteserkenntnis, nach der Heiligen Schrift, der Geschichtlichkeit des Evangeliums, und ob sich die darin erzählten Begebenheiten wirklich zugetragen haben. Aber was ist der Glaube, von dem man so viel spricht, ohne daß man jemals genau sagt, worin er besteht? Kann man eine Begriffsbestimmung von diesem Glauben geben, von dem die einen sagen, er sei ein Geschenk Gottes, die anderen, er sei ein Engagement, während Paulus sagt, der Glaube sei „die Substanz der Dinge, die man erhofft"?

«Vielleicht müßte man sich zuerst über das Wort ‹Begriffsbestimmung› verständigen. Aber lassen wir das im Augenblick beiseite. Ich persönlich würde mich an die alte Katechismusantwort halten, die ich in der Volksschule gelernt habe. Nach ihr ist der Glaube ‹das feste Fürwahrhalten all dessen, was Gott geoffenbart hat und die Kirche uns zu glauben vorstellt›. Trotzdem will ich Sie nicht darauf festlegen. Denn so, wie diese Definition dasteht, könnte man ihr den Vorwurf machen, den glaubenden Menschen zu wenig im Blick zu haben, obgleich der Ausdruck ‹Fürwahrhalten› deutlich die Existenz des handelnden Subjekts voraussetzt. Er bezeichnet ebenso den Erkenntnischarakter des Glaubens, der auf die Wahrheit als auf seinen Zentralpunkt ausgerichtet ist. Der junge Mann im Parc des Princes hat uns das auch durch die Kontrastwirkung zwischen Unglauben und Atheismus veranschaulicht.

Ihre Frage aber geht tiefer. Es besteht eine Verbindung und Kontinuität zwischen den drei Formulierungen, die Sie gleichbedeutend nennen. Jede drückt einen anderen Aspekt der wundervollen Wirklichkeit aus, die wir Glauben nennen.

Zu allererst das *Geschenk*. Gestatten Sie mir, noch einmal das Zweite Vatikanische Konzil zu zitieren: ‹*Gott hat in seiner Güte und Weisheit beschlossen, sich selbst zu offenbaren und das Geheimnis seines Willens kundzutun: daß die Menschen durch Christus, das fleischgewordene Wort, im Heiligen Geist Zugang zum Vater haben und teilhaftig werden der göttlichen Natur. In dieser Offenbarung redet der unsichtbare Gott aus überströmender Liebe die Menschen an wie Freunde und verkehrt mit ihnen, um sie in seine Gemeinschaft einzuladen und aufzunehmen.*›

Dieser Text aus der Konstitution *Dei Verbum* führt viele Stellen aus dem Alten und dem Neuen Testament an, vor allem aus dem Buch Exodus, aus dem Propheten Baruch, dem Johannesevangelium und den Paulusbriefen[1]. Christus wird darin, wie in zahlreichen theologischen Schriften, als das ‹fleischgewordene Wort› bezeichnet, für viele ein geheimnisvoller Ausdruck, zu dessen bloßer Erklärung ganze Bücher geschrieben wurden. Kurz gesagt: noch bevor die Wörter im Lauf der Geschichte sich so abgenützt haben, daß sie ihre Aussagekraft verloren, stand das Wort (das Verbum, im Griechischen: der Logos) am Anfang der Tat und am Ursprung der Dinge. Für die Ägypter und Hebräer unter anderen hatte das einfache menschliche Wort auf eine gewisse Weise Macht über das, was es benannte. Das göttliche Wort war schöpferisch und ein Bindeglied zwischen Gott und dem Nichts. So, wenn wir in der Bibel lesen: ‹Gott sprach, es werde Licht.› Wir müssen hier die Worte beachten: ‹Gott sprach.› Denn weil er sprach, *wurde es*. Christus, durch den nach dem christlichen Glaubensbekenntnis ‹alles geschaffen wurde›, ist das schöpferische und erlösende Wort in Person. ‹Am Anfang war das Wort›, heißt es im Johannesprolog. Das Universum ist ein Satz Gottes, dessen Ende wir noch nicht kennen.»

[1] Eph 1,9; 2,18; Ex 33,11; Kol 1,15; 1 Tim 1,17; Bar 3,38; Röm 16,26; 1,5; 2 Kor 10,5–6.

Aber der Papst kommt auf den Konzilstext zurück.

«Diese Worte, von bewundernswerter Dichte und Genauigkeit, sprechen noch nicht vom Glauben, sondern von der Offenbarung. Die Offenbarung ist der ‹sich selbst mitteilende Gott›. Sie hat also Geschenk- oder Gnadencharakter. Geschenk von Person zu Person, in der Gemeinschaft der Personen, vollkommen ungeschuldetes und freies Geschenk, das durch nichts anderes als durch die Liebe erklärt werden kann.»

Bei all dem geht es um die Offenbarung. Und der Glaube?

«Etwas weiter heißt es in demselben Text: ‹Dem offenbarenden Gott ist der *Gehorsam des Glaubens* zu leisten. Darin überantwortet sich der Mensch Gott als ganzer in Freiheit, indem er sich dem *offenbarenden* Gott mit Verstand und Willen voll unterwirft und seiner Offenbarung willig zustimmt.› Der Glaube ist also die Anwort des Menschen auf die Offenbarung, in der Gott ‹sich mitteilt›. Die Konstitution *Dei Verbum* drückt ausgezeichnet den wesentlich personalen Aspekt des Glaubens aus.

Die Worte ‹Der Mensch überantwortet sich Gott im Gehorsam des Glaubens› enthalten, wenn auch nur indirekt, den Gedanken, daß der Glaube die Antwort ist auf die Offenbarung, durch die Gott sich dem Menschen schenkt. Aufgrund seiner inneren Dynamik setzt er das Gegengeschenk des Menschen voraus, der sich gewissermaßen ebenfalls Gott schenkt. Diese *Selbsthingabe* ist die tiefste und personalste Struktur des Glaubens.

Im Akt des Glaubens antwortet der Mensch Gott nicht mit der Hingabe eines Teils seiner selbst, sondern mit der Hingabe seiner ganzen Person. Wohlgemerkt, diese gegenseitige Beziehung steht nicht im Verhältnis von gleich zu gleich.»

Daraus ergeben sich häufig Mißverständnisse. Einige sagen, daß der Glaube „ein Geschenk ist“, und verstehen darunter, daß sie ihn nicht empfangen haben. Sie befinden sich im Irrtum und in der Wahrheit zugleich. In der Wahrheit, weil der Glaube tatsächlich ein Geschenk Gottes ist; im Irrtum, weil dieses Geschenk nicht von der Art ist, daß es einfach der Form halber zur Kenntnis genommen werden darf, sondern weil es erst in der Gegenseitigkeit wirksam wird.

« Der Mensch überantwortet oder schenkt sich Gott im Glauben, durch die Antwort des Glaubens, entsprechend seiner Möglichkeit als Geschöpf, also in Abhängigkeit. Es handelt sich daher nicht um eine Beziehung zwischen gleichen Partnern, und darum gebraucht die Konstitution ‹Dei Verbum› bewußt und präzise den Ausdruck: Der Mensch ‹überantwortet sich›. In der ‹ Gemeinschaft› mit Gott ist der Glaube der erste Schritt.

Nach der Lehre der Apostel wird der Glaube in der Liebe vollendet. In der Liebe erlangt die vertrauende Hingabe an Gott das ihr eigene Merkmal, jenen gegenseitigen Geschenkcharakter, dessen Unterpfand der Glaube ist.

Wenn also die alte Definition aus meinem Katechismus hauptsächlich vom festen Fürwahrhalten der ‹von Gott geoffenbarten Wahrheit› sprach, so betont der Konzilstext den personalen Charakter des Glaubens, wenn er ihn als Hingabe an Gott bezeichnet. Der erkenntnismäßige Aspekt wird damit nicht verschleiert oder ausgeschlossen, sondern ist in der umfassenden Dimension der menschlichen Antwort an Gott durch den Glauben sozusagen organisch enthalten. Wir werden noch darauf zurückkommen.

Habe ich Ihre Frage nach dem Glauben, sofern er als Geschenk betrachtet wird, beantwortet? Nein, noch nicht. Wenn wir es bei dem bewenden ließen, was ich eben gesagt habe, gerieten wir auf die Bahn des Pelagianismus, den die Kirche seit langem und sehr rasch überwunden hat.»

Der Pelagianismus ist die Lehre des Pelagius, eines Mönches aus dem 5. Jahrhundert, der recht eigenwillige Ideen hatte. Er beschränkte die Erbschuld auf Adam und überbewertete die

Bemühungen des Menschen, indem er lehrte, daß die Gnade sich nach dem Verdienst richte, eine Ansicht, die vollkommen widerlegt wird durch alles, was man von der Liebe Gottes oder von der Liebe der Eltern zu ihren Kindern weiß. Denn sie muß sich nicht anstrengen, um geliebt zu werden. Die Lehre des Pelagius wurde 431 auf dem Konzil von Ephesus verworfen, aber sie tauchte unter verschiedenen Verkleidungen mehrmals wieder auf. Ich habe den Verdacht, daß dieser Mönch große Verantwortung für den Wahlspruch von ungezählten guten Leuten trägt, die davon überzeugt sind, im Evangelium die Worte gelesen zu haben, die gar nicht darin stehen: „Hilf dir selbst, dann hilft dir Gott."

«Als Antwort auf die Offenbarung Gottes ist der Glaube freilich keine Gabe, die der Mensch Gott aus eigenem Vermögen darbringen könnte. Vielmehr ist er wesentlich ein inneres Geschenk, das die vertrauensvolle Überantwortung des Menschen an Gott heranwachsen und aufblühen läßt.

Wir haben in der Konstitution *Dei Verbum* gelesen, daß der Gehorsam des Glaubens (durch den der Mensch als ganzer sich Gott in Freiheit überantwortet und sich dem ‹ offenbarenden Gott› mit Verstand und Willen voll unterwirft, indem er aus ganzem Herzen der Offenbarung zustimmt) gleichzeitig die Frucht aus dem inneren Beistand des Heiligen Geistes ist und gänzlich und wesentlich von dessen Wirken abhängt. Wir lesen dann: ‹Dieser Glaube kann nicht vollzogen werden ohne die zuvorkommende und helfende Gnade Gottes und ohne den inneren Beistand des Heiligen Geistes, der das Herz bewegen und Gott zuwenden, die Augen des Verstandes öffnen und ‚es jedem leicht machen muß, der Wahrheit zuzustimmen und zu glauben‘. Dieser Geist vervollkommnet den Glauben ständig durch seine Gabe, um das Verständnis der Offenbarung mehr und mehr zu vertiefen.›

In diesem Sinne ist der Glaube ein inneres Geschenk Gottes und befähigt uns, auf die Offenbarung zu antworten, das heißt auf das Wort, durch das Gott sich kundgibt. Es ist ein Wort, das ‹vielfach und auf mancherlei Weise› durch die Propheten verkündet und am Ende der Zeiten durch die Menschwerdung des Wortes ausgesprochen worden ist. Wenn wir dieses Wort aufnehmen, dann nehmen wir Gott selber auf, der sich durch das Wort offenbart. Nehmen wir aber das menschgewordene Wort auf, so überantworten wir uns gleichzeitig Gott. Wir verpflichten uns ihm in gewisser Weise. Das ist, als Antwort auf ihre Frage, der zweite Aspekt des Glaubens.»

Nun gebraucht der Papst wieder zwei Wörter, die zwar den Philosophen geläufig sind, aber nicht oft im gängigen Sprachgebrauch vorkommen. Das Wort „ontisch" und das Wort „transzendent". „Ontisch" bezieht sich auf die Erschließung des Seins. „Transzendent" ist für uns das, was über das Gewöhnliche hinausgeht, was die normale Ordnung überschreitet oder außerhalb der allgemein gültigen Gesetze steht. Bei den Philosophen steht die „Transzendenz" hoch im Kurs, hat aber nicht in allen philosophischen Richtungen dieselbe Bedeutung. In der Geometrie dient die „transzendentale" Kurve bei der Einführung in die Infinitesimalrechnung. Ich glaube, daß diese Definition dem Gedanken des Heiligen Vaters am nächsten kommt, wenn er von der Transzendenz des Menschen spricht.

«Bevor ich Ihnen sage, wie ich mir dieses Engagement am ehesten vorstelle, erlauben Sie mir noch einmal die Grundbedeutung dieses Wortes im Licht der vertrauensvollen Hingabe an Gott zu untersuchen.

Ich habe Sie schon auf den Unterschied zwischen der Katechismusformel – alles fürwahrhalten, was Gott geoffenbart hat – und der Hingabe an Gott aufmerksam gemacht. In der ersten Definition ist der Glaube hauptsächlich Sache des Verstandes, insofern er Annahme und Aneignung der geoffenbarten Wahrheit ist. Wenn uns dagegen die Konstitution *Dei Verbum* sagt, daß der Mensch sich ‹im Gehorsam des Glaubens› Gott überantwortet, dann stoßen wir auf die ganze Dimension des Seins und der Existenz und sozusagen auf das ganze Drama der menschlichen Existenz schlechthin.

Im Glauben entdeckt der Mensch die Bedingtheit seines auf ein absolutes *Ich* ausgerichteten Wesens und die Vorläufigkeit seiner Existenz. Glauben heißt, das *menschliche Ich* in seiner ganzen Transzendenz und in seiner ganzen über sich hinausweisenden Größe, aber auch in all seiner Begrenztheit, Schwäche und Sterblichkeit einem Wesen zu überantworten, das sich als *Anfang* und *Ende* kundtut, das alles Erschaffene und alles Zufällige überragt, sich aber zugleich als Person offenbart, die uns zur Lebensgemeinschaft, zur Teilnahme, zur Vereinigung einlädt. Eine absolute Person, oder besser, ein personales Absolutum.

Die Hingabe an Gott im Glauben (im Gehorsam des Glaubens) dringt in den tiefsten Grund der menschlichen Existenz, in die Mitte des persönlichen Lebens selbst. In dieser Weise muß man das „ Engagement" verstehen, das Sie in Ihrer Frage erwähnt haben. Das wäre die Lösung des Problems der Existenz oder des persönlichen Dramas der menschlichen Existenz. Das ist viel mehr als ein rein verstandesmäßiger Theismus und geht tiefer und weiter als das ‹Fürwahrhalten dessen, was Gott geoffenbart hat›.

Wenn Gott sich offenbart und der Glaube es annimmt, dann *erfährt der Mensch sich selbst und findet sich in seinem Menschsein und Personsein bestätigt.*

Wir wissen, daß sich Gott in Jesus Christus offenbart und daß zugleich – wie die Konstitution *Gaudium et spes* sagt – Jesus Christus dem Menschen die Wahrheit über sich selbst offenbart. ‹Tatsächlich klärt sich nur im Geheimnis des fleischgewordenen Wortes das Geheimnis des Menschen wahrhaft auf.›[1] So bestätigen sich gegenseitig die Zusammen-

---

[1] Gaudium et spes, 22. An der Ausarbeitung dieser Konzilskonstitution, die der Heilige Vater noch öfters erwähnen wird, hat er selbst mitgearbeitet.

hänge zwischen den verschiedenen Aspekten und unterschiedlichen Elementen oder Gegebenheiten der Offenbarung, und sie gewinnen ihren endgültigen Zusammenhalt im Menschen und *in seiner Berufung*. Das Wesen des Glaubens liegt nicht nur in der Kenntnis, sondern auch in der Berufung, in dem *Ruf*. Denn was ist sonst der Gehorsam im Glauben, durch den der Mensch sich ‹dem offenbarenden Gott mit Verstand und Willen gänzlich unterwirft›? Es geht ja nicht nur darum, das Wort zu vernehmen und darauf zu hören (im Sinne von Gehorchen); es geht auch um die Antwort auf einen geschichtlichen und endzeitlichen Ruf, auf ein gewisses ‹Folge mir nach›, das auf Erden und im Himmel ertönt.

Ich meine, man muß sich diese Beziehung zwischen Erkenntnis und Berufung, die im Wesen des Glaubens selbst liegt, vor Augen halten, wenn man die sehr reiche Botschaft des Zweiten Vatikanischen Konzils richtig entziffern will. Beim Überdenken des Gesamtinhaltes bin ich zu dem Schluß gekommen, daß im Sinn des Zweiten Vaticanums Glauben heißt: durch Teilnahme an der dreifachen Sendung Christi als Prophet, Priester und König an der Sendung der Kirche teilzunehmen. Daran erkennt man, daß der Glaube als Engagement unseren Augen immer neue Ausblicke eröffnet, sogar in bezug auf seinen Inhalt. Ich bin allerdings überzeugt, daß die Grundlage dieser Glaubenssicht die Überantwortung an Gott ist, wo *Gabe* und *Engagement* sich aufs engste und tiefste verbinden.»

Johannes Paul II. führt seine Beweisführung bedächtig von einem Thema zum andern, wie man elektrische Drähte miteinander verbindet. Und man fragt sich, wie lange diese Installation wohl dauert, bis schließlich die Verbindung hergestellt und das Lehrgebäude plötzlich erleuchtet wird. Die bisherige Darlegung ist ein gutes Beispiel für seine Methode. Er geht von recht landläufigen Feststellungen über die Offenbarung und die Natur des Menschen aus und kommt zu überzeugenden und neuen Schlußfolgerungen. Für mich entnehme ich daraus vor allem, daß der Glaube im tiefsten Grund unseres Seins liegt und daß sich daraus das Ineinander von Göttlichem und Menschlichem ergibt, unser innerstes Wesen, das nicht sterben wird. Es bleibt noch das schöne und geheimnisvolle Wort aus dem Hebräerbrief zu erhellen: „Der Glaube ist die Substanz der Dinge, die wir erhoffen" (Hebr 11,1). Bedeutet es, daß uns durch den Glauben schon jetzt – wenn auch im Dunkel – das geschenkt wird, was wir später im Licht einer neuen Welt erschauen werden? Oder aber heißt es, wie ich lange gedacht habe, daß der Glaube in gewisser Weise die Substanz, das heißt unser Anteil an Liebe ist, die wir zu dem ewigen Liebesaustausch beitragen, der einmal unsere Seligkeit ausmachen wird? In welchem Sinn ist diese Stelle im Hebräerbrief zu verstehen?

Der Heilige Vater kann Griechisch und hat auch Philologie studiert. Das bekomme ich nun zu spüren:

«Bibelkritisch betrachtet entspricht der Ausdruck ‹Substanz›dem griechischem *Hypostasis,* das in der Konzilstheologie der ersten Jahrhunderte eine sprachgeschichtliche Entwicklung durchgemacht hat. In Nizäa bezeichnete es vornehmlich das ‹Wesen›, später die ‹Person›, daher die Definition des Dreifaltigkeitsdogmas: ‹eine Natur in drei Hypostasen›, das heißt in drei Personen. Und das christologische Dogma von der ‹hypostatischen Union der beiden Naturen› in Jesus Christus, der göttlichen und der menschlichen. In der Heiligen Schrift kommt der Sinn von *Hypostasis* näher an seine Sprachwurzel heran, nämlich ‹was darunter ist›, also ‹Basis› oder Grundlage. Infolgedessen gebrauchen die modernen Übersetzer nicht mehr das Wort ‹Substanz›, wie die Vulgata[1], sondern sie übersetzen entweder ‹objektiver› mit *Fundament, Garantie, Band* – oder ‹subjektiver›, indem sie *Feststehen* oder *Zuversicht* sagen.

[1] Vulgata ist die lateinische Ausgabe der Bibel. Sie entstand im 4. Jahrhundert durch den hl. Hieronymus unter Mithilfe einer kleinen Gruppe von Rabbinern für die hebräischen Texte. Sie wurde von der Kirche übernommen. Da sie in lateinischer Sprache abgefaßt war, war sie in ihrer Zeit eine Veröffentlichung in der „Volkssprache".

Außerdem steht dieser Satz im Hebräerbrief mitten in einer langen Abhandlung über den Glauben (40 Verse), er ist nur vollständig, wenn er heißt: ‹Feststehen in dem, was man erhofft› und ‹ überzeugt sein von Dingen, die man nicht sieht›.

Nach diesen sprachwissenschaftlichen Bemerkungen scheue ich mich nicht zu sagen, daß im Sinne des Verfassers uns auf *unsichtbare Weise* im Glauben eine *Wirklichkeit* geschenkt wurde, die wir gleichzeitig noch *erhoffen*.

Der Glaube, der die feste Überzeugung einschließt, daß diese *unsichtbare Wirklichkeit* existiert, ist deshalb der Grund für unsere Hoffnung, diese Wirklichkeit auch tatsächlich zu erlangen.

Man kann also sagen, daß unsere alte Katechismusdefinition durch das Bibelstudium und die Konzilstexte beträchtlich erweitert und bereichert wurde. Freilich könnte und müßte man noch mehr darüber sagen, sei es auch nur zu dem eben erwähnten Hebräerbrief, wo wir lesen, daß es aufgrund des Glaubens nicht nur möglich ist, *Gott zu erkennen,* sondern auch *ihm zu gefallen.* Das ist die *Kraft* der Märtyrer und Bekenner (vgl. Hebr 11, 6. 32–38). Ich selbst habe seinerzeit die Glaubensfrage in den Werken des heiligen Johannes vom Kreuz studiert. Er spricht von der dunklen *Nacht* des Glaubens, um auf bildhafte Weise verständlich zu machen, daß die wesenhafte Teilnahme an der Erkenntnis, die Gott von sich selber hat und die er uns im Glauben schenkt, die menschlichen Seelenkräfte, sowohl die gemüthaften wie die geistigen, weit übersteigt. Eben diese Sinne und Verstand überragende Komponente des Glaubens, die auf den Wegen eines intensiven inneren Lebens erfahren wird, gibt dem Menschen die Gewähr, sich jener Wirklichkeit zu nähern, die ihm im Glauben geschenkt wurde und die er mit all seinen Kräften zu erreichen sucht.

Diese Glaubensanalyse, die wir einem großen Mystiker verdanken, ist für mich besonders überzeugend.» So schließt der Papst, und er fügt – liebenswürdig wie immer, und um mich über den Verlust der „Substanz" zu trösten hinzu: «Das beeinträchtigt in keiner Weise die Tragweite Ihrer Fragen.»

Aber eine Schwierigkeit bleibt bestehen: Im Hebräerbrief ist ohne nähere Erklärung die Rede von dem, „was man erhofft", als ob es überflüssig wäre, den Christen Genaueres darüber zu sagen. Man kann tatsächlich annehmen, daß die Märtyrer auf ihrem Gang zur Richtstätte nicht an dem zweifelten, was sie im Glauben erhofften. Ich bin mir allerdings nicht sicher, ob die Christen von heute, vor allem die Christen in der westlichen Welt, denen die harte Notwendigkeit, ihren Glauben zu bezeugen, seit langem erspart geblieben ist, dieselbe klare und deutliche Auffassung von den Verheißungen ihrer Religion haben. Glaube und Hoffnung gehen denselben Weg, die Hoffnung immer einen Schritt voraus. Aber wohin gehen sie? Was ist das, „was wir erhoffen"?

«Wieder eine Frage, die eine ganze Abhandlung erfordern würde. Versuchen wir aber das zu vermeiden und nehmen wir den Faden unseres Gesprächsthemas wieder auf. Ich vergesse keinen Augenblick, daß ich es mit dem Verfasser des Buches ‹Gott existiert – ich bin ihm begegnet› zu tun habe, der auch ein weiteres Werk geschrieben hat, das auf der gleichen Erfahrung beruht und an die Existenz einer ‹anderen Welt› erinnert. Es geht da ausdrücklich um die *unsichtbare Welt,* um diese *Wirklichkeit,* die wir erhoffen. Der Text des Hebräerbriefes, den wir soeben untersucht haben, stimmt vollkommen mit anderen Texten überein, in denen der inspirierte Verfasser von *unserer Hoffnung* spricht, die jeder Christ den Menschen *bezeugen* muß.»

Tatsächlich ist es eine vergessene Wahrheit, daß der Christ die Offenbarung nicht als sein Eigentum besitzt, sondern anderen Rechenschaft von der ihm zuteil gewordenen Gnade schuldig ist. Ich nehme mir vor, auf diesen Punkt zurückzukommen, während der Heilige Vater schon einen neuen Gedanken aufgreift.

«Wenn Glauben heißt, fest fürwahrhalten, was Gott geoffenbart hat, so heißt christliche Hoffnung, mit übernatürlicher Gewißheit zu erwarten, ‹was Gott den Menschen um der Verdienste Jesu Christi willen versprochen hat›. Besser: danach zu streben, sein Leben im Hinblick auf diese Zukunft zu gestalten, die der Mensch und die Welt in Gott besitzen.

Ich denke, daß der bewegende Augenblick, den Sie in Ihren beiden Büchern beschrieben haben, dieser Moment einer überwältigenden inneren Umwandlung, einer Bekehrung vom Unglauben zum Glauben, gleichzeitig ein Unterpfand der Hoffnung gewesen ist, die Entdeckung jener Zukunft, von der ich soeben sprach. Sie hatten sie vorher nicht zugelassen und Ihr Leben nicht danach ausgerichtet. Von jenem Augenblick an haben Sie in diesem Sinne zu leben begonnen und sich nach dieser Zukunft ausgestreckt.

Ich selber habe keine so umwälzende Erfahrung in meinem Leben gemacht. Wie ich Ihnen schon sagte, verbrachte ich meine Kinder- und Jugendjahre in einer Atmosphäre von Glauben, von überkommenem Glauben, den ich freiwillig übernahm und vertiefte. Ich hatte ein sehr waches, gelegentlich bedrückendes Bewußtsein von den ‹letzten Dingen› und vor allem vom ‹ Gericht Gottes›. In meinem Katechismus aus der Volksschule standen die ‹Letzten Dinge› in dem Kapitel über die *christliche Hoffnung,* wo nacheinander der Tod, das besondere und allgemeine Gericht, Himmel, Hölle und Fegefeuer behandelt wurden. Im Mittelpunkt dieser Katechismus-eschatologie stand – wenigstens hatte ich den Eindruck – das *Gericht Gottes.* In dieser Sicht schienen die Letzten Dinge vor allem wie ein großes Examen über das ganze Leben, über alle guten und bösen Taten. Der vorherrschend moralische Gesichtspunkt wurde ins Jenseits verlegt, dessen Herr und höchster Gewährsmann Gott selber ist.

Natürlich stimmt diese Auffassung mit der Offenbarung überein, und man kann sie durch verschiedene Schrifttexte belegen; angefangen mit dem großartigen 25. Kapitel im

Matthäusevangelium[1] über das Endgericht. Ich bin überzeugt, daß diese Sicht in die Strukturen des Glaubens und der Ethik der meisten Menschen paßt, nicht nur der gläubigen Christen. Wenn man sich dieser Sicht anschließt, kann man zwar ‹die Hoffnung in uns bezeugen›, ohne jedoch den ganzen Reichtum dieser Hoffnung voll auszuschöpfen. Wegen der Verheißung des ewigen Lebens ist unsere Zukunft in Gott unendlich reicher und viel näher an der Gegenwart als an der ganzen Vergangenheit des Menschen und der Welt vom Anfang an und im Verlauf der Geschichte. Um dieser *Zukunft* willen heißt diese Geschichte ‹Heilsgeschichte›, und sie ist es tatsächlich.»

Die Christen, die sich mit ihrem Glauben oft recht schwer tun, finden gewiß ein wenig Trost in den nachstehenden Worten, in denen der Heilige Vater gesteht, daß er die „Synthese" seines Glaubens nicht von selbst und nicht so bald gefunden hat:

«Ich muß Ihnen bekennen, daß ich erst mit Hilfe des Zweiten Vatikanischen Konzils die Synthese meines persönlichen Glaubens gefunden habe, vor allem durch das siebte Kapitel der Konstitution *Lumen Gentium,* das die Überschrift trägt: ‹Der endzeitliche Charakter der pilgernden Kirche und ihre Einheit mit der himmlischen Kirche›. Als ich am Konzil teilnahm, war ich schon Bischof. Vorher hatte ich natürlich schon die Abhandlungen über die Letzten Dinge studiert, und zwar an zwei Universitäten. Im Angelicum zu Rom habe ich viel Zeit auf die Artikel über die *ewige Seligkeit* und die *Anschauung Gottes* aus der *Summa*[2] des heiligen Thomas von Aquin verwandt. Dennoch glaube ich, daß ich erst durch die Konzils-

[1] Nach zwei Gleichnissen über das Himmelreich folgt in Mt 25 die Darstellung vom Weltgericht („Kommt her, die ihr von meinem Vater gesegnet seid . . .“). Der Wortlaut des Textes wird später wiedergegeben.

[2] Von Thomas von Aquin, Kirchenlehrer, dessen Lehre über Jahrhunderte die Grundlage der Klerikerausbildung darstellte, obwohl sie nicht unangefochten war.

konstitution über die Kirche die Synthese dessen, was wir erhoffen, voll erfaßt habe. Und darum möchte ich Ihnen sozusagen mit dem Text in der Hand antworten: Die Entdeckung, die ich damals machte, findet sich dort. Während ich früher vor allem die endzeitliche Bestimmung des Menschen und mein persönliches Schicksal im Jenseits, das in den Händen Gottes liegt, im Blick hatte, so hat sich durch die Konzilskonstitution das Schwergewicht auf die Kirche und auf die Welt verlagert. Erst so gewinnt die Lehre von den Letzten Dingen des Menschen ihre volle Dimension.

Hier der betreffende Text:

‹Die Kirche, zu der wir alle in Christus Jesus berufen werden und in der wir mit der Gnade Gottes die Heiligkeit erlangen, wird erst in der himmlischen Herrlichkeit vollendet werden, wenn die Zeit der allgemeinen Wiederherstellung kommt. Dann wird mit dem Menschengeschlecht auch die ganze Welt, die mit dem Menschen innigst verbunden ist und durch ihn ihrem Ziele entgegengeht, vollkommen in Christus erneuert werden ... Die Wiederherstellung, die uns verheißen ist und die wir erwarten, hat in Christus schon begonnen, nimmt ihren Fortgang in der Sendung des Heiligen Geistes und geht durch ihn weiter in die Kirche, in der wir durch den Glauben auch über den Sinn unseres zeitlichen Lebens belehrt werden, bis wir das vom Vater uns in dieser Welt übertragene Werk mit der Hoffnung auf die künftigen Güter zu Ende führen und unser Heil wirken ... Bis es aber ‚einen neuen Himmel und eine neue Erde gibt, in denen die Gerechtigkeit wohnt‘, trägt die pilgernde Kirche in ihren Sakramenten und Einrichtungen, die noch zu dieser Weltzeit gehören, die Gestalt dieser Welt, die vergeht, und zählt selbst so zu der Schöpfung, die bis jetzt noch ‚seufzt und in Wehen liegt und die Offenbarung der Kinder Gottes erwartet‘ ... Wir sind aber noch nicht mit Christus in der Herrlichkeit erschienen, in der wir Gott ähnlich sein werden, da wir ihn schauen werden, wie er ist ... Denn bevor wir mit dem verherrlichten Christus herrschen können, werden wir alle erscheinen ‚vor dem Richterstuhl Christi, *damit ein jeder Rechenschaft ablege über das, was er in seinem leiblichen Leben getan hat, Gutes oder Böses.' Am Ende der Welt ,werden die, welche Gutes getan haben, hervorgehen zur Auferstehung des Lebens; die aber Böses getan haben, zur Auferstehung des Gerichts.' ›* [1]

*Ich lese Ihnen nicht das ganze Kapitel vor. Dies sind nur einige Auszüge. Man müßte noch viel mehr zitieren, sowohl aus der dogmatischen Konstitution Lumen Gentium, wie aus der Pasto-*ralkonstitution *Gaudium et spes.* Diese Texte sind voll von Schriftstellen und in ihrer Redegewalt und in ihrer originellen Ausdrucksweise einzig in ihrer Art. Man müßte all diese Stellen heranziehen, um die Frage zu beantworten, welche Wirklichkeit wir im Glauben erhoffen.

Kurz zusammengefaßt möchte ich sagen: Wir erhoffen im Glauben, daß Gott seine ‹ von Anfang an› geoffenbarte Gabe[2] vollendet und ausbaut. Gott offenbart sich selbst dem Menschen. Folglich ist die Mitte des ewigen Lebens die beseligende Anschauung Gottes von Angesicht zu Angesicht, wie Paulus sagt. Mit anderen Worten: die vollkommene Erkenntnis Gottes, so wie er ist, und die Liebe, die aus dieser Erkenntnis hervorgeht und den Menschen mit Gott in jener Liebe vereinigt, *die er selber ist.* Dieses Geschenk der unerforschlichen Dreieinigkeit, Vater, Sohn und Geist, wird in dem Geschenk des ‹neuen Himmels› und der ‹neuen Erde› eingeschlossen sein, daß Welt und Mensch durch die *Wirklichkeit* der Auferweckung und Verherrlichung der auf immer angenommenen Kinder Gottes von den Fesseln der Sünde und des Todes befreit werden.

Im Credo bekennen wir diesen Glauben, wenn wir spre-

---

[1] Lumen gentium, 48. Alle Sätze dieses Textes stützen sich auf Stellen aus dem Neuen Testament: Apg 3, 21; Phil 2, 12; 2 Petr 3, 13; Röm 8, 19.22; Kol 3, 4; 1 Joh 3,2; 2 Kor 5, 10; 1 Joh 5, 29; Mt 25, 46.

[2] Die Schöpfung.

chen: ‹Ich glaube an die Auferstehung der Toten und das ewige Leben.› In demselben Glaubensbekenntnis bezeugen wir auch unseren Glauben, daß es eine Gemeinschaft der Heiligen gibt.

Dieses Geschenk findet seine Vollendung und offenbart sich von Anfang immer mehr, je mehr es sich vertieft – es übersteigt die Ordnung des Naturrechts und des menschlichen Strebens um ein Unendliches. Darum ist es ein absolutes Geschenk im wahren Sinn des Wortes.»

Was aber ist das Gericht, von dem mehrmals die Rede war und das man sich früher vorstellte wie ein weltliches Gericht mit all seinen Verhören, Verteidigungsreden und Strafmaßnahmen?

«In seiner Transzendenz geht der Mensch dem unendlich vollkommenen Gott entgegen. Er hält sozusagen an der Schwelle des *Gerichtes* inne, da er das Bedürfnis empfindet, endlich in der absoluten und universalen Wahrheit zu stehen. Er erkennt die Notwendigkeit einer letzten Gerechtigkeit. Er erfaßt ebenfalls, manchmal sogar äußerst klar, die Notwendigkeit, vor der Majestät der unendlichen Heiligkeit Gottes ganz rein und lauter zu erscheinen. Das alles sind die ‹Letzten Dinge› aus der Sicht des Menschen. Dennoch ist nach Gottes Absicht die Gabenfülle unendlich reicher, als der Mensch es sich vorstellen kann. Um das zu verstehen, hilft uns vielleicht am meisten das Wort ‹Gemeinschaft›. Es bezeichnet sowohl das Einssein mit dem lebendigen Gott von Angesicht zu Angesicht, wie auch die Einheit der Menschen untereinander, die endgültig zu der gottgewollten Fülle ihrer Existenz und Koexistenz gelangt sind: *communio sanctorum,* die Gemeinschaft der Heiligen.

Letztlich aber fehlen uns die Worte dafür. Wieder trifft die Sprache der Heiligen Schrift ins Schwarze – man muß einfach jeden Satz, jedes Wort dieser Sprache ganz aufmerksam lesen und im Gebet vertiefen.»

Mir selbst kommt dieser Gedanke, ich möchte sagen dieses

Licht zum ersten Mal in den Sinn, daß das „Endgericht" aus dem Verlangen eines jeden Menschen zu verstehen ist, „einmal in der vollen Wahrheit zu leben", in der Wahrheit seines eigenen Ich, in der Wahrheit des Universums und in der Wahrheit Gottes. So gesehen wird das „Gericht" nicht mehr als Tribunal empfunden. In erster Linie ist es eine Befreiung von den Zweifeln und Verstellungen, Irrtümern und unheimlichen Finsternissen, von den Lügen und Täuschungen dieses Lebens. Und wenn es auch einen „Richterstuhl" gibt, so ist er nicht auf dem Schwert und auf der Waage der menschlichen Gerechtigkeit aufgerichtet, sondern auf dem Wahlspruch des Evangeliums: „Die Wahrheit wird euch frei machen." Die „Gemeinschaft der Heiligen" wird ein übriges tun, und zwar durch ihr eigenes Gewicht, das sie in die Waagschale wirft.

Der alte und ganz moderne Glaubenssatz von der Gemeinschaft der Heiligen nimmt im Denken des Heiligen Vaters einen breiten Raum ein. Wirklich ein altes Dogma: Sein geschichtlicher, ziemlich ungesicherter Ursprung reicht wahrscheinlich in die ersten christlichen Jahrhunderte zurück. In jenen Zeiten waren viele zum Martyrium berufen, aber nicht alle hatten genug Kraft zum Durchhalten. Manche, die schwach geworden waren, wurden eine Zeitlang aus der Gemeinde ausgeschlossen. Sie konnten diese Zeit abkürzen, wenn sie einen der Zeugen, der die Foltern lebend überstanden hatte, ersuchten, der Katakombenkirche eine Bittschrift zu überbringen. Darin bat jener dem Tod entronnene Märtyrer darum, daß sein Blutzeugnis dem gefallenen Bruder angerechnet werden möge, um seine Wiedereingliederung in die Gemeinde zu beschleunigen. Solche Übertragungen von geistlichen Gütern entwickelten sich zum Ablaßwesen, das im Laufe der Zeit überhand nahm und zu Mißbräuchen führte. Nach der ursprünglichen Idee folgt die Praxis des „Ablasses" dem ausgesprochenen christlichen Prinzip, daß die Verdienste der einen den anderen zugute kommen können. Ein wesentliches Moment der „Gemeinschaft der Heiligen", deren strahlender Mittelpunkt Jesus Christus selber ist.

Mir scheint, daß der göttliche Ursprung dieser Lehre im Matthäusevangelium zu finden ist, auf das der Heilige Vater anspielt. Hier die entscheidenden Sätze:

„Dann wird der König denen auf der rechten Seite sagen: Kommt her, die ihr von meinem Vater gesegnet seid. Nehmt das Reich in Besitz, das seit der Erschaffung der Welt für euch bestimmt ist. Denn ich war hungrig, und ihr habt mir zu essen gegeben; ich war durstig, und ihr habt mir zu trinken gegeben; ich war fremd, obdachlos, und ihr habt mich aufgenommen. Ich war nackt, und ihr habt mir Kleidung gegeben; ich war krank, und ihr habt mich besucht; ich war im Gefängnis, und ihr seid zu mir gekommen. Dann werden ihm die Gerechten antworten: Herr, wann haben wir dich hungrig gesehen und dir zu essen gegeben, oder durstig und dir zu trinken gegeben? Und wann haben wir dich fremd und obdachlos gesehen und aufgenommen, oder nackt und dir Kleidung gegeben? Und wann haben wir dich krank oder im Gefängnis gesehen und sind zu dir gekommen? Darauf wird der König ihnen antworten: Amen, ich sage euch: was ihr für einen meiner geringsten Brüder getan habt, das habt ihr mir getan" (Mt 25, 34–40).

Die Dogmen sind lebendige Gedanken, und nach meiner Meinung ist das Herzstück dieser Perikope in den Worten enthalten: „Was ihr für einen meiner geringsten Brüder getan habt, das habt ihr mir getan." Das menschliche Tun reicht weit über seine Umgebung und über sein soziales oder politisches Umfeld hinaus. Alles menschliche Tun geht durch Jesus Christus hindurch und erreicht durch ihn die anderen Menschen bis zu den Enden der Erde. Was ich an Gutem oder Bösem tue, das füge ich zuerst ihm zu. Zwischen mir und meinem Nächsten oder jenem Unbekannten in der Ferne, dem ich niemals begegnen werde, steht seine Person, die ich nicht sehe, die als erste meine Tränen auffängt oder meine Schläge erduldet, die bis zum Himmel widerhallen. Da er meine Menschennatur annahm, hat er mich mit der ganzen sichtbaren und unsichtbaren Schöpfung in Verbindung gebracht, „mit den Lebenden und Toten". Der Frevel, den ich im Schutz der Finsternis zu begehen glaube, läßt einen unbekannten Engel in der Ferne erschauern. Aber auch der geringste mit seiner Gnade erlangte Verdienst erreicht den Ärmsten, der auf meinen guten Willen angewiesen ist, ohne mich zu kennen. Dabei spielt es keine Rolle, ob er nun von der Möglichkeit, geistliche Güter auszutauschen, gehört hat oder nicht. Der Arme wird dadurch zum ständigen Gläubiger des Reichen. Seit der Menschwerdung des Gottessohnes haben die menschlichen Taten eine unendliche Rückwirkung. So stelle ich mir die Gemeinschaft der Heiligen vor. Im Vergleich mit diesem „alten und ganz modernen Dogma" sind alle zeitgenössischen Systeme Karikaturen oder Zerrbilder in der Form der Kollektivschuld. Unsere Rechtsordnung fände vielleicht aus ihrem moralischen Dilemma heraus, wenn sie sich, ohne die Untersuchung der Tatmotive zu vernachlässigen, ein wenig mehr mit dem „alten und ganz modernen Dogma" und seinen Konsequenzen befaßte. Vielleicht würde dadurch nicht der Schuldige gebessert, wohl aber die Gesellschaft.

V

Johannes Paul II. sagte: Glauben heißt, „in die dreifache Sendung Christi eingehen", das heißt an seiner Mission teilnehmen. Die Christen sind nach der Definition des Heiligen Vaters also alle „Missionare". Aber manche von ihnen sind unschlüssig oder lehnen es ab, aus Rücksicht auf ihre ungläubigen oder andersgläubigen Gesprächspartner heute offen von Jesus Christus zu reden, weil sie fürchten, als Proselyten-macher, womöglich als religiöse Kolonisatoren angesehen zu werden. Deshalb weisen sie jegliche Verkündigung der Froh-botschaft von sich, vermeiden sorgfältig, mit irgend jemandem darüber zu reden, und meinen, ihr Apostolat darauf beschrän-ken zu sollen, ihre Anschauung „mitzuteilen" oder „auszutau-schen", ohne jedoch Stellung zu beziehen, um nur ja Jesus Christus aus dem Spiel zu lassen.

Wie viele Konvertiten, die unmöglich über die Botschaft schweigen können, die sie aufgewühlt hat, habe auch ich Mühe, diese Form von stummem Apostolat zu begreifen. Ist sie im Sinne des Zweiten Vatikanischen Konzils?

«Die missionarische Sendung, die in Christi Worten enthal-ten ist, hat nur eine Bedeutung: ‹Geht zu allen Völkern, und macht alle Menschen zu meinen Jüngern. Tauft sie auf den Namen des Vaters und des Sohnes und des Heiligen Geistes und lehrt sie alles zu befolgen, was ich euch geboten habe. Seid gewiß, ich bin bei euch alle Tage bis zum Ende der Welt› (Mt 28, 19–20).

Das Zweite Vatikanische Konzil hat sich für den Ökumenis-mus, das heißt für die Wiedervereinigung aller Christen einge-setzt. Es hat auch seine Hochachtung und Wertschätzung für die nichtchristlichen Religionen zum Ausdruck gebracht und sein besonderes Augenmerk auf das Judentum und den Islam gerichtet. Außerdem hat das Konzil ausführlich über die Reli-gionsfreiheit gesprochen.

All das steht keineswegs im Widerspruch zu der Tatsache, daß dasselbe Konzil die Missionstätigkeit der Kirche in dem Dekret *Ad gentes* bestätigt hat. Darüber hinaus hat es in dem Dokument *Lumen Gentium* deutlich aufgezeigt, daß die Kir-che von ihrem Wesen her missionarisch ist. Die missionarische Sendung der Kirche leitet sich direkt vom Geheimnis des Vaters her, der uns nahe sein wollte und sich offenbart hat, indem er uns seinen Sohn *sandte*. Als Christus seine Sendung erfüllt hatte und die Welt verließ, ist er durch den Heiligen Geist, den der Vater in seinem Namen herabsandte, unter den Seinen geblieben, wie er es am Abend vor seinem Leiden verheißen hatte. Somit ist der Missionsauftrag, der den Aposteln anvertraut wurde, mit dem tiefsten Daseinssinn der Kirche verbunden. Von Anfang an war sie Missionskirche und wird es immer bleiben.

Das Zweite Vaticanum hat dieses Merkmal in seinem Aufruf zum ökumenischen Einsatz für die Wiedervereinigung der Christen in besonderer Weise betont. Ebenso hat es alle Wahrheitselemente und alle echten Werte in den nichtchristlichen Religionen hervorgehoben. In bezug auf die Einheit der Christen stehen wir alle um die Bekenner und Jünger des einen Herrn Jesus Christus geschart, der in seinem Hohenpriesterlichen Gebet den Vater gebeten hat, daß alle *eins* seien. Die beharrliche und geduldige Suche nach Wegen zu dieser Einheit entspricht gewiß der missionarischen Berufung der Kirche. Man braucht nur daran zu erinnern, daß jenes Gebet mit den Worten schließt: ‹Damit die Welt glaubt, daß du mich gesandt hast› (Joh 17,21).

In bezug auf die nichtchristlichen Religionen führt der Weg der Missionierung über ein besseres Wissen von den einzelnen Glaubensbekenntnissen. Ein Christ, der um seine Mitverantwortung für die Sendung Christi weiß, die in ganzer Fülle enthält, was Gott der Menschheit von sich selbst offenbaren wollte, wird unermüdlich wünschen und darauf hinwirken, daß diese Fülle der Offenbarung allen Menschen zuteil wird, bei aller Achtung vor der Überzeugung Andersgläubiger. Aber oftmals wird er auch nicht aufhören, um das zu bitten, was – wie er wohl weiß – nicht Frucht der rein verstandesmäßigen religiösen Ideen des Menschen ist, seien sie auch noch so edel, sondern einzig Geschenk Gottes. Er überläßt Gott allein das Urteil über das Gewissen seiner Brüder, die anders oder gar nicht glauben. Und er überläßt Gott das ausschließliche Recht, seine Wahrheit in Geist und Herzen fruchtbar werden zu lassen und tut von seiner Seite dazu alles, was in seinen Kräften steht.

Darüber spricht die Erklärung des Konzils über die Religionsfreiheit mit meisterhafter Beredtsamkeit, besonders im zweiten Teil über die ‹Religionsfreiheit im Licht der Offenbarung›.»

Nach Meinung vieler Beobachter bedeutete diese Erklärung den Bruch der Kirche mit der berühmten Formel „außerhalb der Kirche kein Heil" (die übrigens nicht so erschreckend war, weil niemand die Grenzen der Kirche kennt). Sie stellt die Übereinstimmung her zwischen der Verantwortung jedes Jüngers Christi, die von ihm empfangene Wahrheit zu verkünden, und der Verpflichtung, den in Irrtum oder Unkenntnis des Glaubens Lebenden „mit Liebe, Klugheit und Geduld" den Glauben nahezubringen, der keinem Menschen aufgezwungen werden kann. Die Konzilserklärung beruft sich auf das Beispiel Christi, der nicht zuließ, daß sein Königreich mit dem Schwert verteidigt oder mit Gewalt ausgebreitet wurde.

«Christus hat den Missionsauftrag der Kirche noch an einer anderen Stelle ausgesprochen, wo es heißt: ‹Ihr werdet meine Zeugen sein in Jerusalem, Samaria und bis an die Enden der Erde› (Apg 1,8). Achten wir auf die Beziehung zwischen den beiden Stellen: ‹Lehrt und tauft› und ‹Ihr werdet meine Zeugen sein›. Eine fundamentale Beziehung für die echte missionarische Sendung. Obgleich nicht alle Christen beauftragt sind, ‹zu lehren und zu taufen›, so müssen doch alle, je nach ihrer Berufung, im Maß der ihnen vom Herrn geschenkten Gnade ‹Zeugen› sein. Vielleicht stumme Zeugen – die sprechen durch die Sprache der Heiligkeit und der Echtheit eines Lebens, das im Einklang mit dem Evangelium steht.

Ich glaube, daß das Zweite Vaticanum auf die Wesenszüge des missionarischen Einsatzes in der Kirche deutlich hingewiesen hat. Da das Konzil diese *Praxis* in den ökumenischen Kontext gestellt hat, in die Beziehung der Kirche zu nichtchristlichen Religionen und zu dem recht verstandenen Prinzip der Religionsfreiheit, hat es damit seinen Wunsch bekundet, daß die Missionstätigkeit der Situation des Menschen in der Welt von heute entsprechend sich auf allen Gebieten und in seinem ganzen Umfang entfalten möge.»

VI

Obwohl der Heilige Vater wie kaum ein anderer das Rüstzeug zum Disput mitbringt, lehnt er Polemik und Pauschalurteile ab. Sicherlich hat der Himmel ihm zwei Charismen verliehen, die ihn davor bewahren, sich in unsere kleinlichen Streitereien hineinziehen zu lassen. Das erste Charisma besteht in der Wirkung, die schon von seiner bloßen Anwesenheit ausgeht, wie jedermann am Tag seiner Amtseinführung merken konnte. Bevor er auch nur die ersten Worte gesagt hatte, sah man in den Augen hoher Würdenträger in ihren Diplomatenlogen Tränen aufsteigen. Eine ebenso seltene Erscheinung wie ein Regenschauer in der Sahelzone. Wenn eine Uneinigkeit in der Kirche auftaucht, ruft er die Gegner zusammen, setzt sich ans Ende des Tisches, sagt nichts, und alles kommt wieder zurecht. Das konnte man erleben, als gewisse Synoden, denen man einen stürmischen Verlauf prophezeit hatte, wie sanfte Sonnenuntergänge vor den Augen des Papstes zu Ende geführt wurden, nachdem er feststellen konnte, daß auch die Gegenseite ihre Gründe hatte, die durchaus nicht immer schlecht waren. Eine andere Gnadengabe, die ihn ebenfalls prägt, ist seine Fähigkeit, auf geschichtlich weit zurückliegende oder hochtheologische Ursachen zurückzugreifen. Wer die vorausgehenden Seiten gelesen hat, konnte wohl bemerken, daß er nicht zögert, auf die Genesis zurückzugehen und die Konsequenzen, die sich daraus ergeben, weit in die Zukunft zu verlagern. Bildlich gesprochen richtet er die eine Nadel seines intellektuellen Kompasses auf die anstehende Frage und die andere so weit wie möglich auf die Vergangenheit. Dann muß er sein Instrument nur noch so drehen, daß man von seiner Gedankenkurve mitten in den „Letzten Dingen" abgesetzt wird, wo die Unstimmigkeiten, die noch einen Augenblick zuvor so schwerwiegend erschienen, unweigerlich verflogen und überholt sind. Zum Beispiel scheint mir seine Auffassung vom Glauben, die er so ausführlich dargelegt hat, zutreffend und unwiderlegbar. Aber mit dem Erlösungsgedanken ist auch ein Sündenverständnis verbunden, das heute zum großen Schaden der Menschheit immer mehr verlorengeht. Denn der Sündenbegriff ist so sehr mit der Menschenwürde verknüpft, daß es ehrenvoller ist, einen Fehler einzugestehen, als eine noch so aufsehenerregende Tat zu vollbringen.

Ich sage dem Heiligen Vater, daß wir westlichen Christen in dieser Beziehung Pech haben. Eingeklemmt zwischen einer „unschuldigen Linken", die letztlich zu Jean-Jacques Rousseau neigt, und einer „unerlösten Rechten", die so sehr von dem Sündengedanken beherrscht ist, daß sie zuweilen den Anschein erweckt, an nichts anderes mehr zu glauben. Aber Johannes Paul II. will mir nicht folgen, er dreht seine Kompaßnadel um 180 Grad, so daß ich wieder einmal seine transzendentale Methode erkennen kann:

«Ich weiß nicht, was Sie meinen, oder vielmehr, auf was Sie mit Ihrer Bemerkung von der christlichen ‹Rechten› und ‹Linken› anspielen. Deshalb richtet sich meine Antwort weder an bestimmte Personen noch an bestimmte Kreise, sondern behandelt einfach das angeschnittene Problem.

Zunächst möchte ich aus sehr gewichtigen Gründen Ihrer Bemerkung zuzustimmen, daß der *Sündenbegriff* mit der *Würde der menschlichen Person* zusammenhängt. (Ich sage: der Sündenbegriff, was nicht dasselbe wie die Sünde ist). In gleicher Weise betrifft auch der Begriff von der Sündenvergebung die ganze geistliche Zukunft der Person. Man braucht nur an die ersten Worte Jesu im Markusevangelium zu denken: ‹Die Zeit ist erfüllt, das Reich Gottes ist nahe. Kehrt um, und glaubt an das Evangelium!› (Mk 1,15). In allen Worten und Taten Christi und in allem, was uns sein Kreuz und seine Auferstehung sagen, sieht man deutlich, daß der Mensch sich immer wieder bekehren muß, um seine innere Größe und seine ihm eigene Würde wiederzugewinnen. Für ihn ist Christus gekommen, um ihm die Möglichkeit zu einer wirklichen Bekehrung zu geben: das heißt Vergebung der Sünden.

Nach seiner Auferstehung lauteten die ersten Worte des Herrn an die Apostel: ‹Empfangt den Heiligen Geist. Wem ihr die Sünden vergebt, dem sind sie vergeben› (Joh 20, 22–23). Als wollte er ihnen sagen: ‹Seht, was ich euch als wesentliche Frucht meines Kreuzes, meines Todes und meiner Auferstehung bringe und anvertraue.›

Warum ist der Begriff der Sünde mit der Würde des Menschen verbunden? Weil diese Würde *auch* erfordert, daß der Mensch in der Wahrheit lebt. Die Wahrheit über den Menschen aber ist die, daß er Böses tut, daß er Sünder ist. All jene, die es unternehmen, den Begriff der Sünde aus dem Vokabular des Herzens auszurotten und aus der menschlichen Sprache zu tilgen, bezeugen diese Wahrheit auf verschiedene Weise. Wenn der Sündenbegriff ausgelöscht wird, verarmt der Mensch in einem entscheidenden Punkt der Erfahrung seines Menschseins.

Man will den Sündenbegriff abschaffen, um den Menschen in dem Sinne zu ‹befreien›, daß er vor einer ‹Bekehrung› (und somit vor der sakramentalen ‹Buße›) bewahrt bleibt. Doch dieser Schritt führt ins Leere oder belastet vielmehr das Unterbewußtsein mit der Idee von der *unvermeidlichen* und gewissermaßen *normalen* Schuld. Daraus ergibt sich die Notwendigkeit, das Böse nicht mehr *böse,* sondern *gut* zu nennen, um es bis in den Bereich der grundlegendsten moralischen Forderungen dulden zu können.

Christus ist barmherzig und zugleich unbeugsam. Er nennt Gut und Böse beim Namen ohne Umschweife und Kompromisse, aber er ist auch immer bereit zu verzeihen. Alles was er tut, jedes seiner Worte bezeugt seinen Glauben an den Menschen, der sich nicht *erneuern* kann, ohne sich zu bekehren. Nur so wird er mehr und mehr Mensch, und zwar ein freier Mensch. Paulus von Tarsus übernimmt und verkündigt diese Botschaft mit der Leidenschaft des Konvertiten, des bekehrten Verfolgers. Auch die Kirche, die sich niemals scheut, Gut und Böse beim Namen zu nennen und niemals aufhört, Sünden zu vergeben, dient im Grunde dem Wohl des Menschen auf tiefste Weise. Ich wiederhole sogar noch einmal: auf eine Weise, die am meisten seinem Wesen gerecht wird. Ich habe versucht, wenigstens ein paar grundlegende Gedanken zu diesem Thema in der Enzyklika *Redemptor hominis* niederzulegen.

Ganz gleich, woher diese beiden scheinbar entgegengesetzten Gesichtspunkte stammen, die Sie in den Worten zusammengefaßt haben, daß die einen ‹unschuldig› und die anderen ‹unerlöst› sind, sie treffen zusammen und führen letztlich zu ein und demselben Ergebnis. Zu welchem? Ich würde zunächst vom Standpunkt der menschlichen Erfahrung aus sagen, zu einer großen antropologischen Gefahr, zur Gefährdung des Menschen durch die Infragestellung des eigentlichen Sinnes seiner Existenz. Die moderne Philosophie liefert uns vielerlei Beweise für diese Gefahr, diese Gefährdung.»

Der Mensch ohne Sünde und ohne Vergebung ist eine solche Anomalie, daß die moderne Philosophie sogar dahin kommt, seine Existenz zu leugnen. Das hat der Heilige Vater „den Tod des Menschen" genannt.

«Wohin führen diese Irrtümer? Die tiefste Antwort finden wir in den Worten Christi, jenen geheimnisvollen Worten, daß alles Böse von der Liebe besiegt werden und jede Sünde vergeben werden kann, ausgenommen eine: die Sünde gegen den Heiligen Geist.

Diese Sünde besteht darin, daß der Mensch sein Inneres sozusagen hermetisch gegen alles abschließt, was der Heilige Geist ihm geben kann. Nun geht aus den Worten des auferstandenen Herrn hervor, daß der Heilige Geist uns gerade ‹die Vergebung der Sünden› bringt. Und so ist es klar, daß zu dieser Sündenvergebung erforderlich ist, daß der Mensch um seine Sünde weiß und seine Sündhaftigkeit erkennt. Andernfalls ist der Mensch verschlossen und wird eben deshalb nicht von der Sünde loskommen und befreit; vielmehr bleibt sie in ihm und wird noch schwerer wegen seiner Sünde gegen den Heiligen Geist.»

VII

Wir wissen nun, woher der Glaube kommt und wohin er geht. Dieser Glaube, von dem jedermann redet, wenn er sich auch nicht immer die Mühe macht, ihn zu definieren. Und wir wissen nun auch, was der Glaube ist: das Natürlichste von der Welt, da er sich mit der Fähigkeit der Selbstüberschreitung deckt, die uns zu Menschen macht; aber auch das Übernatürlichste, denn sein Wirken in unserem Innern ist wie ein ständiges Wunder. Doch es bleibt ein Haupthindernis bestehen, an dem viel guter Wille zerbricht: der schmerzliche Einwand des Herzens, für das eine Kinderträne schwerer wiegt als die ganze Welt: das Böse. Nicht das moralische Übel. Dazu braucht sich ein jeder nur selber ehrlich zu erforschen, um zu erkennen, woher es kommt. Aber der körperliche Schmerz, das Leiden der Unschuldigen – eine furchtbare Frage für den Gläubigen, ein Stein des Anstoßes für den Ungläubigen. Dieses Mal begebe ich mich zum Heiligen Vater mit all den Ängsten in den Blättern und all den Fragezeichen in meiner Aktentasche. Warum das Leid? Gibt es Schmerzen, die nur durch die wirkliche Gegenwart Gottes gelindert werden können? Schmerzen, die jene, welche sie ertragen müssen, dem Bilde Jesu Christi so sehr gleichgestalten, daß sie keinen anderen Gesprächspartner mehr haben als den himmlischen Vater selbst?

«Sie unterscheiden zwischen der objektiven Dimension – wie etwa das Leid der Unschuldigen – und der subjektiven Reaktion, dem Wissen um die Existenz des Bösen, das ‹für den Gläubigen eine furchtbare Frage› und ‹für den Ungläubigen ein Stein des Anstoßes› ist, wie Sie sagen: Das ist wahr. Die Ungläubigen leugnen sehr oft die Existenz Gottes wegen des Übels in der Welt. Aus demselben Grund wird der Glaube der Christen auf eine harte Probe gestellt. Nun ist diese zweite Dimension, das Wissen um das Übel, manchmal schmerzlicher als das Übel an sich. Gewiß ist es schwierig, diese Art von Wirklichkeit zu messen. Aber man kann zum Beispiel zugeben, daß das Wissen um das Leiden von anderen Menschen, besonders von Nahestehenden, größeren Schmerz verursachen kann als das eigene Leid.»

Mitleid kann bitterer sein als Leid. Denn das Leid hat seine natürlichen Grenzen, während das Mitleid das Sein zum Unendlichen hin öffnet und es zerreißt, ohne es zu töten. Der Papst gibt mir zu verstehen, daß bei Christus das Mitleid für die Menschheit zu seinem Leiden in der Passion hinzukam.

«Ich spreche aus Erfahrung, wenn ich Ihnen sage, daß ich in meiner Jugend von menschlichem Leiden zunächst *eingeschüchtert* wurde. Eine Zeitlang fürchtete ich mich vor der Begegnung mit Leidenden. Ich empfand eine Art Gewissensbisse vor diesem Leiden, das mir erspart geblieben war. Ich fühlte mich überdies beschämt, weil es mir vorkam, als ob alles, was ich den Kranken sagen könnte, nur ein ‹ungedeckter Scheck› wäre oder vielmehr, daß ich die Schecks auf *ihre* Kosten einlöste, denn *sie* litten ja und nicht ich.

In dem Sprichwort ‹Der Gesunde versteht den Kranken nicht› liegt eine gewisse Wahrheit; obgleich man auch umgekehrt sagen könnte, daß der Kranke nicht immer den Gesunden versteht. Denn dieser leidet, wenn auch auf andere Weise, wenn er den Kranken leiden sieht.

In meinem Seelsorgedienst begegnete ich immer häufiger

und auf vielerlei Weise leidenden Menschen und überwand allmählich jene Phase der Schüchternheit, vor allem deshalb, weil die Kranken selber mir dabei geholfen haben. Bei meinem Krankenbesuchen merkte ich es allmählich so sehr, daß ich nie mehr daran zweifeln konnte, daß sich zwischen ihrem Leiden und dem Bewußtsein von ihrem Leiden völlig unerwartete Beziehungen gebildet hatten. Ich glaube sicher, daß ich in dieser Hinsicht einen Höhepunkt erlebt habe, als ich aus dem Mund eines sehr schwer kranken Menschen die Worte hörte: ‹Wenn Sie wüßten, wie glücklich ich bin.›

Ich hatte einen Krüppel vor mir, der ständig ans Bett gefesselt war und während der Besatzung von Warschau alles verloren hatte. Und nun sagte mir der Mann, anstatt zu klagen: ‹Ich bin glücklich.› Ich hatte nicht einmal nötig ihn zu fragen, weshalb. Ich verstand, ohne daß er es mir zu sagen brauchte, was in seiner Seele vorging, wie diese Art von Verwandlung geschehen war und vor allem *wer* sie bewirkt hatte. Seit ich vielen Menschen, die von Leid erdrückt waren, in ihren eigenen Häusern oder in Krankenhäusern begegnet bin, habe ich mehr als einmal die Spuren solch einer inneren Entwicklung entdeckt, ihre vielfältigen Stadien und ihre verschiedenen Abwandlungen unterscheiden gelernt. Ich habe Ärzte, Pfleger, Pflegerinnen und andere Menschen im Dienst der Kranken gekannt, die es verstanden haben, diesem mystischen Prozeß den Weg zu bahnen.»

Er könnte hinzufügen – aber er tut es nicht –, daß er solche Ärzte und Pfleger auch an seinem Krankenbett gesehen und selber das Leiden erfahren hat. Nach dem Attentat vom 13. Mai 1981 hat er lange an dieser bitteren Quelle getrunken, die er in seiner Jugend ängstlich zu meiden suchte. In seinem recht großen Optimismus hatte er die Gemelli-Klinik vorzeitig verlassen und mußte sie dann von neuem aufsuchen, weil er durch den Virus bei der enormen Bluttransfusion am Tag des Attentats furchtbar geschwächt, ausgezehrt, fiebernd und fast unkenntlich geworden war. Da hatte er nicht gefürchtet zu sterben, wohl aber so schwach und gebrechlich zum Leben zurückzukehren, daß er den anderen und der Kirche zur Last fallen müsse. Ich werde das später erzählen, weil er heute nicht mit mir darüber spricht.

«Was ich Ihnen da sage, behandelt unser Thema nicht erschöpfend. Wie könnte man das Böse vergessen, das Menschen den Menschen antun? Die Konzentrationslager, die Foltern, all die Mechanismen zur Unterdrückung und Zerstörung dessen, was das Menschlichste im Menschen ist? Es ist sehr schwer, das Böse zu ermessen, das in der Welt geschieht, die Ursachen des Leidens aufzuzählen, die Christus am Ölberg die Worte aussprechen lassen: ‹Wenn es möglich ist, gehe der Kelch an mir vorüber› (Mt 26, 39): der Gründonnerstagskelch am Tag vor der Kreuzigung auf Kalvaria ...

Freilich machen die Menschen immer mehr Anstrengungen, um sich vom Übel zu befreien, von Krankheiten, Katastrophen und Kriegen. Diese Anstrengungen sind nicht umsonst. Zugleich ist das Ausmaß des objektiven Übels in der Welt und seine subjektive Rückwirkung auf die heutige Mentalität schwer abzuschätzen. Es stehen uns heute ausgezeichnete Mittel zur Verfügung, um das Übel und das Leid in der Welt zu bekämpfen. Und auch die Menschen, die diesen Kampf führen, sind zu bewundern. Das Evangelium ist ein ungeheuer anspornender Aufruf, eine ständig wirksame Botschaft vom guten, barmherzigen Samariter.

Dennoch scheint es, daß das Übel tiefere Wurzeln hat, daß in ihm ein Geheimnis liegt, das größer ist als der Mensch und seine Geschichte und Wirklichkeit übersteigt. Wenn man bedenkt, welche Anstrengungen der Mensch – vor allem heute – unternimmt, um des Übels Herr zu werden, dann hat man den Eindruck, daß er mit seinen Bemühungen nur die Symptome und nicht genügend die Ursachen erreicht, die verborgenen Quellen des Übels. Man vergißt nur zu leicht, daß es nicht nur eine physische, sondern auch eine ethische Dimension hat und daß diese letztere wesentlicher ist.»

Damit sind wir an dem Punkt angelangt, wo Leid und Mitleid in einen einzigen Schmerz zusammenfließen.

«Im Ölgarten nimmt Jesus im Angesicht seines Leidens und Sterbens das ganze Ausmaß des Bösen im Herzen der Menschen und in der Menschheitsgeschichte auf sich und bittet, daß ‹dieser Kelch› an ihm vorübergehe. Und doch sagt er: ‹Vater, nicht mein Wille, sondern dein Wille› (Lk 22,42).[1] Darum ist dieses Gebet ein so erschütternder Augenblick im ganzen Heilswerk Christi. Es ist auch jener Punkt, auf den unaufhörlich unsere Fragen nach dem Übel in der Welt hinzielen, dem Übel, das im ewigen Plan Gottes zugelassen oder hingenommen wird, im Plan Gottes, der unser Vater ist. Wenn unser menschliches Verständnis des Übels vor diesem ewigen Plan versagt, dann kommen wir mit unserer Angst an den Ölberg, bevor wir auf den Kalvarienberg steigen und uns unter das Kreuz Christi stellen . . .

Getsemani und Kalvaria zeigen uns, daß sich der Sohn Gottes in der gleichen Situation befunden hat wie jeder Mensch in der Welt, der sich mit der Last des Übels auseinandersetzt. Christus stand auf der Seite des leidenden Menschen. An der Stätte seiner Todesangst hat er bis zuletzt das Reich Gottes und die Wahrheit der Liebe verkündet, die stärker ist als das Leiden, stärker als der Tod.

Wir glauben daran, daß Jesus, als er die ganze Last des Bösen auf sich nahm, das Böse besiegt hat, daß er die Sünde und den Tod besiegt hat, *daß er auf den tiefsten Grund des Leidens die Kraft der Erlösung und das Licht der Hoffnung aufgepfropft hat.* Alle Menschen läßt er daran teilhaben. Die Leidenden, denen ich in meinem Seelsorgedienst begegnen

---

[1] Am Vorabend der Kreuzigung betete Jesus am Ölberg. „Er nahm Petrus und die beiden Söhne des Zebedäus mit sich. Da ergriff ihn Angst und Traurigkeit, und er sagte zu ihnen: Meine Seele ist zu Tode betrübt. Bleibt hier und wacht mit mir! Und er ging ein Stück weiter, warf sich zu Boden und betete: Mein Vater, wenn es möglich ist, gehe dieser Kelch an mir vorüber. Aber nicht wie ich will, sondern wie du willst" (Mt 26,37–39). Die Darstellung des Markus ist gleich, Lukas fügt hinzu „und sein Schweiß war wie Blut".

durfte, haben es bezeugt und bezeugen es mir noch Tag für Tag.

Christus hat die Kranken geheilt, den Blinden das Augenlicht, den Tauben das Gehör gegeben, er hat Lazarus von den Toten erweckt; aber allen, die an Leib oder Seele leiden, *bietet er unaufhörlich den Preis der Erlösung an,* der aus seinem Kreuz und seiner Auferstehung erwächst.

Es ist schwierig zu ermessen, wie groß das Übel ist, das wir auf Erden zu bestehen haben. Es ist ein Geheimnis, größer als der Mensch und tiefer als sein Herz. Getsemani und Kalvaria bekunden und bezeugen zugleich, daß in der Geschichte des Menschen, in seinem Herzen ein anderes Geheimnis lebt, das Geheimnis der Erlösung, das bis zuletzt das Übel auszurotten sucht. Dieses Geheimnis führt nicht nur das Endgericht herauf, sondern auch ‹den neuen Himmel und die neue Erde›, wo nach dem Wort der Schrift ‹die Gerechtigkeit wohnt›. ‹Gott selbst wird alle Tränen von ihren Augen abwischen. Der Tod wird nicht mehr sein, keine Trauer, keine Klage, kein Schmerz› (Offb 21,4).»

Die sittliche Ordnung

I

In einer Ecke des Petersplatzes mitten unter polnischen Pilgern warte ich auf den Heiligen Vater. Es sind 20.000 bis 30.000 Personen, die jeden Mittwoch zwischen den grauen Barrieren zur öffentlichen Audienz zusammenkommen. Einige Schritte vor uns geht ein Schweizer Gardist in seiner bunten, zusammengeschnürten Uniform auf und ab, die leichte Neigung des Petersplatzes läßt ihn größer erscheinen als die Kolonnaden. Auf der anderen Seite bilden die Linien der vatikanischen Gebäude verschiedene geometrische Winkel. Die italienische Art, den Raum aufzuteilen, ist nicht die unsere. Die Franzosen, die zum großen Teil auf nicht sehr dicht besiedeltem Land wohnen, verstehen unter „Perspektive" parallele Linien, die geradeaus laufen auf einen Schnittpunkt am Horizont hin, wo sie sich wahrscheinlich nie treffen. Diese Überlieferung gilt von Carnac bis Versailles. Die Römer dagegen verschachteln ihre Monumente, so daß es zunächst nach Unordnung aussieht, dann aber öffnet sich wie durch einen Zauber der Raum, wo es fast keinen gibt. Nachdem der Papst in seinem weißen Gefährt, das die Mexikaner als erste das „Papstmobil" nannten, den Glockentorbogen links von der Basilika passiert hat, breiten sich über der Menge Spruchbänder aus, wie wenn sie durch den Wind emporgehoben würden. Und wie aus einem Meer steigen die Zurufe dem Papst entgegen. Den Päpsten wird immer zugejubelt: Sie geben auf geistlichem Gebiet Rom etwas von seiner historischen Vorrangstellung in der Antike zurück. Den Päpsten kommt das am ehesten zu, da sie von Gott und von der Kirche eingesetzt sind. Sie haben das Recht, dort vor aller Öffentlichkeit zu stehen und so zu sprechen, wie sie es tun. Diese Legitimation lebt in ihnen und offenbart ein anderes Leben, was selbst diejenigen anerkennen, die das Papsttum ablehnen, auch wenn sie sich darauf beschränken, die Auswirkungen für die katholische Kirche zu beschreiben. Meiner Meinung nach gibt es noch einen dritten und tieferen Grund für diese Gefühlsausbrüche: Ein Papst ist im Volksempfinden – was ich selbst auch teile – der letzte bekannte Mittler zwischen unserer Welt und Gott. Er bewegt sich am Rand zum Unsichtbaren hin, und wenn er seine Arme über die Menge ausbreitet, weiß man nicht, ob er zum Himmel geht oder von ihm kommt. Das ist eine sehr gewagte innere Empfindung, aber es interessiert mich wenig, ob sie theologisch zu rechtfertigen ist oder nicht: Sie ruft eine unmittelbare Verehrung hervor. Für mich ist sie das freudvolle und vielleicht etwas überschwengliche Erlebnis einer gewissen Nähe zum Übernatürlichen.

Dennoch kommt zur Popularität von Johannes Paul II. ein weiteres Element hinzu, über das ich mir oft Gedanken gemacht habe. Auf diese Frage wird man keine Antwort finden, auch nicht, indem man von „Starkult" oder „Aberglauben" spricht oder indem man zu Formulierungen greift, die für die „Psychologie der Massen" zutreffen, aber keineswegs erklären, wieso von diesem Mann eine solche Überzeugungskraft ausgeht, noch bevor er den Mund auftut. Wir werden nicht begreifen, warum sich die Welt ihm voller Hoffnung zugewandt hat, als sie noch nichts über ihn wußte. Die Erklärung dieses Phänomens findet man nicht in der Psychologie der Massen, sondern in der Psychologie von Johannes Paul II., in der außergewöhnlichen Einheit seiner Person. Man könnte sagen, er ist wie eine fehlerlose Marmorfigur, die das Evangelium geschaffen hat; und doch stimmt es nicht, denn eine Marmorstatue hat kein Leben. Man muß also auch auf dieses Bild verzichten und mehr in die Tiefe schauen. Man muß sich ins Gedächtnis rufen, was er uns zu Beginn dieses Gesprächs über seine Jugend sagte, in der er „mehr Gnaden erhalten hat", als daß er „kämpfen mußte", um ganz Gott zu gehören. Wir müs sen an das vorige Kapitel denken, wo er uns einen Einblick gegeben hat, in den tiefen, lebendigen Dialog von Gnade und Glaube, der sich in ihm vollzogen hat. Die persönliche Antwort auf das Wort Gottes, was er den Glauben nennt, kann nicht rückgängig gemacht werden, denn es geht nicht nur um ein menschliches Wort. Sein geistliches Leben wurzelte schon von Anfang an in den tiefsten Schichten seines Wesens, und es bewahrte sich dieses Streben, das den Menschen über sich selbst hinausführt, dorthin, wo die Ewigkeit ihn erwartet. Von diesem freien Glaubensakt an beschrieb sein geistliches Leben einen ununterbrochenen Bogen, und man kann sich nicht vorstellen, was ihn davon abbringen könnte. Das Evangelium, die Berufung und seine Person sind in ihm – wie in wenigen Menschen – zu einer einzigen Sache geworden. Gerade auf dieser inneren Einheit, dieser Konsistenz seines Wesens, beruht seine Ausstrahlungskraft. Ich glaube, daß hier das Geheimnis seiner Anziehungskraft liegt, die er auf die Massen ausübt. In diesem Kapitel über die sittliche Ordnung wird man sehen, daß die Moral so fest zu dieser Einheit gehört wie die Mathematik zur Architektur.

Wenn man mit dem Papst zusammen ist, dringt man nicht von allein in die Welt ein. Der Glaube wird schwächer in ihr, und die Moral beruft sich heute oft nicht mehr auf die Gebote Gottes, sondern auf das persönliche Ermessen, das mehr oder weniger von der Autorität des Staates beeinflußt wird – sei es in Staatsformen, die in die Anarchie abzugleiten drohen, wie in anderen, die ins Gegenteil verfallen.

Die Staatstyrannei führt sie in den Ländern ein, wo – gemäß dem berühmten Wort, das den Totalitarismus definiert – „alles, was nicht verboten ist, verpflichtend ist". Der Westen seinerseits geht in Richtung einer moralischen Selbstverwaltung, welcher der Staat kein göttliches oder philosophisches Gesetz mehr entgegensetzen kann. In den kollektivistischen Systemen, wo das Individuum zu einem Molekül des gesellschaftlichen Körpers reduziert ist, wird nie eine moralisch-persönliche Existenz aufkommen können, ohne daß sie riskiert, in eine psychiatrische Klinik eingeliefert zu werden, in diese öffentlichen Labors, wo Moleküle analysiert und regeneriert werden. Wo das menschliche Wesen noch frei ist, will es sich selbst auf seiner eigenen Moral aufbauen, auch wenn es das Bedürfnis nach einer anderen Moral verspürt. Der Mensch möchte sich nicht mehr um einen Gott kümmern, an den er nicht mehr glaubt, noch um einen Nächsten, für den der Sozialstaat zuständig gemacht wird. Der Mensch fühlt sich nicht mehr als „Ebenbild Gottes"; und auch was die Kirche zur Moral des persönlichen Lebens sagt, wird mehr schlecht als recht verstanden und aufgenommen. Der Mensch unserer Tage befindet sich in der Situation, die von der Schlange des Paradieses vorhergesagt wurde: „Wenn ihr von dieser Frucht essen werdet, werdet ihr sein wie Gott, ihr werdet Gut und Böse erkennen." Das heißt: Ihr seid nicht mehr nur „Abbild" Gottes, sondern Götter, dadurch, daß ihr „erkennen werdet"; anders gesagt, ihr ernennt und bestätigt euch selbst, was Gut und Böse ist.

Auf diesem Hintergrund möchte ich dem Heiligen Vater die Fragen stellen: Braucht man die Aussagen der Kirche überhaupt, und wie können sie vereinbart werden mit der Freiheit des Individuums? Kann man sich vorstellen, daß diese Freiheit in Gott gründet, der allein fähig ist, den Menschen vor dem Determinismus zu retten? Aber zuallererst: Was ist die Bedeutung des berühmten Verses 26 aus dem ersten Buch der Bibel (Gen 1,26): „Gott sprach: Laßt uns Menschen machen als unser Abbild, uns ähnlich." Diese Worte sind von einer unglaublichen Dichte; doch da wir so daran gewöhnt sind, klingen sie abgenutzt. Aber auf ihnen bauen immerhin einige Jahrhunderte Religionsgeschichte auf. Folgt daraus, daß der Mensch, nach dem „Bild Gottes" geschaffen, direkt ein Menschenbild findet, oder führt das eher zu einem ständigen Konflikt im Inneren des menschlichen Wesens. Könnte nicht der Mensch, der einerseits geschaffen, ja sozusagen belastet ist durch das Bild eines anderen, genauso umgekehrt das Bild bestimmen, das wir für diesen Anderen haben? Der Papst antwortete:

«Wie Ihre Fragen zeigen, gehört zur ‹Moral› ein Menschenbild; denn man kann nicht über Moral sprechen, ohne sich die Frage zu stellen, wer ist der Mensch, und ohne darauf eine angemessene Antwort zu geben. Das bestätigt die ganze Tradition der ‹Ethik›, insofern sie Philosophie der Moral ist. Während meiner Studienzeit habe ich sehr viel über dieses Problem nachgedacht. Ich möchte hinzufügen, daß die Beziehung Moral-Mensch auf zweifache Weise von Bedeutung ist: Ich möchte sagen, daß man nicht nur die Moral nicht verstehen und interpretieren kann, ohne zu wissen, wer der Mensch ist, sondern auch daß man nicht den Menschen verstehen und erklären kann, ohne eine ausreichende Antwort auf die Frage zu geben: Was ist die Moral? Diese Wirklichkeiten sind eng miteinander verknüpft, wesentlich aufeinander bezogen und haben eine Wechselwirkung.

Sie erwähnten die Stelle aus dem ersten Kapitel des Buches Genesis, also vom Anfang der Heiligen Schrift, die besagt, daß der Mensch erschaffen ist nach dem Bild Gottes. Dieser Text hat mich immer in Erstaunen versetzt, und je mehr ich mich damit beschäftigt habe, desto mehr ist meine Verwunderung gewachsen. Die Erschaffung des Menschen wird in der Bibel zweimal dargestellt, was durch die Entstehungsgeschichte des Buches zu erklären ist: Es wurden uns zwei verschiedene Quellen überliefert. Der zweite Teil (ab Gen 2,4b) bringt ein noch älteres Dokument als das erste: Dieser Text heißt der jahwistische, weil Gott dort von Anfang an mit dem Namen ‹Jahwe› bezeichnet wird, noch vor der Offenbarung dieses Namens an Mose.»

Das ist eine Anspielung auf die Episode vom „brennenden Dornbusch" (Ex 3,13 – 14): „Da sagte Mose zu Gott: Gut, ich werde also zu den Israeliten kommen und ihnen sagen: Der Gott eurer Väter hat mich zu euch gesandt. Da werden sie mich fragen: Wie heißt er? Was soll ich ihnen darauf sagen? Da antwortete Gott dem Mose: Ich bin der ,Ich-bin-da'. Und er fuhr fort, so sollst du zu den Israeliten sagen: Der ,Ich-bin-da' hat mich zu euch gesandt."

Nach den biblischen Wörterbüchern ist dieses Wort „Ich-bin-da" die Übersetzung der hebräischen Form „YHWH", das heißt „YAHWEH" oder „Jahwe", die erste Person vom Imperfekt – Präsens des Verbes „sein". Einige übersetzen auch: „Ich bin der, der ist" – eine metaphysische Deutung, die grammatikalisch möglich, aber exegetisch schlechter begründet ist. Andere übersetzen im Blick auf die unveränderliche Ewigkeit Gottes: „Ich bin, was ich sein werde"; wieder andere schreiben: „Ich bin, der ich bin", was allerdings weniger auf eine Offenbarung hindeutet als auf die Absicht, in einer ein wenig schalkhaften Weise einen abschlägigen Bescheid zu geben.

Man muß noch hinzufügen, daß die Juden niemals diesen Namen aussprechen, und zwar weil im jüdischen Denken den Namen nennen schon bedeutet, sich auf eine gewisse Weise das aneignen, was man nennt. Und das ist undenkbar, wenn es um Gott geht.

«Im jahwistischen Text wird der Mensch nicht ‹Abbild Gottes› genannt. Diese Bezeichnung findet sich nur im ersten Teil der Genesis, der später entstanden ist. Er ist für uns neueren Datums und gehört zur sogenannten ‹priesterlichen› Tradition. Ich habe darüber vor einiger Zeit in meinen öffentlichen Mittwochsaudienzen gesprochen.

Was mich bei der Analyse dieser beiden Darstellungen der Erschaffung des Menschen erstaunt, ist vor allem die Tatsache, daß jede von ihnen eine andere philosophische Methode voraussetzt (auch das habe ich in meinen Mittwochsbetrachtungen aufgezeigt). Der ältere Text spricht zwar nicht davon, daß der Mensch ‹ nach dem Bild Gottes› erschaffen ist, er enthält aber dennoch einen genauen Kommentar zu diesem Ausdruck. Er zeigt, wie sich der Mensch von Anfang an bewußt wurde, daß er anders ist als die anderen Lebewesen (‹animalia›). Diese sozusagen erfahrungsmäßige Feststellung seiner ‹Un-Ähnlichkeit› mit den anderen Geschöpfen – in erster Linie mit den einfachen Lebewesen – weist indirekt auf die Grundähnlichkeit hin, die im ersten Kapitel der Genesis ausführlich dargelegt wird: daß der Mensch ‹Abbild Gottes› ist.

Es erübrigt sich zu erwähnen, daß diese Aussage von der frühesten Zeit an in der Anthropologie und in der Theologie eine Schlüsselstellung eingenommen hat. Ich brauche nur an die berühmtesten Vertreter aus der Zeit der Kirchenväter zu erinnern, zum Beispiel an Kyrill von Alexandrien, Gregor von Nazianz oder an den heiligen Augustinus. Dann könnte man die großen Lehrer der Theologie des Mittelalters nennen, mit dem heiligen Bonaventura und dem heiligen Thomas von Aquin an der Spitze. Aber auch später hat die Aussagekraft dieses biblischen Ausdrucks nie nachgelassen. Die Methoden haben sich verändert, auch die philosophischen Bezüge, aber die Grundlage der biblischen Anthropologie ist die gleiche geblieben.

Sie fragen mich: Welches sind die Konsequenzen – eine Moral oder ein ‹beständiger Konflikt›? Meiner Meinung nach das eine und das andere. Die Moral gibt es nur in einem persönlichen Subjekt, das fähig ist, in absoluten Kategorien zu denken, das Gute und das Böse zu unterscheiden – in einem Wort: das mit einem Gewissen ausgestattet ist. Dieser Stand der Dinge, diese innere Situation schafft notwendigerweise nicht so sehr einen Konflikt als eine Spannung. Ja, die Moral beinhaltet eine Spannung auf geistiger Ebene, aber sie findet ihren Widerhall in der ganzen komplexen Subjektivität des menschlichen Wesens. Aufgrund bestimmter philosophischer Analysen, aber noch mehr durch die Meisterwerke der Literatur sieht man, welch großen Resonanzboden das Gewissen für die Emotionen und die tiefsten menschlichen Gefühle zur Verfügung hat.

Dieser ganze Reichtum, der dem menschlichen Wesen eigen ist, rückt seine Transzendenz in den Vordergrund, die eine konstitutive Dimension seiner Existenz ist: Allein schon durch sein Menschsein ist der Mensch gerufen, sich selbst zu überschreiten. Diese Tatsache, die auf verschiedene Weise ausgedrückt wird und die in der alten wie in der modernen Sprache sehr gut erklärt wird, macht besonders sensibel für die direkte Erfahrung dessen, was da heißt ‹nach dem Bild Gottes›.»

Man konnte bei dieser Gelegenheit feststellen, daß der Papst öfters die Idee der „Transzendenz" aufgreift, worunter die Eigenschaft des Menschen verstanden wird, über seine eigenen Grenzen hinauszugehen, um sie zu übersteigen in Weite und Höhe. Die Beweise für diese einzigartige Eigenschaft gehen zurück bis in die Grotten von Lascaux. Denn man kann nicht einen Bison zeichnen, ohne aus sich selbst herauszugehen, um sich mit Hilfe eines Pinsels in diesen Bison hineinzudenken. Ein weiterer Beweis findet sich in dem zeitgenössischen Phänomen der nervösen Depression. In diesem Drama fühlt sich der Mensch auf sich selbst zurückgezogen und ergriffen vom Strudel seiner eigenen Nichtigkeit. Ohne die Fähigkeit der Transzendenz würde sich der Mensch seiner Begrenztheit nicht bewußt – im Unterschied zu den Tieren, die in ihrer Art vollkommen sind. Es gäbe im Menschen keine „offene Stelle", nichts Unvollendetes, was ihn auf das Unendliche hin öffnen würde. Hier liegt auch die Ursache seiner Unruhe und seiner beständigen Unzufriedenheit. Eine Gefahr unserer Zeit könnte nun darin bestehen, aus dem Menschen ein fertiges Wesen zu machen, sei es, indem man ihn in ein rigoroses System integriert, das der Unendlichkeit gegenüber verschlossen ist, sei es, daß man mit verschiedenen psychiatrischen Methoden die „offene Stelle" verschließt, indem man die Sehnsüchte seines Geistes wie krankhafte Träumereien behandelt und ihn mit Beruhigungsmitteln von der „Krankheit Gott" heilen will.

Der Heilige Vater unterscheidet in meiner Frage zwei Teile: der erste bezieht sich auf das Gespräch über die „Ebenbildlichkeit Gottes", der zweite Teil knüpft daran an, weist aber darüber hinaus auf die Beurteilung unserer Zeit:

«Im Rahmen unseres Gesprächs über die ‹Gottebenbildlichkeit – Moral und Spannung› kann man noch deutlicher erklären, wie diese Beziehung von ‹Endlichkeit› und ‹Unendlichkeit› im menschlichen Wesen aussieht: Der Mensch ist offensichtlich ein ‹begrenztes› Wesen, abhängig von Zeit und Raum, den Gesetzen der Materie und der Natur unterworfen; gleichzeitig ist der Mensch aber offen für das Absolute. Es handelt sich dabei weniger um eine ‹mathematische Unendlichkeit› als um eine Unendlichkeit im Sinne des ‹Absoluten›. Ich will damit sagen, daß die geistige Natur des Menschen nicht nur auf die wahren, guten und schönen Dinge ausgerichtet ist, sondern auf die Wahrheit, das Gute und die Schönheit als solche. Diese Offenheit begründet seine Transzendenz. Durch sie ‹sprengt› der Mensch seine Endlichkeit, die ihm übrigens nicht weniger eigen ist – im physischen Sinn genauso wie im metaphysischen Sinn des Wortes. Denn der Mensch ist auf das Unendliche hin offen, besitzt aber zugleich die Struktur eines endlichen Wesens. Er ist ganzer Mensch, Einheit von Leib und Seele.

Wir befinden uns hier an der Grenze zweier Sprachen: Der Sprache der Bewußtseinsphilosophie und der Sprache der Seinsphilosophie. Beide sind in Ihrer Frage wiederzuerkennen. Wenn Sie sagen: ‹Der Mensch ist ein begrenztes Wesen›, gebrauchen Sie die Sprache der Seinsphilosophie. Wenn Sie dann fragen: ‹Welches ist die Ursache der ewigen Unruhe im Menschen?› kommen Sie auf die augustinische Ebene der

119

inneren Erfahrung und des Gewissens. Ich meine, daß man beide Sprachen braucht, um die ganze Wirklichkeit des Menschen zum Ausdruck zu bringen.

Ich möchte noch einmal auf Ihre Fragestellung zurückkommen und möchte darauf hinweisen, daß der Ausdruck ‹begrenztes Wesen› hier nicht im geläufigen Sinn gebraucht wird, sondern es bedeutet, daß der Mensch ein *nichtvollendetes* Wesen ist. Die ‹offene Stelle› in ihm weist auf das Unendliche hin. Andere Wesen in der Welt der Natur sind auf ihre Weise ‹vollendete Wesen›; nur der Mensch ist offen für das Absolute, er allein *erwartet* seine Vollendung.

Ich glaube, daß dieses Bild auch der Wirklichkeit des Menschen entspricht. Es ist ein Bild, das die Philosophie – in ihrer Weise die Seinsphilosophie, auf andere Weise die Bewußtseinsphilosophie – in ihrer ewigen Dialektik von Materie und Geist zum Ausdruck bringt. Diese beiden Elemente zusammen machen den Menschen aus: als Wesen und als Subjekt.

Das gleiche Bild liegt der Frohen Botschaft zugrunde. Am klarsten beschreibt vielleicht der heilige Paulus in seinen Texten den Gegensatz zwischen ‹Fleisch› und ‹Geist›. Wenn der ‹Geist› gerade diese ‹offene Stelle› ist, dieser Spalt, durch den das menschliche Wesen, insofern es ‹ Leib› ist, zum Unendlichen hindrängt, dann wirkt nach der Auffassung des Apostels in dieser Öffnung, in diesem menschlichen Geist, der auf das Unendliche hin offen ist, der Heilige Geist durch den gekreuzigten und auferstandenen Christus. Unter seinem Einfluß bringt der Mensch in seiner Ganzheit Früchte der Heiligkeit, der guten Handlungen, des Heils.

Die Sprache des heiligen Paulus ist sehr ursprünglich. Man kann sich ihr mit der Sprache des ‹Seins› nähern, wie es der heilige Thomas von Aquin gemacht hat, ebenso wie mit der Lehre von der ‹Erkenntnis› und der inneren Erfahrung, wie es der heilige Augustinus, Pascal, Kierkegaard oder große Mystiker wie der heilige Johannes vom Kreuz gemacht haben.

Doch wichtiger als die Sprache ist die Wahrheit, die durch

sie zum Ausdruck kommt: Die Wahrheit über den Menschen ist die: Der Mensch ist nicht eine ‹unnütze Passion›, um ein Wort von Jean-Paul Sartre zu gebrauchen, sondern ein Wesen mit einer *Tiefe*. Diese ist erfahrbar durch diese ‹offene Stelle›, die auf das Unendliche hin offensteht, die noch eine *Andere Tiefe* ruft, ihr begegnet und darin die Antwort auf die Unruhe des Geistes findet.»

Soweit die Theorie, nun zur Praxis, wie sie der Papst darlegt. Menschen, die regieren oder andere manipulieren, sorgen sich oft wenig darum, daß sie mit einem so unbequemen Wesen zu tun haben. Und ihr Interesse richtet sich oftmals weniger darauf, seine Offenheit zu bewahren, als sie endgültig zu verschließen. Die Sehnsucht nach dem Unendlichen ist in keinem Programm enthalten, und der Handel mit dem Heiligen Geist gehört nicht zur Marktwirtschaft.

«Sie bringen eine Furcht zum Ausdruck, die ich selbst empfinde, wenn ich die Situation des Menschen in der heutigen Zivilisation anschaue, wo – um die Sprache des heiligen Paulus zu gebrauchen – zahlreiche Faktoren zum Übergewicht des ‹Fleisches› über den Geist beitragen. ‹Beide stehen sich als Feinde gegenüber› (Gal 5,17) . . . Das sieht man ebenso gut an den Taten wie an den Systemen, denn dort kann man zwei Formen des Materialismus, den theoretischen und den praktischen, feststellen. Der zweite ist mehr verbreitet, der erste geht naturgemäß mehr in die Tiefe. Der eine bildet die Grundlage für ein System oder eine Ideologie, die sich dem Inneren verschließt, während der andere vor allem gewisse Bereiche des Handelns und des Urteilens berührt.

Ich nehme an, daß Sie diese beiden Materialismen so betrachten, daß der theoretische Materialismus den praktischen nach sich zieht wie eine logische Konsequenz. Wenn man aber das Leben beobachtet, stellt man fest, daß das nicht immer so der Fall ist.»

Am Ursprung des praktischen Materialismus muß also

keineswegs eine Entscheidung für den ideologischen Materialismus stehen.

«Das zeigt sich vor allem in der Wirkung der Impulse oder Anziehungskräfte, die durch die materiellen Werte, die Sinne oder die zeitlichen Dinge im Bereich der Triebe und der Affektivität hervorgerufen werden. Diese unmittelbare, direkte Wirkung schließt nicht zwangsläufig philosophische Überzeugungen ein, nicht einmal eine vorausgegangene Zustimmung zu einer bestimmten Hierarchie der Werte. Man kann auch zur entgegengesetzten Auffassung kommen. Der Mensch ist nämlich in sich selbst so gespalten, daß er, wie der heilige Paulus sagt, ‹das Gute nicht tut, das er will, sondern das Böse, das er nicht will› (Röm 7,19). Dieser Aspekt des Problems hat eine große Bedeutung für die Moral. Aber das haben Sie im Augenblick ja nicht angesprochen.»

Ich sprach von den totalitären Systemen, die keine andere Zielsetzung außerhalb ihrer selbst haben; sie ertragen nicht, daß der Mensch ein anderes Ziel anstrebt, und schließen ihn in einen Kreislauf von Gedanken ein, der sich ständig um die Macht dreht. Doch meine Darlegung war noch nicht zu Ende, und der Papst liebt die Vollständigkeit.

«Wenn man über die Gefahr spricht, die die Menschen in unserer heutigen Welt bedroht, dann muß man auch dem Rechnung tragen, daß es diesen praktischen Materialismus gibt. Er präsentiert sich im Westen unter der Form der sogenannten ‹Konsumgesellschaft›. Dieser faktische Materialismus benutzt verschiedene Konzeptionen oder Programme, um den Menschen zu überzeugen, daß er ein ‹ vollendetes Wesen› ist; das heißt, er wird *endgültig an die Struktur der sichtbaren Welt angepaßt*. Diese Welt stellt für ihn das einzige Beziehungssystem dar, von Anfang bis Ende; es umfaßt den ganzen Bereich des Denkens beziehungsweise die Ordnung des Handelns. Man nimmt allgemein an, daß der Mensch aus dieser Struktur, die man immer besser kennenlernt, da unzählige Disziplinen sie erforschen, keinen Ausweg findet. Man läßt ihm die Kenntnis über das Unendliche in der Mathematik, aber dieses Unendliche fühlt noch nicht die ‹offene Stelle› des Geistes, die den Menschen auf das Absolute hin öffnet: auf die absolute Wahrheit hin, das absolute Gut, die Schönheit, letztlich auf das Sein. Dem hat man einen *gnadenlosen Krieg* erklärt. Diese Philosophie, die Aristoteles als die ‹erste Philosophie› betrachtete, hat man mehr durch Vernachlässigung als durch Diskussionen bekämpft.

Diese Gefahr, von der Sie sprechen, gibt es ganz gewiß in unserer Welt. Ja, ich möchte sagen, daß diese Gefahr den Menschen in seiner Tiefe trifft. Wenn wir zurückkommen auf die Gottebenbildlichkeit des Menschen, könnte man von einem Versuch sprechen, das Bild selbst zu ‹*verabsolutieren*›. Das führt in Wirklichkeit aber nur dazu, daß das existenzielle Band zerrissen wird, das zwischen ihm und seinem Urbild besteht; es führt zu einer Entfremdung, zu einer Entmenschlichung und zu einem Untergehen in einer Welt der Dinge.

Gleichermaßen glaube ich, daß hier die Gefahr einer ‹*grundlegenden Illusion*› besteht: Der Mensch gewinnt den Eindruck, er sei – da sich hier die materielle Zivilisation entwickelt habe – zum ‹Meister› der sichtbaren Welt geworden, ja sogar zum ‹Meister des Kosmos›. Dabei merkt er nicht, daß er selbst von dieser Welt abhängig geworden ist, daß er sich der Macht der befreiten Energien unterworfen hat, daß er zum Objekt vielfältiger Manipulationen geworden ist, gegen die er nichts ausrichten kann – gerade weil er sein Gewissen und seine Freiheit gänzlich der ‹Welt› ausgeliefert hat. Und die ‹Welt› hat sich seiner bemächtigt.»

Nach diesen harten Vorwürfen mildert der Papst die Worte ab, indem er die „Welt" als Werk Gottes erklärt:

«Entschuldigen Sie, wenn ich eine Sprache gebraucht habe, die ein bißchen den Texten des heiligen Johannes nahekommt, seinem Evangelium wie seinen Briefen. Das ändert jedoch nichts an der Tatsache, daß ich voller Bewunderung bin für diese ‹Welt›, die vom ersten Kapitel der Genesis an die Seiten der Schrift erfüllt. Dennoch hört die Heilige Schrift nicht auf, den Menschen zu ermahnen, ‹größer zu sein als die Welt›, denn er ist Ebenbild Gottes.

‹Gott hat den Menschen zur Unvergänglichkeit erschaffen und ihn zum Bild seines eigenen Wesens gemacht.›

Mit diesem Wort aus dem Buch der Weisheit (2,23) möchte ich meine Antwort abschließen.»

II

Neben „Würde", „Demut" und „Freude" ist der Begriff *Freiheit* eines der Worte, die am häufigsten in den Ausführungen des Heiligen Vaters wiederkehren. Man muß gerechterweise hinzufügen, daß dieses Wort mindestens genauso oft in den Reden von Zeitgenossen auftaucht, auch wenn sich diese damit begnügen, ihre herausragenden Eigenschaften darzulegen, ohne sich die Mühe zu machen, sie zu definieren. Für einen französischen Denker am Ende des 18. Jahrhunderts war die Freiheit „das Recht, nur den Gesetzen zu gehorchen". Das war einsichtig, aber andere haben sehr bald den Einwand gebracht, daß selbst die Idee des „Gesetzes" im Gegensatz zur „Freiheit" stehe und daß diese *vor* allem die Abschaffung des Staates erforderlich mache – ein kühnes Unterfangen, was bis heute nur zu einer Stärkung der zentralen Macht führte. Um den Wechsel zu vollziehen, sah man sich gezwungen, den Worten den gegenteiligen Inhalt von dem zu geben, was sie bedeuten. Die „Freiheit" gilt als Zwang zum Gehorsam, und der gesunde Menschenverstand wird ins Asyl geschickt. Für die raffinierten Intellektuellen, die weder Gott, weder den Menschen noch der Natur etwas schuldig bleiben wollen, ist die

124

Freiheit die Fähigkeit, sich selbst hervorzubringen. Man entflieht der Gegenwart und in gleicher Weise auch der Vergangenheit, um in einem Zustand des Planens zu leben, in einer Phantasiewelt, wo sich Träume und Ideen vermischen. Für diejenigen, die die Gefangenschaft erlebt haben, stellt sich die Freiheit ganz einfach wie ein offenes Tor dar.

Aus diesen vielfältigen Bedeutungsinhalten geht hervor, daß man nicht mehr weiß, was dieses Wort sagen will oder für welche Sache es steht. Für viele Menschen ist die Freiheit die Fähigkeit, das zu tun, was sie wollen. Für die Heiligen ist sie vor allem die Fähigkeit, auch das zu tun, was sie nicht wollen – aus Liebe, aus Verzicht oder zur Ehre Gottes.

Und was ist die *Freiheit* für den Papst, der sich nicht mit verschwommenen Ideen und innerer Unsicherheit zufrieden gibt?

«Ihre Frage ergibt sich logischerweise aus den vorausgegangenen Fragen und Antworten. Es ist die grundsätzliche Frage für alles, was die Moral betrifft. Diese ‹offene Stelle› oder dieser ‹Spalt› im Sein, wie Sie es genannt haben, die den Menschen zum Unendlichen hin öffnet – das ist die Freiheit. Ohne sie wäre der Mensch eingeschlossen in die Welt der Natur und er wäre seiner Transzendenz beraubt. Er wäre ein ‹endliches› und ‹vollendetes› Wesen; er wäre bis ins kleinste hinein determiniert und zusammen mit der ganzen belebten Natur den eigenen Grenzen unterworfen, also auch der Notwendigkeit eines Todes ohne Hoffnung.

Was ist also die Freiheit?

Sie haben zwei extreme Antworten angeschnitten, die weniger die Theorie als die Praxis betreffen, weniger das Denken als das Handeln. Dennoch setzt die Art zu handeln eine bestimmte Denkweise voraus: Man könnte also sagen, daß der Mensch frei ist *je nach der Weise, wie er seine Freiheit sieht und versteht.* Doch es existiert auch eine umgekehrte Beziehung: Der Mensch versteht seine Freiheit je nach dem, wie frei er ist –

oder in dem Maß, wie er sich bemüht, frei zu sein. Dieser ‹ bilaterale› oder doppelte Sinn der Überlegung weist darauf hin, bis zu welchem Punkt unser Wille und unsere Freiheit an die Erkenntnis gebunden sind.

Sicherlich besteht für bestimmte Menschen die Freiheit darin, tun zu können, was ihnen beliebt. Da sie aber davon sprechen, daß für die Heiligen die Freiheit vor allem darin besteht, ‹das tun zu können, was sie nicht wollen›, möchte ich präzisieren, daß es sich in jedem Fall um eine bewußte *Entscheidung* und eine bewußte Anerkennung einer Hierarchie der Werte handelt. Der Heilige handelt nicht ‹gegen› seinen Willen: Er versteht, nach dem Höheren zu streben, unabhängig von flüchtigen Willensregungen oder Wünschen.»

Oft beginnt der Heilige Vater eine Antwort mit einer kühnen Aussage. Dann durchgräbt er die Frage Furche für Furche mit einer Geduld, die sich nicht scheut, die Geduld seines Zuhörers auf die Probe zu stellen. Wenn er dann zum letzten Mal an seinen Ausgangspunkt zurückkehrt, nachdem er das ganze Erdreich umgepflügt hat, sieht man diese harte Feldarbeit als Ganzes. Man spürt die Sonne kommen und mit ihr die Ernte der Wahrheiten, frisch und farbenprächtig wie ein Tulpenfeld:

«Sie fragen also: Was ist die Freiheit? Ich habe mir diese Frage seit meiner Jugendzeit gestellt, und ich habe lange Zeit nach der Antwort gesucht. Ich habe alles erforscht, indem ich sowohl auf die Menschen zuging als auch hart an mir arbeitete. Dabei habe ich nicht einmal gemerkt, wie das Thema der Freiheit im Mittelpunkt meiner Erfahrungen und Überlegungen stand. Im großen und ganzen glaube ich, daß die Freiheit des Menschen in dem besteht, *was ein jeder in sich entscheidet, wenn er sich verantwortlich fühlt.* Offensichtlich ist im allgemeinen die Entscheidungsfreiheit daran gebunden, daß einem einmal zu Bewußtsein kommt: ‹Ich habe die Wahl› (wenn auch in gewissen Grenzen) – aber das ist noch keine tiefgreifende Entscheidung. Für mich ist die Freiheit nicht nur ein spezieller Akt des Willens, sondern auch eine Eigenschaft, die dann zum Wesen der Person selbst gehört, wenn sie die Erfahrung ihrer Verantwortlichkeit macht. Denn so und nur so erklärt sich meine Verantwortlichkeit.

Die Freiheit ist das, was mich auf die Wirklichkeit hin öffnet, aber auch auf das, was mich oft durch eine innere Abhängigkeit bindet: die Abhängigkeit von der Wahrheit. Wenn ich diese Abhängigkeit von der Wahrheit anerkenne und zugestehe, bin ich wirklich ‹unabhängig› – von den anderen Menschen und den Dingen. Ich bin innerlich unabhängig *von mir selbst*. Die Verantwortung entsteht, wenn ich die Wahrheit kenne: die Wahrheit des Seins, der Werte, meiner Beziehungen zum Sein und zu den Werten, die Wahrheit der Handlungen, die ich ausführe.

Die Verantwortung ist aber nicht nur Erkenntnis. Sie entsteht sozusagen zwischen der Erkenntnis und der Handlung. (Sicher gibt es auch eine Verantwortung der Erkenntnis, denn die Erkenntnis ist auch eine Form des Tuns, wo die Verantwortlichkeit gegenüber der Wahrheit zum Tragen kommt; aber das ist hier nicht unsere Frage.) Die Verantwortlichkeit weist auf die Notwendigkeit hin, im Einklang mit der erkannten Wahrheit zu handeln, das heißt: in Übereinstimmung mit sich selbst, mit seinem Gewissen und, um es genauer zu sagen, mit einem Gewissen, das in der Wahrheit gebildet ist. Wenn die Verantwortlichkeit so verstanden wird, ist sie ein anderer Name für die moralische Verpflichtung.

Die Freiheit ist also die Fähigkeit des Menschen zur verantwortlichen Selbstbestimmung. Sie befindet sich im eigentlichen Zentrum der Transzendenz, die dem Menschen als Person eigen ist. Sie ruht gleichermaßen auf der Grundlage der Moral, wo sie sich als Fähigkeit zur Entscheidung manifestiert, als Fähigkeit verschiedene Entscheidungen zu treffen, aber in erster Linie als Fähigkeit, zu unterscheiden zwischen Gut und Böse im moralischen Sinn dieser Worte; zwischen dem Guten und dem Bösen, das das Gewissen sehr wohl zu unterscheiden vermag, wenn es aufrichtig ist.»

Wir haben erst die Hälfte des Feldes hinter uns. Aber ich kenne meinen Gesprächspartner, und so warte ich auf die Früchte.

«All das, Gewissen, Wahrheit, Verantwortlichkeit, Freiheit, bildet eine Gesamtheit: die Innerlichkeit des Menschen. Obwohl sie nicht zu den Sinnen gehört, erleben wir sie sehr intensiv. Es ist die Erfahrung des Menschen und mehr noch die Erfahrung des ‹Menschseins›. Durch sie ist der Mensch in seinem Ziel und in seinem Wesen Mensch. Dieses Gesamt setzt sich sozusagen zusammen aus Gewissen, Verantwortlichkeit und Freiheit, aber diese ‹Zusammensetzung› ist nicht wie eine Verbindung materieller Dinge. Diese innere Gesamtheit könnten wir ‹Struktur› nennen, auch wenn es nicht mit den bekannten Strukturen der Naturwissenschaften verglichen werden kann. Es geht um eine andere Struktur. Es ist das, was den Menschen zum ‹Subjekt› werden läßt und zum Unendlichen, also zum Absoluten hin offen ist. Kant hat diese Idee auf seine Weise zum Ausdruck gebracht, indem er darlegt, daß das moralische Gute ‹*auf dem kategorischen Imperativ aufbaut*›. Ich bin überzeugt, daß wir in diesem Bereich des moralisch Guten und Bösen – ohne den Stellenwert zu bestreiten, der dem Wesen des Menschseins zukommt – an das Absolute rühren. Der unlängst verstorbene polnische Philosoph Wladyslaw Tatarkiewicz hat das aufgezeigt in einer Schrift, die den Titel trägt: *Die Unnachgiebigkeit des Guten*.

Diese Struktur oder diese Gesamtheit der menschlichen Innerlichkeit ist von Grund auf dynamisch. Wenn wir vom Willen sprechen, meinen wir in erster Linie die Dynamik der menschlichen Freiheit, die ausnahmslos jedem Menschen zuteil ist. Diese Freiheit ist zugleich Gabe und Aufgabe. Der Mensch ist in seiner Freiheit sich selbst eine Aufgabe, die er zu erfüllen hat. In sich, auf seinem Terrain muß er sich unablässig ‹erobern› und – auf einer anderen Ebene – muß er das Reich Gottes erobern.

Als Christus uns sagte: ‹Ihr werdet die Wahrheit erkennen,

und die Wahrheit wird euch frei machen›, dachte er meines Erachtens sehr wohl an eine harmonische Verbindung von Freiheit und Verantwortlichkeit. Denn die Dynamik der Freiheit, durch die der Mensch sich selbst erobert, schafft auch Reich Gottes.»

Logisch, denn die Lüge ist ein Gefängnis. Die Skepsis ebenfalls. Nur die Wahrheit begnadigt den Häftling, und ohne sie ist es unnütz, von Freiheit zu träumen. Aber:

«Frei sein, das heißt, wählen *wollen* und *können*, was man *wählen* muß, und sich wirklich dafür entscheiden.»

Für den Christen ist die Wahrheit eine Person, die Person Jesu Christi. Er kann uns retten und uns vom Bösen und vom Tod befreien; er kann uns darüber hinaus all das geben, was wir zum Leben auf dieser Erde brauchen. Ist es also Gott, der uns vor einem Determinismus bewahren kann, was ansonsten unser Schicksal wäre? Wenn ja, warum hat die Kirche so lange Zeit den Anschein erweckt, daß sie nicht eine Auffassung von Freiheit akzeptieren kann, die es vielleicht nur durch sie gibt? Denn ich glaube, daß sie ohne die Kirche sicher nicht die gleiche Aussicht auf Entfaltung in sich tragen würde.

«Ich bin überzeugt, daß Gott der letzte Garant der Freiheit des Menschen ist. Nicht nur in der Ordnung der Ursachen, wenn wir an unseren Ursprung denken und an die Tatsache, daß wir ‹als Ebenbild Gottes› frei geschaffen sind, sondern auch wenn wir diesen Gedanken in die Ordnung des Handelns umsetzen. Das will keineswegs sagen, daß der Mensch, der die Existenz Gottes leugnet, gleichzeitig seine Freiheit verliert. Offensichtlich nicht. Indem er die Existenz Gottes ablehnt, hört er nicht auf, in seinem Menschsein ‹Ebenbild Gottes› zu sein. Der Akt der Leugnung, den er vollzieht, ist in sich selbst eine Bestätigung seiner Freiheit – genau wie der entgegengesetzte Akt. Indem Gott den Menschen nach seinem Bild erschaffen hat, akzeptierte er im vorhinein diese beiden Möglichkeiten. Er hat zugestimmt, daß der Mensch ihn anerkennen oder leugnen kann (das geschieht vor allem in der Struktur der Erkenntnis, die nur das gelten lassen will, was ‹sichtbare› Wirklichkeit und was den Sinnen zugänglich ist. Doch Gott ist eine unsichtbare Wirklichkeit).

Also nur in diesem Sinn ‹bewahrt Gott den Menschen vor dem Determinismus›, um die Begriffe Ihrer Frage aufzugreifen. Dann möchte ich hinzufügen, daß die Möglichkeit, Gott zu leugnen, in gewisser Weise eine elementare Ausdrucksform der menschlichen Freiheit ist. Hier kann man deutlich erkennen, wie und bis zu welchem Punkt Gott der Garant der menschlichen Freiheit ist.

Ihr Gedanke, daß ‹Gott den Menschen vom Determinismus bewahrt› ist dennoch richtig, wenn man von einem anderen Ausgangspunkt her denkt. Nicht im Hinblick auf die Existenz Gottes und ihrer Anerkennung oder Leugnung, sondern aufgrund dessen, daß der Mensch *über seine eigene Freiheit reflektieren kann*.

Denn der Determinismus meint genau das: Der Mensch versteht seine eigene Freiheit im Hinblick auf die Welt und auf das, was die Welt ihm ermöglicht. Auf dieser Ebene ist der Determinismus – gleich welcher Schule – eine Negation der Freiheit, oder besser, daß die Freiheit eine Illusion ist. Denn er will beweisen, daß alles, was der Mensch für einen freien Akt hält, eigentlich schon festgelegt ist, also notwendigerweise so geschieht (im *dialektischen Materialismus* ist die Freiheit nichts anderes als die Anerkennung dieser Notwendigkeit durch den Menschen.). Er ist in gewisser Weise sogar das Gegenteil: Im *rationalistischen Determinismus* ist die Freiheit eine Notwendigkeit, die durch die Erkenntnis bestimmt ist. Da die Welt also durch den Menschen erkannt wird als natürlicher Raum seiner Freiheit, bringt das die Zwänge mit sich, die diese Freiheit in Frage stellen, sei es auf der Ebene seiner Strukturen und der Kräfte, die dort wirken, sei es in der Art und Weise, diese Strukturen und Kräfte zu unterscheiden.

Insofern der Determinismus die Freiheit leugnet, leugnet er

130

konsequenterweise die Verantwortung, also die Moral. Die ‹offene Stelle› des Seins, die die Tanszendenz des Menschen offenbart, ist zugemauert. Die innere Gesamtheit, die Struktur der Innerlichkeit, von der ich die ganze Zeit gesprochen habe, wird auf Reflexe einer materiellen Infrastruktur zurückgeführt, von der man glaubt, daß sich darin die einzige Dimension des Menschen konstituiert. Seine spezifische und unwiderlegbare geistige Dimension wird geleugnet; sie anzuerkennen würde bedeuten, die Begleiterscheinung als das grundlegende Phänomen des Menschseins zu betrachten.»

Der Heilige Vater meint, daß sich die Praxis in zwei äußerlich sehr verschiedenen Fällen der Theorie angleichen wird:
«Das kann die Praxis einer gänzlich *permissiven Gesellschaft* sein, wo alles erlaubt ist, gerade weil das Fundament der wahren Freiheit des Menschen geleugnet wird. Es kann aber auch die Praxis eines *totalitären Staates*, ‹eines objektivierten Totalitarismus› sein, wo der Mensch nur ein Teil des Ganzen ist. Er wird zum Eigentum des Staates, sein Subjektsein gegenüber den Gesetzen ist ihm genommen, und er wird zum Gegenstand der kollektiven Manipulation.

Ich glaube, daß in beiden Situationen der Mensch, der sich der Regeln und der Mechanismen seiner Existenz bewußt wird, Gott entdecken kann. Oder er kann zur Überzeugung gelangen, daß allein Gott ‹ihn vor dem Determinismus bewahren› kann. Ich glaube, daß der Mensch das im zweiten Fall leichter erkennt als im ersten, eher in einer totalitären Welt als in einer permissiven Gesellschaft. Doch selbst dort wird er schließlich auf lange Sicht zu dieser Erkenntnis kommen. Im einen wie im anderen Fall ist der Übergang von der Unterwerfung zur Freiheit sehr oft mit der Entdeckung Gottes verbunden.

Beide Systeme gründen auf Prinzipien des Determinismus, die in der einen oder anderen Weise atheistisch ‹programmiert› sind. Der Atheismus garantiert ihre Existenz und ihre

Entwicklung. In der gleichen Weise garantiert Gott die menschliche Freiheit, die wir in der Tiefe unserer Existenz zusammen mit der Verantwortlichkeit erleben. Diese Verantwortlichkeit gibt unserer Freiheit eine innere Selbständigkeit, in der das moralisch Gute und Böse die authentische Dimension des Menschen, sein Personsein offenbaren.»

Die Morallehre des Heiligen Vaters ist sehr stark auf die Freiheit hin ausgerichtet, auf diesen wunderbaren Wert, den man selbst dann noch anerkennt, wenn man ihn leugnet. Selbst dann noch, wenn sich der Mensch zur Gesetzmäßigkeit des Determinismus hinreißen läßt, die aus jeder seiner Handlungen eine unvermeidbare Folge aus einem Zusammenspiel von Ursachen macht, auf die er keinen Einfluß hat. Selbst dann noch, wenn er glaubt oder glauben will, daß er ein einfaches Produkt der Biologie und der Geschichte ist, daß ihm alle seine Entscheidungen durch die kulturellen Einflüsse oder durch Erbfaktoren diktiert sind, kurz, daß er ohne Ausweg mit dem Rest der Natur einem harten Gesetz „des Zufalls und der Notwendigkeit" unterworfen ist. Selbst das ist noch ein Beweis seiner Freiheit: Denn da er nicht vermeiden kann, determiniert zu sein, so ist er doch freiwillig Determinist.

Für den Christen hat Gott den Menschen in Freiheit erschaffen: Es ist für ihn unvorstellbar, daß Gott ein Wesen erschaffen hat „nach seinem Bild, ihm ähnlich" und daß er ihm das nehmen will, was ihn zur Person macht; wenn es so wäre, würde Gottes Wort ins Leere gesprochen sein, und Gott würde nur immerzu ein Gespräch führen mit einem Echo in der unendlichen Leere des Universums. Den ersten Hinweis auf diese Freiheit findet man bildhaft dargestellt im Gebot „nicht vom Baum zu essen", der mitten im Garten Eden steht. Wenn Gott nicht die Freiheit des Menschen gewollt hätte, wäre dieses Gebot überflüssig gewesen, denn es hätte auch diesen Baum nicht gegeben. Das ganze System der Beziehungen, das sich von Beginn an zwischen Gott und dem Menschen gebildet hat, schließt diese Freiheit ein. Ohne sie gäbe es keine Freigiebigkeit auf der einen Seite und keinen Gehorsam auf der anderen Seite, nicht einmal die Liebe.

Ich erinnere den Heiligen Vater daran, daß meine Frage einen zweiten Teil umfaßte: Warum die Kirche so lange Zeit den Anschein erweckt hat, diese Freiheit nicht ganz akzeptieren zu können? Das war nicht sehr klug. Der Papst fängt mich in einer Falle:

«Entschuldigen Sie meine Offenheit! Ich denke, daß Sie vor dem Ereignis, das Sie in Ihrem Buch beschrieben haben, in einem Milieu lebten, wo die Kirche wirklich als Feind der Freiheit galt. Es gibt diese Milieus, und es sind nicht wenige in der Welt.»

Es stimmt, daß ich vor meiner Bekehrung zum Christentum kaum mehr darüber wußte, als das, was man bei Voltaire oder Jean-Jacques Rousseau kennenlernen kann. Sie haben von der Kirche immer nur den Teil gesehen, der ins Zeitliche einge-taucht ist. Es kann sein, daß dieses Kapitel meiner Jugendzeit in meiner Frage wieder angeklungen ist.

«Hat die Kirche in den verschiedenen Phasen ihrer Geschichte die Meinung bestätigt, die Sie vorbringen? Einige sind davon überzeugt. Es hat keinen Sinn, darüber eine Pole-mik zu beginnen. Es genügt vielleicht, das Gleichnis vom Baum und seinen Früchten zu erwähnen, oder besser das Gleichnis von den Früchten, die der Baum bringen kann oder nicht.

Ich bin überzeugt, daß die Kirche ihre Sendung für den Menschen immer auf die Feststellung gegründet hat, daß er wirklich frei ist. Das ist immer die Grundlage ihrer Unterwei-sung in der Moral gewesen – der Moral des einzelnen und der gesellschaftlichen Gruppen. Mehr als einmal – und so auch heute – mußte sie dem Schock anderer Auffassungen von Frei-heit begegnen und ihn ertragen – sei es auf persönlicher oder kollektiver Ebene. In der Atmosphäre dieser Schocks und dieser Konflikte – so auch heute – konnte die Kirche in den Augen derer, die die Freiheit anders verstehen, den Eindruck erwecken, daß sie sich der Freiheit widersetzt.

Das Zweite Vatikanische Konzil hat viel dazu beigetragen, Licht in diese Fragen zu bringen. Es genügt, an die Erklärung über die Religionsfreiheit zu erinnern oder an den berühmten Paragraphen 36 der Konstitution *Gaudium et spes* über die recht verstandene Autonomie der irdischen Wirklichkeiten.[1] Doch das Grundproblem bleibt bestehen, nämlich *die Wahrheit über die Freiheit als solche*, das heißt, wie sie grundsätzlich zu verstehen ist. In diesem Sinn stimmt es, wie Sie sagen, daß eine bestimmte ‹Kenntnis der Freiheit› vielleicht in der Kirche nie existiert hat.»

Die Definition des Konzils über „die recht verstandene Autonomie der irdischen Wirklichkeiten", die zur Freiheit der Forschung gehört, bringt mich auf eine andere Frage: Kann der Fortschritt der Wissenschaften (zum Beispiel, wenn der Beweis erbracht würde, daß es eine genetisch bedingte Veranlagung zum Verbrechertum gäbe) die christliche Moral in wichtigen Punkten verändern?

«Es ist schwierig, in globaler Weise darauf zu antworten.

Ihre Frage enthält zwei Probleme, die man unterscheiden muß. Das erste besteht darin zu wissen, ob die christliche Ethik mit dem Fortschritt der Wissenschaften Modifikationen

---

[1] Dieser Konzilstext erinnert daran, daß „alle Einzelwirklichkeiten ihre Eigengesetzlichkeiten und ihre eigenen Ordnungen haben, die der Mensch unter Anerkennung der den einzelnen Wissenschaften und Techniken eigenen Methode achten muß". Daher ist es durchaus berechtigt, die Autonomie der irdischen Wirklichkeiten zu fordern. Die methodische Forschung in allen Wissensbereichen soll in einer wirklich wissenschaftlichen Weise und gemäß den Normen der Sittlichkeit vor sich gehen." Danach bedauern die Konzilsväter „gewisse Geisteshaltungen, die einst auch unter Christen wegen eines unzulänglichen Verständnisses für die legitime Autonomie der Wissenschaft vorkamen". Dadurch entstanden „Streitigkeiten und Auseinandersetzungen, die in der Mentalität vieler die Überzeugung von einem Widerspruch zwischen Glauben und Wissenschaft schufen".

erfährt; das gehört zur Ethik als solcher. Der zweite Teil, den Sie in Klammern anführen, berührt direkt die Anthropologie und nur indirekt die Ethik. Beginnen wir mit dem zweiten Teil über die Konditionierung der menschlichen Freiheit.

Die katholische Ethik, die Moraltheologie hat von jeher diese Bedingtheiten berücksichtigt, die verschiedenen Ursprungs sein können. Man braucht nur ein Handbuch durchzublättern, um festzustellen, mit welcher Präzision sich die Autoren bemühen zu unterscheiden, was ‹freiwillig› ist, von dem, was ‹unfreiwillig› ist, bis zu welchem Punkt eine Handlung ‹freiwillig› genannt werden kann. Der Begriff ‹freiwillig› (*voluntarium*) bezeichnet die bewußte Aktualisierung der freien Entscheidungsfähigkeit. Das ist der Schlüssel, um einen verantwortlichen Akt ausmachen zu können, denn die Verantwortlichkeit hängt vom moralisch guten oder bösen Charakter dieses Aktes ab; wohlverstanden, nur im Bezug auf die Verantwortlichkeit, durch die vom Urheber dieses Gute oder dieses Böse der Tat zuerkannt werden.

Die Umstände, die den Charakter der ‹Freiwilligkeit› (das heißt, *bewußt* und *aus freien Stücken*) verändern, können äußerlich sein. Natürlich haben sie auf die Beurteilung einer Handlung nur insoweit einen Einfluß, als die ‹äußerlichen› Umstände auch ‹innerlich› das Subjekt konditionieren. Denn auch die ‹innere› Freiwilligkeit kann konditioniert und eingeschränkt werden. Richtig verstanden heißt das, daß auch die inneren Umstände, die ‹endogenen Faktoren›, die dem Subjekt selbst und seiner psychologischen Struktur eigen sind, ins Spiel kommen. Ein Erdbeben oder eine Bombardierung zum Beispiel rufen Angst hervor, aber der eine kann auch ein ängstlicheres Naturell haben als der andere. Wir müssen also zugestehen, daß sich in dem gemeinten Sinn der erste mehr bedroht fühlt als der zweite. Daß er einen ängstlichen Charakter hat, muß in Betracht gezogen werden für die richtige Beurteilung, was ‹freiwillig› ist oder nicht in dem, was einen Menschen zu einer Handlung führt.

Im Einklang mit diesen Denkregeln verfolgt die Moraltheologie mit großem Interesse alles, was ihr die Humanwissenschaften über die Erbanlagen sagen können, über die Elemente, die die Freiheit des Subjekts einengen – sei es unvermittelt oder durch eine beständige Gewohnheit. Das soll genügen, um den Schluß ziehen zu können, daß es nicht um eine Modifizierung der Moral geht, sondern um mögliche Änderungen in der moralischen Beurteilung von Handlungen eines konkreten Menschen.

Die andere Frage ging dahin zu wissen, ob der Fortschritt der Wissenschaft, zum Beispiel der Anthropologie, die christliche Ethik und Moral ‹in wichtigen Punkten› oder in wesentlichen Fragen modifizieren kann. Diese sind an die anerkannten Werte gebunden, an das System der Grundsätze und Normen, die sie schützen. Hierbei müssen wir die grundsätzliche Unveränderlichkeit der Normen betonen. Die Humanwissenschaften halten bestimmte Werte für gültige und anerkannte Gegebenheiten, so die Würde des Menschen oder den Wert des menschlichen Lebens. Deshalb wird keine dieser Wissenschaften je dazu beitragen, daß wir das Gebot der Liebe in ein Gebot des Hasses umwandeln, daß wir nur mit Gleichgültigkeit auf unsere Nächsten zugehen oder daß aus dem Gebot ‹nicht töten› eine Aufforderung zum Mord wird.

Bestimmte Disziplinen, angefangen von den biblischen Studien, können uns helfen, die einzelnen Grundsätze der christlichen Moral tiefer zu verstehen, ihre Sachgerechtigkeit besser zu erkennen und mit größerer Exaktheit ihre praktischen Anwendungen festzulegen. In der Vergangenheit war das Problem des Wuchers und der Zinsen in ihrer Beziehung zur Entwicklung der Wirtschaftswissenschaften ein typisches Beispiel dafür; in unseren Tagen ist ein solches Beispiel die verantwortliche Elternschaft in Verbindung mit der Entwicklung der biophysiologischen Wissenschaften.»

Man muß die Bedeutung dieses letzten Satzes nicht eigens unterstreichen. Wir können annehmen, daß die Forschung der Humanwissenschaften die Kirche eines Tages – zum Beispiel auf dem Gebiet der Geburtenregelung – dahin führen wird, daß sie „mit größerer Exaktheit die praktischen Anwendungen festlegen" kann, die aus ihren Grundsätzen folgen.

III

Es ist eine Tatsache, daß die Gewissensfreiheit, die vom Zweiten Vatikanischen Konzil unter dem Namen „Religionsfreiheit" so stark proklamiert wurde, heute in den Ländern, wo die Kirche noch ihr Lehramt ausüben kann, dazu neigt, sich gegen sie zu wenden: Die Freiheit, die die Kirche für die Gläubigen in Gebieten beansprucht, wo sie ihnen vorenthalten wird, diese Freiheit fordern die Gläubigen nun für sich. Sie zeigen höchstens ein höfliches Interesse gegenüber den Anordnungen der Hierarchie, wenn sie diese nicht rundweg als übertrieben und verfehlt abtun. Sie wollen mehr und mehr selbst diesen oder jenen Aspekt der Moral beurteilen – sei es, um die Forderungen der Kirche zu lockern oder um sie enger zu ziehen. Die religiöse Selbständigkeit des Christen drückt sich unter anderem aus in einer Gleichgültigkeit und sogar in einer wachsenden Ablehnung der Beichte. Der Beichtvater gilt als ein ungeeigneter Schiedsrichter im Konflikt des Gewissens mit sich selbst.

Dazu meine Frage an den Heiligen Vater: Muß die Kirche in das innere Leben der Christen eingreifen?
«Ihre Frage setzt eine andere, grundsätzlichere voraus. Sie betrifft das eigentliche Wesen der Moral, nicht die ‹Ethik›, sondern die Moral als solche im existenziellen und konkreten Sinn. Nun ist die Moral – ‹das, was moralisch ist› – von ihrem

Wesen her etwas sehr Innerliches. Die Probleme der Moral sind immer, soweit sie das Subjekt betreffen, Probleme des Gewissens und des Willens (Haltungen, Entscheidungen): Denn im Gewissen und in der Haltung drückt sich der ‹innere Mensch› aus.

Sicher hat die Moral auch eine äußere Dimension, sozusagen eine sichtbare Ebene, die von außen in ihrer Beziehung zu objektiven Normen des menschlichen Verhaltens beurteilt werden kann. Trotz dieser äußerlichen Dimension bleibt unverändert bestehen, daß die Moral eine Sache des Gewissens und der Entscheidungen der menschlichen Innerlichkeit ist.

Christus lehrt uns die Moral. Das Evangelium und die anderen Texte des Neuen Testaments zeigen sie uns in unbezweifelbarer Weise. Wir wissen, daß der Dekalog, die Zehn Gebote des moralischen Gesetzes des Alten Bundes, vom Evangelium bestätigt worden sind. Das Evangelium sagt uns, daß das erste Gebot der Gottes- und Nächstenliebe das ‹größte› ist und das zweite ‹dem ersten gleicht›.

Als Christus die Moral lehrte, trug er diesen beiden Dimensionen Rechnung: der äußerlichen, also sozialen und sogar ‹öffentlichen› Dimension und auch der inneren Dimension. Im Einklang mit dem Wesen der Moral, dessen, was ‹moralisch ist›, gab er einen Vorrang der inneren Dimension, der Redlichkeit des menschlichen Gewissens und des Willens, was übrigens das Herz genannt wird.

Als seine Jünger Zweifel hatten über die Reinheitsvorschrift, die besagt, daß man sich vor dem Essen die Hände waschen muß, gibt er ihnen eine Erklärung mit den bedeutungsvollen Worten: ‹Was aus dem Mund herauskommt, das kommt aus dem Herzen, und das macht den Menschen unrein. Denn aus dem Herzen kommen böse Gedanken, Mord, Ehebruch, Unzucht, Diebstahl, falsche Zeugenaussagen und Verleumdungen. Das ist es, was den Menschen unrein macht. Aber mit ungewaschenen Händen essen macht ihn nicht

unrein› (Mt 15,18–20). Man kann – vor allem in der Bergpredigt[1] – viele ähnliche Texte finden.

Wenn die Kirche die Moral lehrt, bemüht sie sich um das
gleiche. Die Moral zu lehren bedeutet das Innere des Menschen zu formen: das Gewissen mit dem Licht der Wahrheit zu
erhellen, den Willen zu stärken, damit er sich für das Gute entscheidet und sich im Menschen und in seinen guten Werken
durchsetzt: Im Rahmen dieser Lehre ist viel Platz für Ermutigungen, Ermahnungen und Appelle. Indem die Kirche das tut,
folgt sie da nicht ihrem Meister? Kann sie nicht *mater et magi-
stra* sein bis in die Tiefe des menschlichen Herzens hinein,
wenn Christus es ihr anvertraut hat?»

Damit wurde die Schwierigkeit oder der Einwand, den ich im
Vorspann zu diesem Kapitel aufgeführt hatte, hinfällig: Die
Kirche greift nicht als „ungeeigneter Schiedsrichter“ in den
Konflikt des Menschen mit sich selbst ein, sie ist die Mittlerin
für den Dialog des Gewissens mit Christus.

«Um aber noch genauer auf Ihre Frage zu antworten, ist es
gut hinzuzufügen, daß die katholische Ethik nicht nur eine
Sammlung von Normen, Geboten und Verhaltensregeln ist;
sie beinhaltet auch Ermahnungen und Ratschläge, die aus
dem Evangelium stammen und an das Gewissen gerichtet
sind, das heißt an den inneren Menschen. Ferner gibt es Normen, die sich direkt auf Handlungen beziehen, die *ausschließlich* innerlich sind. Man findet schon im Dekalog zwei Gebote,
die mit diesen Worten beginnen: ‹Begehrt nicht . . .› und die
folglich nicht eine äußere Handlung im Blick haben, sondern
einzig und allein eine innere Haltung, im ersten Fall bezüglich
der ‹Frau deines Nächsten›, im zweiten der Güter anderer.

---

[1] Mt 5–8. Diese Kapitel der moralischen Unterweisung, die aus einzelnen
Sentenzen bestehen, können wegen ihrer Länge hier nicht wiedergegeben werden. Sie beginnen mit den Seligpreisungen („Selig, die arm sind vor Gott . . .“)
und finden ihren Höhepunkt in den Worten: „Ihr sollt also vollkommen sein,
wie es auch euer himmlischer Vater ist.“

Christus hat das noch mehr ans Licht gehoben. Seine Worte auf dem Berg der Seligpreisungen, wo er den Blick, der eine Frau begehrt, ‹Ehebruch des Herzens› nennt, sind für mich Ausgangspunkt langer Überlegungen über den eigentlichen Charakter der Moral des Evangeliums auf diesem Gebiet. Aber damit nicht genug. Wir wissen, daß die Bergpredigt auch von guten Handlungen spricht ‹wie dem Gebet, dem Almosengeben, dem Fasten, was der Vater im Verborgenen sieht›.»

Die „langen Überlegungen" von Johannes Paul II. hatten als Ergebnis eine aufsehenerregende Ansprache, die schlecht verstanden und noch schlechter kommentiert wurde. Darin geißelte er diesen „Blick der Begierde" bis in das Eheleben hinein. Wie, sagte man, kann man seine Frau nicht begehren, ohne vor der christlichen Moral schuldhaft zu sein? Ein wenig mehr Aufmerksamkeit hätte genügt, um diese Auslegungsfehler zu vermeiden, die man vielleicht nicht immer ungern begangen hat. Begierde ist nicht der Wunsch, sondern eine Form habsüchtiger Gier, an der das Herz wenig beteiligt ist und die aus dem anderen einen einfachen Gegenstand macht, den man sich aneignen will. Der Papst meint, daß es keine Ausnahme gibt für den Respekt, den man einander erweisen muß, auch nicht in der Ehe, ja vor allem in der Ehe. Das ist sicher besser als ein Zusammenfinden von schlechten Gewohnheiten, die man sich zu zweit aneignet. Bei dieser Gelegenheit konnte man auch feststellen, wie sehr gewisse Kreise gegen die Verachtung des Mannes für das „Objekt Frau" Protest erhoben.

Die christliche Moral wird häufig für beengend gehalten. Von den einen, die sie nicht praktizieren, oder von den anderen, die ihr die übernatürliche Aufgabe absprechen und mit ihr ein Christentum der Verdienste begründen wollen, dem aber die Freude fehlt. Wenn die Aufgabe der Moral nach dem Evangelium nicht darin besteht, uns das zu verbieten, was uns legitimerweise zusteht, sondern wenn sie uns viel mehr zu geben hat, als wir je mit dem Verstand erhoffen können (genau gesagt: das „Reich der Himmel"), wie kann man dann erfahren, daß sie eine befreiende Wirkung hat? Ist sie es, die den Menschen aufbaut?

«Wenn Sie sagen, daß die christliche Moral ‹oft für beengend gehalten wird›, so sehe ich in dieser Feststellung das Echo verschiedener Meinungen und verschiedener Denksysteme über die Moral, in erster Linie zweifellos über die christliche Moral, aber indirekt auch über die Moral allgemein.

-ch möchte bei dieser Antwort von Anfang an unterstreichen, daß ich seit meiner Jugendzeit, seit der Zeit, wo ich über diese Fragestellungen nachdenke, immer der Meinung war – und ich werde dabei bleiben –, daß die christliche Moral *anspruchsvoll* ist.

Dieser Begriff – anspruchsvoll – ist wichtig, weil er auf zwei Fragen antwortet, die Sie mir nach Ihren anfänglichen Beobachtungen gestellt haben: Einmal, wie kann man erfahren, daß die christliche Moral eine befreiende Wirkung hat (und keine störende)? Und zweitens ist sie es, die den Menschen, und ich würde hinzufügen seine wahre Persönlichkeit aufbaut?

Es steht außer Zweifel, daß es einen wesensmäßigen Unterschied gibt zwischen dem Begriff ‹beengend› und dem Begriff ‹anspruchsvoll›.

Es stimmt, daß die christliche Moral von manchen als ‹beengend› empfunden wird. Übrigens ist jeder mehr oder weniger versucht, sie so einzuschätzen, weil sie den Willen gegen die eigenen Wünsche richtet. Der Mensch findet in den Grundsätzen der christlichen Moral die Wurzel dieses Widerstandes gegen seinen Willen. Oft stellt ihn die christliche Moral vor Anforderungen, die er lieber vermeiden möchte, wenn er nicht gar überlegt, sie völlig abzulehnen. Dann ist er der Meinung, daß die christliche Moral einengt, daß sie sein freies ‹Ich› unterdrückt.

Hier muß man einen Schritt weitergehen und die Frage stellen: Gibt es keine gemeinsame Ebene für jede Moral? Gibt es nicht eine Moral, die dem Menschen niemals im Weg steht, gegen die sich sein Wille niemals auflehnt? Würde eine solche konfliktfreie Moral verdienen, als Moral bezeichnet zu werden?

Einige Jahre meines Lebens konnte ich hauptsächlich der philosophischen Arbeit widmen, ich habe intensiv Kant und Scheler studiert, ihre Lehren über die Beziehung von Pflicht und ethischem Wert. Ich bin zu dem Schluß gekommen, daß sich die Moral in ihrer dynamischen Struktur – die Zeitungen würden sagen: die operative Moral – auf Werte konzentriert und vor allem auf den Wert der Moral in sich. Dieser kann nicht verstanden werden ohne die *Pflichten*. Es gibt keine Moral ohne Verpflichtung. Je mehr das Subjekt (das ‹Ich›) die Wahrheit des Wertes ins Auge fast, das heißt, des Guten, das er darstellt, um so mehr drückt sich das Subjekt aus in der ersten Person: ‹Ich muß . . .› Oder das Subjekt bindet oder verpflichtet sich selbst im Namen dieser Wahrheit, die von diesem Wert anerkannt ist. Es geht also darum zu wissen, ob die Verpflichtung gleichbedeutend ist mit dem ‹Zwang› oder mit der ‹Forderung›. Ich bin überzeugt, daß für die ganze christliche Moral der zweite Begriff der Alternative der richtige ist, auch wenn der Mensch praktisch dahin tendiert, den ersten voranzustellen.»

Heutzutage ist die Meinung sehr verbreitet, daß „das Gesetz dem sittlichen Leben folgen muß“, was aber kaum zu einer Verbesserung der Gesellschaft beitragen wird. Oft sind es die gleichen Leute, die glauben, daß die Jugend eine bequeme Moral will, leicht gehbare Wege, die in Richtung ihrer Neigungen leicht abfallen. Man wird sehen, daß der Papst weder die erste Meinung teilt, noch die zweite:

«Bei meiner Begegnung mit den jungen Leuten im Parc des Princes, die Sie am Anfang unseres Gesprächs über den Glauben erwähnt haben, mußte ich auf viele dieser Fragen antworten. Man hat mich bekanntlich gefragt, welches die christlichen Grundsätze sind für die Vereinigung von Mann und Frau. Man hat mir gesagt: ‹Im Bereich der Sexualmoral hat die

Kirche eine zu unnachgiebige Haltung, warum? Glauben Sie nicht, Heiliger Vater, daß sich die Jugendlichen mehr und mehr von der Kirche abwenden?›

Und das war meine Antwort: ‹Ihr fragt mich nach der grundsätzlichen Lehre der Kirche im Bereich der Sexualmoral. Da diese Grundsätze schwierig sind, bringt ihr die Furcht zum Ausdruck, daß aus diesem Grund junge Leute sich von der Kirche abwenden könnten. Ich möchte antworten: Wenn ihr über diese Frage tief nachdenkt, wenn ihr dem Problem auf den Grund geht, so versichere ich euch, daß ihr euch darüber klar werdet, daß die Kirche auf diesem Gebiet nur Forderungen erhebt, die eng mit der wahren, das heißt mit der verantwortlichen ehelichen Liebe verbunden sind. Sie fordert, was die Würde der Person und die gesellschaftliche Grundordnung verlangen. Ich bestreite nicht, daß es sich um Forderungen handelt. Aber hier liegt der Kern des Problems: Daß nämlich der Mensch sich selbst nur in dem Maß verwirklicht, wie er fähig ist, die an ihn gerichteten Forderungen auf sich zu nehmen. Andernfalls wird er ‹traurig weggehen›, wie wir im Evangelium lesen (Mt 19,22). Die moralische Permissivität macht den Menschen nicht glücklich. Die Konsumgesellschaft macht den Menschen nicht glücklich. Sie waren nie dazu imstande.›

Ich sagte das aus einer tiefen Überzeugung heraus. Und wenn ich im nachhinein die Reaktionen meiner Zuhörer beurteile, habe ich den Eindruck, daß sie meine Antwort mit Zufriedenheit aufgenommen haben.»

Ich kann bezeugen, daß die „Reaktionen" der jungen Christen wirklich nicht immer die sind, die man ihnen unterstellen will, wenn man die Zeitungen (der Erwachsenen) liest. Eines Tages war ich unter 6.000 europäischen Studenten, die mich gebeten hatten, zum Abschluß ihres Kongresses zu sprechen, als ich mit Überraschung in der großen Audienzhalle des Vatikans hörte, wie sie langanhaltenden Beifall spendeten ... für das

Bußsakrament, dessen positive Wirkungen der Heilige Vater unterstrichen hatte. Die Beifallsbekundungen am Ende der Audienz jenes Tages in Form von Hochrufen dauerten vielleicht eine Viertelstunde. Geduldig schlug Johannes Paul II. den Takt mit der Schuhsohle mit. 6.000 junge Menschen, die über die Beichte begeistert waren! Das hatte ich mir nicht erwartet, ich hatte also unrecht.

«Ich wollte nicht moralisieren, noch vor den Jugendlichen als der Wortführer des ‹Systems› erscheinen. Die christliche Moral verlangt viel. Sie stellt wirklich Anforderungen, die man manchmal ehrlicherweise als zu hoch empfindet. Zusätzlich zu dem, was die Frage im Parc des Princes betrifft und was an der Wurzel des Vorwurfs steht, den man heute der christlichen Moral macht, daß sie zu ‹beengend› sei, kann man diese Worte des Evangeliums hinzufügen: ‹Liebt eure Feinde; tut denen Gutes, die euch hassen› (Lk 6,27) oder das andere Wort: ‹Wenn dich einer auf die rechte Wange schlägt, dann halte ihm auch die andere hin› (Mt 5,39). Angesichts solcher Forderungen muß man sich offen eingestehen: ‹Es übersteigt meine Fähigkeiten.› Sich das zu sagen heißt aber noch nicht, daß sie *beengend* ist, sondern es bedeutet: *Ich wende mich an etwas, das größer ist*, als was ich kann; *ich gehe in Berufung* vor mir selbst.

Ich glaube, daß man jetzt versuchen könnte, eine synthetische Antwort auf Ihre Frage zu geben. Der Schlüssel liegt darin, was man unter menschlicher Freiheit versteht. Wenn die Freiheit die Fähigkeit ist, ‹alles zu tun, was man will› (oder besser: das, wonach man Lust hat), dann ist klar, daß vor einer so verstandenen Freiheit nicht nur die christliche Morallehre – das heißt die Grundsätze der Lebensführung, wie sie im Evangelium enthalten sind und von der Kirche gelehrt werden –, sondern jede menschliche Morallehre für zu einengend gehalten wird. Die Freiheit des Nächsten wird dann zum Hindernis, zur Bedrohung meiner Freiheit. Das faßt Sartre in die Worte: ‹Die Hölle, das sind die anderen.› Wenn aber die Freiheit (wie ich es vorher dargestellt habe und wovon ich zutiefst überzeugt bin) sich in der Verantwortung zeigt, das heißt, in einem Verständnis der Wahrheit über die Würde des Menschen – der anderen und meiner eigenen –, dann erscheint die christliche Moral ‹befreiend›. Wer sie bewußt und redlich ins Leben umsetzt, macht diese innere Erfahrung. Die Wahrheit befreit, sie hilft, die menschliche Person zu verstehen und sie folglich ihrer Bestimmung näher zu bringen.

Ich gestehe zu, daß der Mensch, der diesen Weg einschlägt, ein gewisses Risiko auf sich nehmen muß. Aber wenn man davon ausgeht, daß der moralische Wert schon in sich ein ‹hohes Gut› darstellt, dann kann man nichts anderes erwarten. Man kann nicht wollen, daß die Freiheit in allem und für alles in der Freizügigkeit besteht, nach dem eigenen Gutdünken zu handeln. Ein solches Programm, die Freiheit zu verstehen, könnte auf den ersten Blick als ‹befreiend› erscheinen, aber in der Folge führt es immer zu Unterwürfigkeit. Ja, es ist gewöhnlich egoistisch und unsozial.

Ich möchte schließen mit dem Gedanken, daß die Aufmerksamkeit der jungen Leute, die an der Begegnung im Parc des Princes teilgenommen haben und die in dieser Weise auf meine Antwort reagiert haben, von der Aufrichtigkeit zeugt, mit der sie den Sinn der menschlichen Freiheit intuieren, dessen, was es bedeutet, ‹wirklich frei zu sein›.»

IV

Johannes Paul II. setzt eine große Hoffnung auf die Jugend und seine besondere Liebe gilt den Kindern. Während er spricht, kommt ein leuchtendes und eindrückliches Bild in meiner Erinnerung auf. Als der Heilige Vater während einer Feier auf dem Petersplatz an den Absperrungen vorbeigeht, entdeckt er mitten in der Menge ein kleines Mädchen. Man läßt es unter den Absperrungen durch, der Papst nimmt es bei der Hand und kehrt allein mit ihm auf dem Weg des roten Teppichs zum Thron zurück. Wie in einem Märchen: Die Kolonnaden von Bernini gleichen einem Wald aus astlosen Baumstämmen, der Heilige Vater in seinem reichen Ornat mit der Mitra, die im Sonnenlicht funkelt, einem Märchenkönig und das Mädchen der Schwester des Märchenprinzen. Am Thron angekommen, nimmt der Märchenkönig das Kind in seine Arme, damit man es von weither sehen kann, und seine Eltern, die vom Ende des Platzes herbeieilen, erhalten es aus seinen Händen zurück.

Ein Bild, das mir im Gedächtnis geblieben ist. Ich weiß, daß es ernstere Probleme gibt, unerbittliche Kriege von Abstraktionen und Interessen, die die Welt mit Blut beschmieren, und ich werde die Gelegenheit haben, mit Johannes Paul II. darüber zu sprechen; aber was kann ich dafür, wenn diese kleinen Dinge des alltäglichen Lebens mich mehr berühren als die großen Ereignisse der Politik; wenn mich einige Augenblicke dieser beängstigenden Einsamkeit eines kleinen Mädchens, das von seinen Angehörigen getrennt ist, mehr bewegen als eine dieser menschlichen Schlachten, die ich nur vom Hörensagen her kenne; wenn die Aufregung von Maria und Josef, die in Jerusalem ihr Kind suchen, mir mehr sagt als ein Traktat über die menschliche Bedingtheit? Doch die Anekdote auf dem Petersplatz führt mich zu einer Frage. Nach dem berühmten Ausspruch „Familien, ich hasse euch!", das von einer

Intelligenz[1] verkündet wurde, die das Unkraut mit der gleichen Sorgfalt pflegt wie ein Gärtner seine Rosen, haben eine oder zwei Generationen von „Moralisten" demoralisierende Dinge geschrieben, die auf die Härte und Gelassenheit der Feststellung Chestertons prallen: „Die Familie ist eine Zelle des Widerstands gegen die Unterdrückung!" Dieser Aspekt der Familie scheint heute nicht sehr wohlwollend aufgenommen zu sein von den Theoretikern. Was sagt der Heilige Vater dazu?

«Mir gefallen die Worte von Chesterton. Sie sind schön und auch richtig. Außerdem sind sie besonnen und herausfordernd. Damit die Familie, wie er sagt, ‹eine Zelle des Widerstands gegen die Unterdrückung› sein kann, muß sie eine sehr reife und tiefe Gemeinschaft sein. Wenn ich sage ‹sie muß›, will ich damit sagen, daß es sich um eine moralische Verpflichtung handelt. Von der Familie als von einer ‹Zelle des Widerstandes gegen die Unterdrückung› zu sprechen, bedeutet, ihren moralischen Wert darzustellen und gleichzeitig ihre eigene Struktur festzulegen. Eigentlich gründet sie auf der geistigen Reife der Personen. Wenn das fehlt, können Mann oder Frau in ihrer unauflöslichen Vereinigung nur eine Einengung sehen, die aufgebrochen werden muß.

Von ihrem Wesen her hat die Familie – mehr als jede andere gesellschaftliche Gemeinschaft – eine auf der Person aufgebaute Struktur. Jedes ihrer Glieder hat seine Bedeutung, nicht aufgrund der Aufgabe, die es erfüllt, der Schätze, die es einbringt oder aus einem anderen Grund, sondern einfach deshalb, weil es existiert. Weil es ‹Mensch› ist. Weil es ‹gerade diese Person hier› ist. Deshalb verdient die Familie mehr als jede andere Form der menschlichen Verbindung die wunderbare Auszeichnung einer ‹Communio personarum›, einer Gemeinschaft von Personen. Das drückt die Tiefe und Intensität der gegenseitigen Beziehungen aus und zugleich die Tiefe und die Kraft der zwischenmenschlichen Beziehungen, die

[1] André Gide

147

sich daraus ableiten. Wenn in einer Familie (ihre moralische Reife vorausgesetzt) jedes Glied seine Bedeutung hätte, also jede Person in sich, würde das ein Klima des Individualismus schaffen, aber es gibt nichts, was einer gesunden Familie, die sich rechtschaffen entwickelt, mehr widerspricht. Die Tatsache, daß der Mensch eine Existenz ‹für sich› hat, ruft zur gleichen Zeit dazu auf ‹für die anderen zu sein›, wie wir es in dem schönen Text in *Gaudium et spes* lesen: ‹Der Mensch kann sich selbst nur durch die aufrichtige Hingabe seiner selbst vollkommen finden.›[1]

Die ‹Communio personarum› ist also weit mehr als eine zwischenmenschliche Bindung; sie meint Existenz, Leben, Handeln, was auf der Grundlage der gegenseitigen Hingabe gründet, auf dem gegenseitigen Geschenk des Menschseins.

In einer Familie ist jedes Glied wichtig, weil es *da ist*, weil es *existiert*. Das gegenseitige Geschenk des Menschseins ist sozusagen die Ausgangssituation der Familie. Und es ist zugleich ihre Aufgabe. Je mehr ein jedes Glied einer Familie für die anderen zu leben versteht, um so offensichtlicher wird es, daß es für diese Familie Bedeutung hat, weil es *da ist*, und für das, *was es ist*. Selbst wenn es nicht verdient, daß man von ihm sagt: ‹Es kann für die anderen leben›, ändert das nichts an der Tatsache, daß es zu dieser Familie gehört, weil es *da ist* und *so, wie es ist*. Obwohl es dann Leid hervorruft.

Dieses Leid beweist diese Wahrheit. Das wird in anderen Gemeinschaften, die vom Gesichtspunkt der Person her betrachtet, eher ‹neutral› erscheinen, deutlich, weil sie weniger feinfühlig sind für den Menschen als solchen. Ich habe einmal einen kleinen Beitrag verfaßt über die Familie – ‹Communio personarum›, wo ich mich großenteils am Text von *Gaudium et spes* orientiert habe, den ich soeben zitierte.»

[1] Gaudium et spes, 24

Ich frage – aber da ich seine Zurückhaltung kenne, frage ich ihn nicht persönlich –, ob es nicht zufällig er selbst gewesen ist, der diesen Text in *Gaudium et spes* eingebracht hat. Wahrscheinlich nicht. Er hätte ihn sonst nicht als ‹schön› bezeichnet.

Gilt das eben Gesagte nicht auf für die Pfarrei, die als eine vergrößerte Familie angesehen werden kann, welche manchmal unter den gleichen Gefahren des Auseinanderfallens leidet?

«Ja, die Pfarrei ist eine Gemeinschaft, die in gewisser Weise ‹Lokalkirche› verwirklicht. Es besteht also zwischen ihr und der Familie als ‹Communio personarum› ein tiefer Zusammenhang und eine gegenseitige Verantwortung. Die Kirche selbst hat ja auch eine ‹gemeinschaftliche› Natur – sehen Sie die klassischen Texte von *Lumen Gentium* zum Beispiel, die Paragraphen 14 und 15 –, und die Familie wird seit der frühesten Zeit ‹Hauskirche› genannt oder *ecclesiola*. So weit, was man in dieser Kürze über die Beziehung Familie–Pfarrei sagen kann, ohne auf Einzelheiten der Struktur und der Aufgaben einzugehen. Man kann hinzufügen, daß die Familie die Pfarrei braucht und daß die Pfarrei die Familie braucht. Sie sagen zu Recht, daß die Pfarrei eine Art vergrößerte Familie darstellt; sie ist in gewisser Weise eine ausgeweitete Familie oder eine Gemeinschaft von Familien. Wenn das so ist, muß man alles daran setzen, damit die Familie sich ‹wiederfinden› kann in der Pfarrei, und die Pfarrei in der Familie. Das ist ein Grundsatz des alten und bewährten pastoralen Dienstes. Zugleich ist es eine Methode, denn der Grundsatz selbst zeigt die Art und Weise auf, wie er in die Praxis umgesetzt werden kann.»

Eine Frage beschäftigt mich seit langer Zeit. In der westlichen Welt denkt man heute oft, daß die Taufe bis zu einem Alter hinausgeschoben werden soll, wo der Mensch frei entscheiden kann, wo er sich dessen bewußt ist, was geschieht, also zumindest bis zum Alter der gesetzlichen Volljährigkeit. Das war auch einmal der Gesichtspunkt atheistischer Familien, wo sich die Frage des Glaubens noch aus Gewohnheit stellte, aus Tradition oder aufgrund des Einflusses der gesellschaftlichen Umgebung. Ich höre noch meine Mutter über die Möglichkeit einer Taufe sprechen (ich weiß nicht genau, ob sie mich zur Kirche gebracht hat, zum Tempel oder zu einer Synagoge, da meine Vorfahren von einer großen religiösen Vielfalt waren); mein Vater, ein überzeugter Atheist, meinte dagegen, daß ich selbst „mit 20 Jahren" meinen Glauben wählen sollte – wenn ich überhaupt jemals das Bedürfnis nach einem Glauben verspüren würde. Diese für einen Mann, der entschieden einer atheistischen Partei angehört, richtige und tolerante Ausgangsposition, erscheint mir – seit ich getauft wurde – falsch und *ungerecht*, wenn sie im Innern einer christlichen Kirche vorgebracht wird. Denn eine gesunde rationalistische Mentalität erfordert wirklich, daß eine Partei nur erwachsene Mitglieder aufnimmt. Sie hat zwar „Jugendliche", doch sie ist sich nicht sicher, ob sie gut genug über die Lehre Bescheid wissen. Aber eine Kirche setzt sich nicht aus Mitgliedern zusammen, sie erhält von Gott die Kinder, die sie in das Leben der Gnade einzuführen hat, für die sie, wenn man so sagen will, die Geschäfte führen muß, aber die nicht ihr Eigentum sind. Wenn man erst zur geforderten „vollen Kenntnis dessen kommen muß, was sich ereignet", um in die Kirche eintreten zu können, würde sich niemals einer Christ nennen können.

Also, soll man die kleinen Kinder taufen?

«Ich möchte Ihnen antworten, indem ich die Gedanken meiner vorherigen Antwort weiterführe. Wenn sich die Familie ‹wiederfindet› in der Pfarrei und umgekehrt, dann drückt sich diese Wahrheit in besonderer Weise in den Schlüsselmomenten des Lebens der einen wie der anderen Gemeinschaft aus. Einer dieser Momente ist zweifellos das Sakrament der Ehe selbst, durch welches die Familie als ‹Hauskirche› beginnt. Das Sakrament der Taufe ist ein anderer solcher Moment. Die Geburt der Kinder macht aus dem Ehepaar eine Familie.

Sie möchten wissen, ob man die kleinen Kinder taufen soll? Seit langer Zeit hat die Kirche ihre Antwort gegeben, und ihre Antwort steht in enger Beziehung mit der Entdeckung der Pfarrei durch die Familie und der Familie durch die Pfarrei. Das war und das ist immer eine *Antwort des Glaubens* – verbunden mit der christlichen Praxis, die im Glauben verwurzelt ist und aus dem Glauben hervorgeht.

Wir wissen, daß diese Antwort in der frühen Kirche anders ausfiel. Sie hat sich im Laufe der Zeit so geformt, nachdem sich in der Kirche, wie auch in der Familie eine Tradition des christlichen Lebens herausgebildet hat. Früher wurde das Sakrament der Taufe vor allem den Erwachsenen gespendet. Das setzte eine gewisse geistliche Vorbereitung voraus, die auf einer Evangelisierung gründete, auf einer Einführung und einer geeigneten Katechese. Daher die Einrichtung des *Katechumenats*, dessen Spuren wir noch in der Liturgie wiederfinden, vor allem während der Fastenzeit. In den ersten Jahrhunderten war diese Fastenzeit vor allem der intensiven Vorbereitung der Konvertiten gewidmet. Vom Liturgischen her gesehen war die ‹vigile pascale› (die Osternacht) der geeignete Augenblick für die Taufe, für das Sakrament der Geburt zu einem neuen Leben in Jesus Christus. Auch heute kann man die Liturgie dieser Vigil von Ostern nicht anders verstehen als in Beziehung zu dieser ‹Auferstehung› durch die Taufe zum Leben, das in Christus ist. Dieses Leben ist da, weil es sich in seiner eigenen Auferstehung offenbart hat. Erinnern wir uns an die Aussagekraft der Worte des heiligen Paulus: ‹Christus ist die Auferstehung und offenbart dieses Leben in sich, das stärker ist als der Tod. Durch die Taufe wird der Mensch hineingenommen in den Tod Christi, um mit ihm aus dem Tod der Sünde zum Leben der Gnade aufzuerstehen› (vgl. Röm 6,3 – 11; Kol 2,12;3,1-3).»

Es ist klar, daß die Taufe der Heiden, die sich zum Evangelium bekehrten, eine Erwachsenentaufe war. Aber nachdem christliche Familien entstanden waren, wurden die Kinder

151

getauft. Es war in der verschrienen Zeit Konstantins, daß die Taufe oft zurückgestellt wurde, auch wegen der Strenge der öffentlichen Buße.

Der Heilige Vater hat schon oft das Wort „Geheimnis" gebraucht, und er wird es immer wieder gebrauchen, dieses Wort, das verschiedene Bedeutungen beinhaltet. Das Geheimnis ist nicht abschreckend, sondern anregend; eigentlich kann man nicht von etwas Verborgenem sprechen, sondern im Gegenteil von etwas Offenbarem. Es versetzt uns zugleich in eine untrennbare Einheit, die unser Verstand nur unter der Form des Getrennten, des Aufeinanderfolgens und des Zusammensetzens kennt. Das Geheimnis ist für den Gläubigen Gegenstand der Betrachtung – es versetzt ihn nicht weniger in Erstaunen als den Atomphysiker, der feststellt, daß jenes Teilchen zugleich in den Raum und *in die Zeit* explodiert. Ein Dominikaner, dessen Namen ich vergessen habe und der kein großes geistiges Genie war, sagte, daß ein Geheimnis „in sich etwas Dunkles ist, was aber alles andere erhellt". Es ist eine unsichtbare Quelle des Lichts, dem sich ein kontemplativer Verstand zuwendet.

«Es ist sicher, daß für unsere Vorfahren im Glauben die Taufe mitten im Ostergeheimnis stand, auf der Grundlage der wunderbaren Katechese der Paulusbriefe.

Dennoch kann man gut verstehen, daß in dem Maß, wie das Christentum eine gesellschaftlich vollkommenere Ausdrucksform gefunden hat, *wie sich die Kirche in den Familien wiederfand* und die Familien als solche in der Kirche, der Wunsch aufkam, daß dieses Aufgenommenwerden in die göttliche Adoption durch die Gnade (die dem Christen ‹die Menge der Brüder› verleiht, von der Paulus spricht) sehr bald möglich werde. Die christlichen Eltern wollten, daß ihre Kinder ohne Verzögerung ‹vom Tod zum Leben› hinübergehen können, das heißt, von der Ursünde zur heiligmachenden Gnade, daß sie in Christus Kinder Gottes werden können. Sie wünschten, daß ihre Kinder möglichst bald am Leben Gottes teilnehmen können, am Leben der Kirche, diesem Leib, dem Christus alle Gaben seiner Erlösung geschenkt hat. Sie brachten ihre Kinder zur Taufe und engagierten sich, durch die familiäre Erziehung das zu ergänzen, was früher im Katechumenat gelehrt wurde – und was bei der Erwachsenentaufe immer verpflichtend ist.

Sie sagen: ‹Soll man› die kleinen Kinder taufen? Ich antwortete, Ihnen, indem ich daran erinnerte, wie man dahin gekommen ist, die Kleinkinder zu taufen. Dabei war die Praxis entscheidend, die aus einem lebendigen Glauben entsteht; und so ist es immer noch. In dieser Praxis findet man auch die Antwort auf die Frage, ‹warum› die Kleinkinder getauft werden sollen. Denn ohne diese Antwort hätte sich ein solcher Gebrauch nicht herausgebildet. Diese Antwort ist es, die den Eltern das Recht vermittelt, mit ihren Kindern teilzuhaben an dem, was sie als ein sehr hohes Gut, als das höchste Gut ansehen. Wenn sie ihre Kinder bald nach ihrer Geburt zur Taufe bringen, drücken christliche Eltern damit ihren Wunsch aus, teilzuhaben an dem großen Geschenk des Glaubens; denn durch den Glauben sind sie in der Kirche und finden die Kirche in ihrer Familie, die *ecclesiola*.

Die christlichen Eltern sehen diese Fragen nicht immer in der gleichen Weise wie früher. Sie nehmen nicht immer im ganzen Bewußtsein und mit der notwendigen Verantwortlichkeit ihre Aufgabe als Katecheten und Erzieher wahr, was aber von größter Wichtigkeit für ihre Kinder ist. Sie verstehen nicht, wie sehr gerade die Familie der Ort der Katechese sein muß, zugleich der Ort der Evangelisierung. In dieser Hinsicht hat die letzte Bischofssynode eine Art Wiederentdeckung der Familie gebracht, indem sie all das aufgriff, was für die Weiterführung dieser (bewußten und verantwortlichen) Praxis von Bedeutung ist. Die Synode hat die Notwendigkeit dargelegt, diese Praxis darauf zu gründen, daß die christliche Familie *sich selbst* wiederentdeckt als ‹kleine Kirche›.»

In dieser Konzeption hat alles seinen Ursprung durch die Ehe. Diese Institution ist immer gültig, auch wenn sie verschiedenartigen Angriffen ausgesetzt ist. „Denker" (manchmal leider auch Ordensleute) stellen die Ehe als eine Art Gefängnis dar, wo zwei unglückliche Menschen sich gegenseitig verdammen. Sie seien bis zu ihrem Tod eine Variante der *Geschlossenen Gesellschaft* von Jean-Paul Sartre, wo die Hölle nicht nur „die anderen" sind, sondern „der andere". Diese traurigen Karikaturen können niemand von der Ehe abhalten, denn diese gründet auf der gegenseitigen Bewunderung und auf dem rückhaltlosen Engagement füreinander. Die Ehe stellt die Antwort dar auf das, was an Instinktivem und Idealistischem in der menschlichen Natur vorhanden ist. Sie ist eine Art und Weise, in den Paradiesgarten zurückzukehren; das gemeinsame Altern ist so bedeutsam, voller Güte und Tiefe, wovon die Verleumder dieses „Zustands der Unschuld" nicht die geringste Ahnung haben.

Doch unter dem Einfluß einer westlichen permissiven Gesellschaft versteht man nicht mehr, daß die Treue durch sich selbst wirkt wie eine Gnade. Die Gesellschaft läßt auf gefährliche Weise die Zellen des „Ich" wuchern (ich glaube, daß der meist gehörte Ausdruck im Fernsehen der ist: „Ich persönlich glaube", womit eine Meinungsäußerung eingeleitet wird). Einige junge Leute, die sich ihrer Schwäche sehr wenig bewußt sind und nicht wissen, was ihnen das Ehesakrament an Kraft schenken kann – wenn sie die Demut hätten, darum zu bitten –, halten die Ehe für überflüssig und leben eine Verbindung „auf Probe", die höchstens zu einem äußeren Glück und einer äußeren Ordnung führen. Andere dagegen sind sich im unklaren über die Tiefe ihrer Gefühle, befürchten einen Mißerfolg und sehen das schwierige Los der Geschiedenen vor sich. Ist im Hinblick auf die Ehe und die Ehescheidung eine Evolution in der Kirche zu erwarten?

«Das Ehesakrament ist sehr tief in der Offenbarung Gottes und in der Berufung des Menschen eingewurzelt. Wir rühren hier an die Uranfänge, an diese Worte der Genesis: ‹Mann und Frau schuf er sie›, welche die Berufung dieser ‹beiden› zur Einheit ‹im Fleisch› begründen. Diese Berufung ist an den uralten Segen des Schöpfers gebunden, der den Auftakt bildet für die Geburt des neuen Menschen.

Doch das ist noch nicht alles. Die Ehe hat die Struktur eines Bundes, des gleichen Bundes, durch den Gott sich den Menschen mitteilt und in dem er im Glauben ein ähnliches Vertrauen erwartet. Dieser Bund hat seinen Höhepunkt in Jesus Christus. Um das auszudrücken, benutzt der heilige Paulus das Bild der Ehe nach dem Alten Testament: die treue Liebe eines Mannes und einer Frau, die für das ganze Leben vereint sind, vereint durch einen gegenseitigen Glauben. Im Einklang mit dem gleichen Bild ermahnten und züchtigten die Propheten Israel wegen seiner Untreue gegenüber Jahwe, dem Gott des Bundes. Die Ehe ist also wirklich zutiefst in der Offenbarung verwurzelt.

Und in der Berufung des Menschen. Ich komme noch einmal auf die Konstitution *Gaudium et spes* zurück. Wenn es stimmt, was wir dort über den Menschen lesen – und ich glaube, daß es wahr ist –, dann hat die Ehe nur einen Sinn, wenn sie ein wirklicher Bund von Personen ist, ein Bund, der nicht gebrochen werden kann.

Da der Mensch das ‹einzige Geschöpf ist, das Gott um seiner selbst willen schuf›, kann er ‹nur sich selbst vollkommen finden durch die aufrichtige Hingabe seiner selbst›. Dann entspricht die Ehe der Berufung des Menschen, wie wir sie in ihrer Ganzheit verstehen. Mit ‹Ganzheit› meine ich hier den personalen Sinn und die ethische Bedeutung des Menschen, die übrigens nicht voneinander zu trennen sind. Das Sakrament der Ehe baut auf dieser Konzeption der Berufung des Menschen als verantwortliche Person auf.

Sie sagen mir, daß junge Menschen vor einer solchen Berufung sich ihrer Schwäche bewußt werden müßten und daß es leider manchmal ganz anders ist. Hüten Sie sich davor zu verallgemeinern! Sicher, in jedem Fall müßte der Mensch eine gewisse Furcht verspüren vor der Größe eines solchen Unterfangens. Er müßte sich fragen: Bin ich geeignet für dieses Werk? Eine solche Furcht entspricht der inneren Wahrheit und beweist, daß dieser Mensch aufrichtig die Entscheidung abwägt, die er treffen will. Es kann auch ein Ausdruck der Demut sein, der nichts mit Ängstlichkeit zu tun hat.

Es ist gut, daß die jungen Leute demütig sind vor ihrer Liebe. Damit wird deutlich, daß diese Liebe für sie ein echtes Geschenk ist und daß sie füreinander ein gegenseitiges Geschenk werden; das ist besser, als wenn sie selbstsicher und überheblich wären.

Die Ehe – wie auch das Priestertum – erfordert eine *Großzügigkeit voller Demut* und ein gegenseitiges Vertrauen, das eine tiefere Quelle voraussetzt als das rein menschliche Gefühl.»

Im folgenden kommt wie immer seine Beweisführung:

«Das Sakrament, durch das Mann und Frau, die dabei die eigentlichen Spender des Sakramentes sind, sich ‹Liebe, Treue und Aufrichtigkeit bis zum Tod› versprechen, geht auf die Begegnung dieser Großzügigkeit voller Demut zurück. Sie ist die Grundlage der eigentlichen Würde und Berufung der Eheleute. Das Sakrament der Ehe ist wie jedes Sakrament ein Zeichen für das Wirken Christi. Es ist ein Zeichen für die Gnade, auf die man vertrauen muß, denn sie ist mächtiger als die Schwächen, die im Herzen des Menschen lauern, um die Liebe, die Treue und die Aufrichtigkeit des Ehelebens zu gefährden.

Die Kirche ignoriert diese Schwächen nicht, sie versucht sie in jedem Fall zu verstehen und ist bemüht, ihnen zuvorzukommen. So handelte Christus. Gleichzeitig kann sie nicht ihren Glauben an den erlösten Menschen aufgeben und auf ihre Überzeugung verzichten, daß der Mensch trotz all seiner Schwäche ‹alles vermag durch den, der ihm Kraft gibt› (vgl. Phil 4,13).

Was das Problem der Unauflöslichkeit der Ehe angeht, so

sind die Worte Christi sicherlich erleuchtend, aber deswegen nicht weniger eindeutig.»

Ich möchte nicht länger auf diesem Punkt beharren. Der Papst verweist mich auf die sechste Bischofssynode, die ihm eine lange Reihe von Vorschlägen gemacht hat und ihn bat, „vor der Menschheit als Interpret der lebendigen Sorge der Kirche für die Familie einzutreten". Eine Empfehlung, die den Anstoß gab für ein „Apostolisches Rundschreiben" von Johannes Paul II. über die „Aufgaben der christlichen Familie", das je nach Ausgabe zwischen 67 und 232 Seiten umfaßt. So verweise auch ich den Leser auf diesen Text, wo in einem Geist reiner evangelischer Liebe all die verschiedenen Fälle der Ehescheidung behandelt werden. Ich zitiere nur diese Empfehlung: „Mit der Synode rufe ich von Herzen die Hirten und die Gemeinschaft der Gläubigen auf, den wiederverheirateten Geschiedenen zu helfen, damit alle mit einer großen Liebe dazu beitragen, daß sie sich nicht von der Kirche getrennt fühlen, denn sie können, ja sie müssen als Getaufte an ihrem Leben teilhaben."

Und die Frauen? Obwohl für die christliche Frömmigkeit das größte Geschöpf eine Frau ist, Maria, die in der Geschichte der Offenbarung eine bedeutende Rolle spielt, hat man der Kirche ein gewisses Mißtrauen gegenüber den der Frauen zugesprochen. Man sieht den Beweis darin, daß ihnen das Priestertum nicht gestattet ist (auch wenn einige zeitgenössische Theologen dazu neigen, auch Frauen zuzulassen). Ist zu erwarten, daß sich die Auffassung der Kirche ändern wird?

«Die gleiche Frage wurde mir – anders formuliert – im Parc des Princes gestellt. Erlauben Sie mir, daß ich, wenn auch in anderen Begriffen, diese Frage und die Antwort rekonstruiere, wie sie in meiner Ansprache an die jungen Leute enthalten war. Die Frage lautete, wenn ich mich recht erinnere, folgendermaßen: ‹Wird die Kirche immer von Männern regiert werden? Haben die Frauen immer eine zweitrangige Rolle inne?›

Ich habe diese Frage mit einer anderen über die ‹zeitgemäße Aufgabe der Laien und vor allem der Jugendlichen in der Kirche› verbunden und so geantwortet: ‹Lernt Christus kennen. Hört nicht auf, Christus kennenzulernen. In ihm finden sich wahrhaftig die unergründlichen Schätze der Weisheit und des Wissens. In ihm wird der Mensch, auf dem seine Grenzen, seine Unvollkommenheiten, seine Schwächen und seine Sünden lasten, wahrhaftig zum neuen Menschen: Er wird zum Menschen *für die anderen,* er wird auch zur Ehre Gottes, wie der heilige Bischof von Lyon, Irenäus, sagte.

Die Erfahrung von zweitausend Jahren lehrt uns, daß in diesem grundlegenden Werk der Sendung des ganzen Gottesvolkes kein wesentlicher Unterschied zwischen Mann und Frau besteht. Beide werden gemäß ihrer eigenen Berufung zu diesem *neuen* Menschen *für die anderen* und leben *zur Ehre Gottes.* Wenn es stimmt, daß die Kirche hierarchisch von den Nachfolgern der Apostel und somit von Männern geleitet wird, so ist es um so richtiger, daß im charismatischen Sinn die Frauen keinen geringeren Einfluß haben, vielleicht sogar einen größeren. Ich fordere euch auf, oft an Maria, die Mutter Christi, zu denken.›

Ich glaube nicht, daß meine Antwort von damals genau Ihre Frage beantwortet, denn sie endet dort, wo Sie begonnen haben. Doch wie die Frage auch immer gestellt wird, man kann nicht abgehen von der Tatsache, daß allein die Apostel im Abendmahlssaal, als Jesus die Eucharistie einsetzte, die Worte hörten: ‹Tut dies zu meinem Gedächtnis.› Es gab unter ihnen keine Frau, obwohl immer zahlreiche Frauen bei Christus waren. Hier richtet sich unser Denken ganz besonders auf sie, die einzige, die auch ein außergewöhnliches Recht über den Leib und das Blut hatte, das Christus der Kirche als Sakrament des neuen und ewigen Bundes überliefert hat, als Zeichen des Kreuzesopfers, das unaufhörlich in Gestalt von Brot und Wein erneuert werden muß. Verehrt die Kirche in der Eucharistie nicht diesen Leib, ‹der aus der Jungfrau Maria geboren ist, der sich hingegeben hat auf dem Kreuz für die Menschen›? In der Konstitution *Lumen gentium* lesen wir, daß ‹sie in tiefer Weise mit ihrem einzigen Sohn gelitten hat und daß sie mit ganzer mütterlicher Seele an seinem Opfer teilnahm›.

Da finden wir den besten Ausdruck dafür, was wir gewöhnlich das ‹Priestertum aller Gläubigen›[1] nennen. Auf dem unerreichten Gipfel dieses Priestertums steht Maria.

Dennoch hat ihr die Kirche niemals und an keinem Ort das Priestertum zuerkannt, das die Apostel im Abendmahlssaal erhielten, das Priestertum als ‹Dienstamt› und ‹hierarchische Aufgabe›. Christus hat seine Mutter nicht in die hierarchische Struktur der Kirche eintreten lassen, die auf der Eucharistie gründet. Als diese Kirche am Pfingsttag zu einem selbständigen Leben entstand, war Maria gegenwärtig, aber nur als eine der Frauen, die beteten und die Herabkunft des Heiligen Geistes erwarteten. Dennoch hat die Kirche – trotzdem und vielleicht wegen alledem – in ihr und in niemand anderem ihr vollkommenstes Modell gesehen, wie es auch wieder die Konstitution *Lumen gentium* vom Glauben der Kirchenväter sagt.

Die herausragende Stellung einer Frau, der Jungfrau aus
Die herausragende Stellung einer Frau, der Jungfrau aus Nazaret, im Heilswerk und die besondere Verehrung, die ihr die Kirche zuteil werden läßt, all das lehrt uns die Konstitution *Lumen gentium* in zusammenfassender und vollständiger Weise. Aber all das stellt kein Argument dar für ein ‹Priestertum der Frau›, das heute in bestimmten Kreisen befürwortet wird; im Gegenteil, all das bildet das gewichtigste Gegenargument.

Die Stellung der Kirche hat aber absolut nichts zu tun mit einer Haltung der Ungleichheit, die dem Evangelium wie der Tradition völlig fremd ist. Dagegen spricht die ganze Ökono-

---

[1] Die Gläubigen haben in ihrer Weise Anteil am Priestertum Christi, indem sie den Alten Bund weiterführen, das „Volk der Priester", wie es die Berufung Israels war.

mie der Offenbarung und der Erlösung. Die einzigartige Hervorhebung der Frau in der Person der Mutter Gottes ist der Beweis dafür. Auch das Verhältnis, das Christus zu den Frauen hatte, was für die Mentalität und die Sitten seiner Zeit so erstaunlich war, legt dafür Zeugnis ab. In den Texten des Zweiten Vatikanischen Konzils finden wir einige Stellen, die zeigen, wie sehr sich die Kirche um die Würde der Frau kümmert, wie sehr sie sich einsetzt für die Gleichheit ihrer Rechte im modernen Leben, *wenn sie richtig verstanden wird.* Ich betone: richtig verstanden, denn ich habe mehr als einmal Gelegenheit gehabt festzustellen, wie sehr diese Frage falsch verstanden werden kann und wie oft unter dem Vorwand der Gleichheit die Frau in ihren Rechten benachteiligt wird. Aber das ist eine andere Frage.»

Ich glaube, daß der Heilige Vater indirekt auf diese Gesetze anspielt, die vorgeben, den Menschen zu befreien, wie die Gesetzgebung der Abtreibung, die in Wirklichkeit aber nur Gesetze des Mannes sind, die eher den Mann als die Frau von ihren Skrupeln und ihrer Verantwortung befreien.

«Das folgende ist nicht ohne Verbindung zum Priestertum der Frau. Denn man kann nicht leugnen, daß diese Frage nicht auf dem Boden der Offenbarung und der Tradition entstanden ist, sondern aus einer gewissen Form der Zivilisation und aus einer gewissen Mentalität. Eigentlich steht diese Zivilisation nicht im Gegensatz zur Offenbarung oder zum Christentum. Die Texte des letzten Konzils (vor allem *Gaudium et spes*) zeigen das in genügender Weise.

Doch diese grundsätzliche Kompatibilität ist nicht entscheidend. Die Feier der Eucharistie ist von ihrem Ausgangspunkt her, vom Augenblick ihrer Einsetzung her, ein zu persönlicher Akt Christi, als daß wir uns erlauben könnten, den geringsten Aspekt davon zu vernachlässigen.

Es stimmt, daß Jesus nicht gesagt hat: ‹Ich verbiete den Frauen das zu tun, was ich tue›; aber im selben Augenblick, wo er die Eucharistie einsetzte, waren es in der Tat nur die Apostel, zu denen er sagte: ‹Tut dies zu meinem Gedächtnis.› Er hätte auch anders entscheiden können! In diesem Punkt war er vollkommen frei. Und genauso frei war er, als er mehr als einmal das Recht der Frauen verteidigt hat, mit ihm zu sprechen und bei ihm zu sein.

Was kann man also sagen? Welche Schlußfolgerung ziehen? Die Tatsache, daß in diesem entscheidenden Augenblick Christus auf diese Art und Weise gehandelt hat, gibt uns einen ausreichenden Hinweis und verpflichtet uns in unserem Gewissen. Die Kirche hat dabei nicht die geringste Absicht, die Frau zu geringzuschätzen. Die Tatsache, daß nur sie Mutter sein kann, und nicht der Mann, ist noch ein weiterer Hinweis auf die Ungleichheit zwischen ihnen. Das gilt in der Ordnung der Natur. Und das gilt gleicherweise in der Ordnung der Gnade, in der charismatischen Ordnung, wo es verschiedene Gaben gibt.»

Zu diesem Punkt führt Johannes Paul II. weiter aus:

«Im Laufe der Tradition wurde die Weihe nur Männern gespendet. In Übereinstimmung mit zahlreichen Theologen glaube ich, daß die Kirche für sich selbst ihren Charakter als Braut Christi bewahrt, der so tief in der biblischen Ekklesiologie und vor allem in den Paulusbriefen eingewurzelt ist.

Nach dieser wunderbaren Analogie ist Christus der Bräutigam der Kirche; er gibt seiner Braut, der Kirche, die Gabe des Erlösungsopfers, das Sakrament der Eucharistie. *Wer die Eucharistie feiert, muß also sozusagen durch seine Vollmacht und an Christi Stelle sein Opfer auf unblutige Weise darbringen und so zum Ausdruck bringen, daß es ein Geschenk des Bräutigams an die Kirche, seine Braut, ist.*

So wurde die Tradition, nur Männern die Weihe zu spenden, in der östlichen Kirche nicht weniger treu beachtet wie in der westlichen Kirche. Sie scheint also tiefer zu sein als die ‹historischen› Umstände der Einsetzung der Eucharistie. Die Kirche hütet ihr lebensbringendes Geheimnis, sie steht vor Christus wie die Braut vor dem Bräutigam.

Dabei wird die Mutter Gottes, das Modell der Kirche, nicht vergessen; in ihr findet sich die Kirche wieder als Mutter, denn auch sie wünscht, Mutter zu sein.»

In der Privatkapelle von Johannes Paul II. hängt hoch über dem Altar ein großes Kreuz; unter dem einen Arm des Gekreuzigten, auf der Seite des Herzens und wie an Stelle der *Stabat mater* findet sich eine kleine Ikone der Schwarzen Madonna von Tschenstochau. Die marianische Frömmigkeit des Heiligen Vaters ist bekannt. Sie hat ihren Ursprung im Evangelium, aber sie verdankt auch sehr viel einem kleinen Büchlein, das vor anderthalb Jahrhunderten verloren oder versteckt war, ein Buch von Maria Grignion de Montfort *Über die wahre Verehrung der Jungfrau Maria,* geschrieben um das Jahr 1700. Damit sind – mit dem Pfarrer von Ars – schon zwei Franzosen im religiösen Denken des Papstes von Bedeutung gewesen:

«Die Lektüre dieses Buches hat in meinem Leben eine entscheidende Wende markiert. Ich sage Wende, obwohl es sich um einen langen, inneren Weg handelt, der mit meiner heimlichen Vorbereitung auf das Priestertum zusammengefallen ist. Damals fiel mir diese einzigartige Schrift in die Hände, eines der Bücher, die man nicht nur ‹gelesen haben muß›. Ich erinnere mich, daß ich es lange Zeit mit mir umhergetragen habe, selbst in der Sodafabrik, so daß sein schöner Umschlag mit Kalk beschmiert worden ist. Ich kam immer wieder auf bestimmte Stellen zurück. Ich habe sehr bald gemerkt, daß hinter der barocken Form des Buches etwas Grundlegendes verborgen war. Es hat die Frömmigkeit meiner Kindheit und auch meiner Jugendzeit gegenüber der Mutter Christi verdrängt und ihr eine neue Einstellung gegeben, eine Verehrung, die aus der Tiefe meines Glaubens kam, wie aus dem Herzen der dreifaltigen und christologischen Wirklichkeit selbst.

Wenn ich früher befürchtete, daß die Marienverehrung den Zugang zu Christus versperrt, statt den Weg dahin zu ebnen, verstand ich durch diese Schrift von Grignion de Montfort, daß es sich in Wahrheit ganz anders verhielt. Unsere innere Beziehung zur Mutter Gottes kommt organisch aus unserer Beziehung zum Geheimnis Christi. Es stimmt also nicht, daß das eine uns hindert, das andere zu sehen.

Ganz im Gegenteil: ‹Die wahre Verehrung› der Jungfrau Maria entfaltet sich mehr und mehr hin zum Geheimnis Christi, dem inkarnierten Logos, zum Heilsgeheimnis der Dreifaltigkeit, in welchem dieses Geheimnis den Mittelpunkt darstellt. Man kann sogar sagen, daß Christus demjenigen, der sich bemüht, ihn kennen und lieben zu lernen, seine Mutter anvertraut, wie er es auf dem Kalvarienberg für seinen Jünger Johannes getan hat.»

Es handelt sich um folgende Stelle aus dem Evangelium (Joh 19, 25–27): „Bei dem Kreuz Jesu standen seine Mutter, Maria, die Frau des Kleopas, und Maria von Magdala. Als Jesus seine Mutter sah und bei ihr den Jünger, den er liebte, sagte er zu seiner Mutter: Frau, siehe, dein Sohn! Dann sagte er zu dem Jünger: Siehe, deine Mutter!" Das Evangelium fügt hinzu, daß von jener Stunde an „der Jünger Maria zu sich nahm".

«Die ‹vollkommene Marienverehrung› – so drückt sich Grignion de Montfort aus –, das heißt die wahre Erkenntnis Marias und die vertrauensvolle Hinwendung an sie wachsen mit unserer Kenntnis und unserer vertrauensvollen Hingabe an Christus. Diese ‹vollkommene Verehrung› ist notwendig für jeden, der sich rückhaltlos Christus und dem Werk der Erlösung schenken will. Grignion de Montfort führt uns in die Ordnung der Geheimnisse selbst ein, von denen unser Glaube lebt, die ihn wachsen und fruchtbar werden lassen. Je mehr sich mein inneres Leben auf die Wirklichkeit der Erlösung ausgerichtet hat, um so mehr ist mir die Hingabe an Maria – im Geist des heiligen Louis Grignion de Montfort – als der beste Weg erschienen, um wirksam und mit Gewinn an dieser Wirklichkeit teilzunehmen, um daraus zu schöpfen und mit den anderen die unaussprechlichen Reichtümer zu teilen.»

Die geistlichen Autoren aus der Zeit von Grignion de Montfort sind einander nicht ähnlich, aber alle schreiben in etwa im gleichen Stil, den der Heilige Vater soeben „barock" genannt hat – in bezug auf die damalige Zeit und nicht in dem Sinn, wie die Franzosen dieses Wort gebrauchen, um etwas zu bezeichnen, was nicht geradlinig dargestellt ist. Der „barocke" Stil von Grignion de Montfort gibt Johannes Paul II. die Gelegenheit, uns einen tiefen Gedanken über die Freiheit darzulegen:

«Meine marianische Frömmigkeit – ich gebe Ihnen heute nur einen kurzen Einblick – wurde so geprägt und ist seit damals in mir lebendig. Sie gehört fest zu meinem inneren Leben und meiner geistlichen Theologie. Man weiß, daß der Autor dieser Schrift seine Verehrung als eine Form der ‹Knechtschaft› bezeichnet hat. Das Wort kann unsere Zeitgenossen abstoßen. Ich sehe darin keine Schwierigkeit. Ich denke, daß es sich dabei um eine paradoxe Ausdrucksform handelt, wie man sie oft auch im Evangelium finden kann. Die Worte ‹heilige Knechtschaft› bedeuten, daß wir unsere Freiheit tiefer kennenlernen können in dem großen Geschenk, das Gott uns gemacht hat.

Denn die Freiheit mißt sich mit dem Maß der Liebe, zu der wir fähig sind.

Ich glaube, das ist es, was der Autor uns zeigen wollte. Ich muß hinzufügen, daß meine persönliche und innere geistliche Beziehung zur Mutter Christi seit meiner Jugendzeit auf die große Strömung der Marienverehrung zurückgeht, die ihre Geschichte und ihre zahlreichen Nebenströmungen in Polen hat.

Jasna Góra[1] hat diese Tradition im Laufe von Jahrhunderten bezeugt, kürzlich in den Jahren 1956 bis 1966 und spä-

---

[1] Jasna-Góra (Heller Berg) ist die Zitadelle von Tschenstochau, der letzte Ort des Widerstandes der Polen gegenüber den schwedischen Invasoren. Von da an begann die Rückeroberung des Reiches.

ter[1]. Ich nenne in besonderer Weise das Marienheiligtum Kalwaria Zebrzydowska, nahe bei Krakau und Wadowice, wo ich geboren bin. Es bedeutet mir sehr viel; ich habe es sehr oft in meiner Jugend aufgesucht, später dann als Priester und Bischof. Ich kann Ihnen sagen, daß ich in diesem Stil der Frömmigkeit, wie er in dem Volk, zu dem ich gehöre, lebendig ist, das wiedergefunden habe, was ich in der Schrift von Montfort entdeckt habe.»

Ein letzter Punkt: Eine gewisse falsch verstandene Psychoanalyse, die gute Christen dazu verleitet, ihren Glauben als eine Krankheit zu sehen, sieht in der Marienverehrung eine ungute Art, die anderen Frauen abzuwerten, indem man sie an einem unerreichbaren Modell mißt. Der Papst ist nicht dieser Meinung:

«Diese Versuche einer sogenannten christlichen Psychoanalyse, die auf die Spiritualität und selbst auf das marianische Dogma angewendet wird, entsprechen nicht meiner Erfahrung. Meine Schlußfolgerungen sind genau entgegengesetzt: So weit meine Erinnerung reicht, hat mir die Verehrung für die Mutter Christi geholfen, der Frau mit Achtung zu begegnen, meine Verehrung für ihr Geheimnis ist nur gewachsen.»

V

Man liest im 4. Kapitel des Johannesevangeliums: „Jesus verließ Judäa und ging wieder nach Galiläa. Er mußte aber den Weg durch Samarien nehmen. So kam er zu einem Ort in Samarien, der Sychar hieß und nahe bei dem Grundstück lag, das Jakob seinem Sohn Josef vermacht hatte. Dort befand sich der Jakobsbrunnen. Jesus war müde von der Reise und setzte

---

[1] In diesen Jahren fand die 900-Jahr-Feier der Christianisierung Polens statt. Der Beginn einer anderen Rückeroberung: der geistlichen durch die polnische Kirche.

sich daher an den Brunnen; es war um die sechste Stunde. Da
kam eine samaritische Frau, um Wasser zu schöpfen. Jesus
sagte zu ihr: Gib mir zu trinken! Seine Jünger waren nämlich in
den Ort gegangen, um etwas zum Essen zu kaufen. Die samaritische Frau sagte zu ihm: Wie kannst du als Jude mich, eine
Samariterin, um Wasser bitten?" (Die Juden mieden damals
jeden Umgang mit den Samaritern.)

„Jesus antwortete ihr: Wenn du wüßtest, worin die Gabe
Gottes besteht und wer es ist, der zu dir sagt: Gib mir zu trinken!, dann hättest du ihn gebeten, und er hätte dir lebendiges
Wasser gegeben. Sie sagte zu ihm: Herr, du hast kein Schöpf-
gefäß, und der Brunnen ist tief; woher hast du also das lebendige Wasser? Bist du etwa größer als unser Vater Jakob, der
uns den Brunnen gegeben und selbst daraus getrunken hat, wie
seine Söhne und seine Herden?

Jesus antwortete ihr: Wer von diesem Wasser trinkt, wird
wieder Durst bekommen; wer aber von dem Wasser trinkt, das
ich ihm geben werde, wird niemals mehr Durst haben; vielmehr wird das Wasser, das ich ihm gebe, in ihm zur sprudeln-
den Quelle werden, deren Wasser ewiges Leben schenkt.

Da sagte die Frau zu ihm: Herr, gib mir dieses Wasser, damit
ich keinen Durst mehr habe und nicht mehr hierher kommen
muß, um Wasser zu schöpfen. Er sagte zu ihr: Geh, ruf deinen
Mann, und komm wieder her!

Die Frau antwortete: Ich habe keinen Mann. Jesus sagte zu
ihr: Du hast richtig gesagt: Ich habe keinen Mann. Denn fünf
Männer hast du gehabt, und der, den du jetzt hast, ist nicht
dein Mann. Damit hast du die Wahrheit gesagt.

Die Frau sagte zu ihm: Herr, ich sehe, daß du ein Prophet
bist. Unsere Väter haben auf diesem Berg Gott angebetet, ihr
aber sagt, in Jerusalem sei die Stätte, wo man anbeten muß.
Jesus sprach zu ihr: Glaube mir, Frau, die Stunde kommt, zu
der ihr weder auf diesem Berg noch in Jerusalem den Vater
anbeten werdet. Ihr betet an, was ihr nicht kennt, wir beten an,
was wir kennen; denn das Heil kommt von den Juden. Aber

die Stunde kommt, und sie ist schon da, zu der die wahren Beter den Vater anbeten werden im Geist und in der Wahrheit; denn so will der Vater angebetet werden. Gott ist Geist, und alle, die ihn anbeten, müssen im Geist und in der Wahrheit anbeten.

Die Frau sagte zu ihm: Ich weiß, daß der Messias kommt, das ist: der Gesalbte (Christus). Wenn er kommt, wird er uns alles verkünden.

Da sagte Jesus zu ihr: Ich bin es, ich, der mit dir spricht.

Inzwischen waren seine Jünger zurückgekommen, sie wunderten sich, daß er mit einer Frau sprach, aber keiner sagte: Was willst du?, oder: Was redest du mit ihr? Da ließ die Frau ihren Wasserkrug stehen, eilte in den Ort und sagte zu den Leuten: Kommt her, seht, da ist ein Mann, der mir alles gesagt hat, was ich getan habe: Ist er vielleicht der Messias?"

Diese Stelle aus dem Johannesevangelium (4,3–29) ist nicht nur ein literarisches Meisterwerk, das mit sehr wenigen sprachlichen Mitteln in der Vorstellung ein Bild voller Anmut und Leuchtkraft entstehen läßt. Dieser Text läßt einen erstaunen, und nicht nur durch die Kühnheit der Lehraussage, die darin enthalten ist: Er hat mich immer neugierig gemacht wegen der Art, wie Jesus sich bewegt. In dieser Szene scheint Jesus sich Freiheiten im Blick auf seine eigene Lehre herauszunehmen, wenn ich das so sagen darf. Er sagt zu der Samariterin: „Du hast fünf Männer gehabt, und der, den du jetzt hast, ist nicht dein Mann", und er vertraut dieser Frau, die keineswegs nach seiner Lehre von der Ehe lebt, eine der schönsten Botschaften an. Ich möchte nicht behaupten, daß es einen Gegensatz gibt zwischen dem, was Christus tut, und dem, was er sagt; doch ich glaube, feststellen zu können, daß bei ihm das Gesetz immer zurücktritt gegenüber der Liebe, gegenüber der Liebe zu den Menschen. Wenn ich aber an bestimmte enge Vorschriften denke, zum Beispiel, daß geschiedene Wiederverheiratete nicht zur Eucharistie zugelassen werden – was bedeuten

167

könnte, sie vom Jakobsbrunnen auszuschließen –, dann frage ich mich, das heißt, ich frage den Heiligen Vater, ob die Kirche nicht zu wenig ihren Lehrmeister nachahmt:

« Ich glaube, daß Sie zwei Fragen miteinander verbinden, die untereinander keine so direkte Beziehung haben, wie Sie es darstellen. Es stimmt, daß Christus, als er mit der Samariterin spricht, ihr – wie Sie sagen – eine der schönsten Botschaften anvertraut. Aber das ändert nichts an der Tatsache, daß er zu dieser Frau, die allen Grund hatte zu glauben, daß er sie nicht kennen würde, sagt: ‹Du hast fünf Männer gehabt, und der, den du jetzt hast, ist nicht dein Mann.› Er nennt also die Sünde beim Namen, was sich noch ausführlicher wiederholen wird in der Szene mit der Ehebrecherin, die man steinigen wollte. Christus spricht in gleicher Weise zu ihr wie zur Samariterin, und was er sagt und tut, ist auch dort ‹eine der schönsten Botschaften›. Die Reaktion der Ankläger ist noch von größerer Beredsamkeit als seine eigenen Worte. Er sagt ihnen: ‹Wer von euch ohne Sünde ist, werfe als erster einen Stein auf sie› (Joh 8,7). Niemand hat den Mut, das zu tun. In diesem Fall drückt sich Christus weniger durch seine Worte als durch diese innere Reaktion aus: Man sieht, wie er die Menschen zutiefst durchschaut, wie er den verborgensten Nerv des moralischen Gefühls der Menschen berührt. Das ist die ‹Botschaft›, und sie ist umwerfend. Doch am Ende sagt er zu der Frau, die er vor der Steinigung gerettet hat: ‹Geh und sündige von jetzt an nicht mehr.›

In beiden Episoden gibt die Begegnung mit der Sünde Christus eine Gelegenheit, die Quellen des ewigen Lebens zu offenbaren, die Quellen der Gnade. Er kann zeigen, daß die Liebe stärker ist als die Sünde ... Aber in keinem der beiden Fälle hat er Nachsicht mit der Sünde. Christus weist auf einfache Weise den Weg zur Umkehr. Seine Art zu handeln geht immer in diese Richtung.

Mit der Samariterin überschreitet er nur die jüdischen Gebräuche, also ein ‹Gewohnheitsrecht› ; er unterhält sich mit

168

einer Frau, was die Jünger überrascht (ein Rabbi tat so etwas nicht): Er wendet sich an eine Samariterin, was sie selbst in Erstaunen versetzt (die Juden taten so etwas nicht). Als ‹Guter Hirte› sucht Jesus das verlorene Schaf und spricht mit ihm. Das entspricht ganz der pastoralen Praxis der Kirche, und es gibt keine ‹engen Vorschriften›, die daran hindern, das zu tun.

Doch Christus verzichtet in keinem Moment auf die Zehn Gebote (das ist das, was Sie sicherlich in Ihrer Frage als ‹Gesetz› bezeichneten). Es gibt kein einziges Gebot, das über der Liebe steht. Ganz im Gegenteil, alle Gebote *finden ihre Erfüllung in der Liebe,* und diese Erfüllung führt nicht dazu, daß eines von ihnen aufgehoben wird: Kein Jota wird vergehen, bis alles erfüllt ist.

So ermahnt Christus die Samariterin wegen der Sünde, die sie begangen hat, und sie versteht das sehr gut. Sie ist nicht nur in ihrem Inneren ein reumütiger Sünder, sondern sie gesteht öffentlich ‹alles, was sie getan hat›. Dann ruft sie ihre Landsleute zu Jesus, weil er derjenige ist, der ihr ‹alles gesagt hat›. Man kann also sagen, daß Christus ‹verzeiht›, die Sünden vergibt ‹unter den gewöhnlichen Bedingungen›, nämlich der Reue und dem Versprechen der Umkehr.

Wer wirklich die Lehre Christi ernst nimmt, die sogenannten ‹strengen Vorschriften› der Kirche, dem erscheinen sie sehr mild. Eigentlich betreffen sie alle Handlungen, so wie Christus jedesmal den Grund des Menschseins berührt, sein Herz. Wir wissen in besonderer Weise durch die Bergpredigt, daß das in gleicher Weise für das Eheleben gilt und für die Art und Weise, wie der Mann seine Frau behandelt. Darüber haben wir ja schon gesprochen.

Um auf Ihre Frage zurückzukommen: Es ist meine Überzeugung, daß die Kirche nicht befürchten muß, zu wenig Christus ‹nachzuahmen›, sicher nicht in dem Sinn, daß sie zu ‹streng› ist, wo sie ‹nachgiebig› sein müßte. Nein. Christus hat Anforderungen gestellt. Aber er hatte eine solche Fähigkeit, das Gewissen der Menschen zu durchschauen, daß selbst die,

die seine Anforderungen annahmen, sich von der Liebe berührt fühlten. Darin ahmt die Kirche Christus nie genügend nach. Aber sie hört niemals auf, ihm nachzufolgen; sie wird niemals aufhören, sich darum zu bemühen.»

Der Widerspruch, den ich also festzustellen glaubte zwischen den Worten Christi über die Ehe und der bemerkenswerten Botschaft, die er an die Konkubine aus Samaria weitergibt, existiert nicht. Ich habe meinen Prozeß verloren. Im Urteil des Heiligen Vaters bemerkte ich die pastorale Aufmerksamkeit, die danach strebt, daß die Liebe die moralische Anforderung begleitet und auch festlegt, damit der Sünder – und es ist müßig, daran zu erinnern, daß wir alle Sünder sind – nicht an der Liebe zweifeln kann, wenn er die Forderungen zur Kenntnis nimmt.

Dennoch stellen sich viele Christen dem Heiligen Vater gegenüber mit dem berühmten Wort des heiligen Augustinus: „Liebe und tu, was du willst". Für manchen ist das ein Ersatz für die Morallehre und vielleicht sogar für das bürgerliche Recht. Sicher begreift man, daß ein Mensch, der liebt, nicht einen Irrtum begehen will, denn er schreibt sich selbst in das Herz der göttlichen Ökonomie ein. Aber viele kehren das Wort des heiligen Augustinus in naiver Weise um: Sie tun, was sie wollen, und glauben zu lieben.

Kann man jemals die Sicherheit haben zu lieben?

«Sehr wohl, allerdings muß man wissen, was ‹lieben› bedeutet. Es bedeutet, wie Sie gesagt haben, ‹sich in das Herz der göttlichen Ökonomie einzuschreiben›. Wenn man auf diese Weise liebt, ‹kann man alles tun, was man will›; denn die Kraft, die Fähigkeit zu lieben, also der Wille, sind schon festgewurzelt im Guten, in der göttlichen Heilsordnung und in der Gnade, welche die Quelle ist, die das Gute im Menschen freiwerden läßt.

Sie fragen, ob der Mensch sicher sein kann, daß er liebt? Kann er sicher sein, daß sein Wille im Guten verwurzelt ist, in der Heilsökonomie und in der Gnade? Er kann sicher sein,

170

daß Gott will, daß er wirklich liebt. Er kann sicher sein, daß Gott ihm seine Gnade nicht vorenthält, daß er sein Heil will. Anders gesagt, im großen Drama des Lebens, das sich zwischen Gut und Böse abspielt, kann der Mensch sicher sein, daß Gott will, daß das Gute in ihm triumphiert und durch ihn in der Welt. Christus ist der sicherste Garant dieses göttlichen Heilswillens: der gekreuzigte und auferstandene Christus, der Christus, der verzeiht, Christus in der Eucharistie. Im Blick auf Christus oder wie Sie sagen ‹indem man eingeschrieben ist in die göttliche Ökonomie›, indem man dort verwurzelt ist, kann man der Liebe *als Geschenk Gottes* sicher sein.

Kann man die Sicherheit auch von sich selbst haben? Der heilige Paulus antwortet: ‹Schafft euer Heil mit Furcht und Zittern›, und er führt genauer aus, wie der Mensch ‹seiner Liebe sicher sein kann›: indem er ohne Unterlaß danach strebt und dafür arbeitet, indem er darum betet, indem er alles dafür tut, um ‹sich wirklich in das Herz der göttlichen Ökonomie einzuschreiben›.»

Wenn es „keine größere Liebe gibt, als sein Leben hinzugeben für die Seinen", wie käme einem da nicht der Gedanke an Pater Maximilian Kolbe, der in Auschwitz anstelle eines seiner Mithäftlinge in den Tod gegangen ist.

«Es ist in der Tat fast unmöglich, nicht an diese große Gestalt zu erinnern, sich nicht zu wundern über diesen Triumph des Guten über die Maschinerie des Bösen. Man muß sich wundern über diese einzigartige Frucht des Ostergeheimnisses, über diesen Triumph des Menschen, der gleichzeitig ein leuchtendes Zeugnis darstellt für den Sieg Christi im Menschen und für den Sieg des Geistes über den Körper in der totalen Hingabe dieses Körpers. Im Licht der Spiritualität von Pater Maximilian muß man auch sagen: Er ist ein Zeugnis für den Sieg Christi durch Maria, durch die Unbefleckt Empfangene.

Wußte Pater Kolbe, wie sein Leben ausgehen wird? Welches der Sinn dieser ‹beiden Kränze›, des weißen und des roten, sein würde, die er sich ersehnt hatte?»

Man erzählt, daß Maximilian Kolbe als Kind sehr heftig durch eine Überlegung seiner Mutter bewegt worden war (ungefähr dieser Art: ‹Was wird aus dir einmal Gutes im Leben werden?-›) Er rannte in die Kirche und warf sich vor dem Bild Mariens nieder. Maria stellte ihm zwei Kränze zur Wahl: einen weißen: seine Reinheit, und einen roten: sein Martyrium. Er hat um beide gebeten.

«Ich glaube nicht, daß er es gewußt hatte, aber ich zweifle nicht, daß er sich auf diese Prüfung – die letzte seines Lebens – vorbereitet hat. Er hat sich unaufhörlich darauf vorbereitet, ohne zu wissen, wie diese Prüfung aussehen wird, ohne zu wissen, wo oder wann sie stattfinden wird. Wie dann alles ausging, scheint nicht nur das Vorhersehbare zu übersteigen, sondern auch die menschlichen Kräfte. Dennoch ist Pater Kolbe bis zu diesem Punkt gekommen. Er ist der Prüfung nicht ausgewichen. ‹Ich vermag alles durch ihn, der mir Kraft gibt›, sagt der heilige Paulus. Pater Kolbe ist nicht der einzige, der in seinem Leben die Wahrheit dieser Worte erfahren hat.

Soweit zu Ihrer Frage: ‹Kann ich sicher sein zu lieben?› Ich würde antworten: Ich kann, ja, ich muß mein Möglichstes tun, um ‹mich in das Herz der göttlichen Ökonomie einzuschreiben›, ohne mich über ‹meine Liebe› zu fragen. Wir werden ganz allein sterben. Wenn wir vor einer dieser Prüfungen stehen, die die menschlichen Kräfte übersteigen, dann müssen wir noch inständiger beten – wie Christus in Getsemani.»

Doch wir hatten unser Gespräch um dieses „Liebe und tu, was du willst" noch nicht beendet. Dieser Ausspruch wird so gern und so oft, zu passenden und zu unpassenden Gelegenheiten, und manchmal sogar im entgegengesetzten Sinn gebraucht. Der Heilige Vater holt ein Buch hervor und läßt den Autor dieses Grundsatzes selbst sein Zeugnis ablegen:

«Es ist sicher sehr gefährlich, sich unreflektiert auf diese Devise des heiligen Augustinus zu berufen, ohne den Rest seines Gedankengebäudes zu berücksichtigen. Das merkt man

172

sehr gut, wenn man dieses ‹Dilige et fac quod vis› in seinem Kontext liest. Wir finden es im Kommentar zum ersten Johannesbrief:

‹*Der Vater hat Jesus Christus hingegeben, der von Judas ausgeliefert wurde. Ist das nicht die gleiche Tat? Judas verriet Jesus: Hat ihn Gottvater also auch verraten? Du sagst, das kann nicht sein! Aber nicht ich sage es, sondern der Apostel Paulus in seinem Brief an die Römer: ,Er hat seinen eigenen Sohn nicht verschont, sondern ihn für uns alle hingegeben' (Röm 8, 32). Und an die Galater schreibt er: ,Wie der Vater ihn uns ausgeliefert hat, so hat er sich selbst hingegeben.' Was unterscheidet also den Vater, der seinen Sohn hingibt, vom Sohn, der sich selbst hingibt, und von Judas, dem Jünger Jesu, der seinen Meister verrät? Der Vater und der Sohn handeln aus Liebe, Judas aus Verrat . . . Gott hatte das Heil und die Erlösung unserer Seele vor Augen, Judas nur seinen Gewinn . . .*

Es ist also die unterschiedliche Absicht, die unterschiedliche Handlungen hervorbringt. Es geht um das gleiche, aber wenn wir es von der Absicht her beurteilen, die die Tat hervorgebracht hat, lieben wir sie oder verdammen wir sie . . .

Darin besteht die Macht der Liebe. Du siehst, daß sie einen Unterschied, eine wirkliche Unterscheidung in den Handlungen der Menschen bewirkt. Das einzige, was diesen Unterschied hervorruft, ist die Wurzel der Liebe. Es können viele Handlungen vollbracht werden, die gut aussehen und dennoch nicht aus der Wurzel der Liebe kommen. Beachtet dieses sehr kurze Gebot: Liebe und tu, was du willst. Du schweigst, tue es aus Liebe. Du redest, sprich aus Liebe. Du weist einen Bruder zurecht: Tu es aus Liebe; du glaubst, ihm verzeihen zu müssen: auch das, aus der Liebe.

Wenn in dir die Wurzel der Liebe ist, können daraus nur gute Früchte hervorkommen.›

Ich glaube, daß der heilige Augustinus Ihnen genügend erklärt hat, wie man seine Worte interpretieren kann und muß.»

Allein die Liebe ist unfehlbar. Aber wer hört sie, wer kann noch ihre Stimme vernehmen?

Damit endet dieses Gespräch über die sittliche Ordnung. Ich habe viele Fragen beiseite gelassen, die der Heilige Vater in seinen öffentlichen Ansprachen behandelt hat, in seinen Reden oder seinen Enzykliken. Ich habe die Fragen gestellt, die man gewöhnlich nicht an ihn richten kann und die viele Menschen beunruhigen. Wir leben heute – von der Moral her gesehen – in einer seltsamen Umgebung. Sie ist gekennzeichnet von einem kollektiven schlechten Gewissen und einer individuellen Unschuld. Deshalb habe ich den Heiligen Vater gefragt, ob das schwindende Bewußtsein der Sündhaftigkeit nicht letztendlich einen großen Verlust darstellt – nicht nur für die Beichtväter, die zu Arbeitslosen werden, sondern für die Menschheit selbst. Denn sehr lange Zeit hat sich darin die Größe des menschlichen Gewissens und seines Lebensideals ausgedrückt. Ich komme nochmals auf diesen Punkt zurück, bevor ich ein anderes Thema anschneide:

«Ich habe schon darauf geantwortet, aber ich möchte meine Antwort noch vervollständigen. Die Kenntnis der Sünde gibt dem Bösen, das im Herzen des Menschen, in seinen Taten und in seiner Geschichte ist, einen letzten Sinn. Warum? Diese Kenntnis definiert den Menschen auf der Grundlage seiner ganzen inneren Wahrheit, in bezug auf seine Intelligenz und seinen Willen, und in bezug auf sein Gewissen. Gleichzeitig ist in dieser Kenntnis der ‹Sünde› auch das Böse definiert in der Beziehung des Menschen zu Gott; doch nur auf dieser Ebene und bis zu dieser Tiefe.

Aber das ist noch nicht alles. Das Böse, das im Herzen des Menschen, in seinen Taten und in seiner Geschichte ist, wird durch die Erkenntnis der Sünde definiert in der Beziehung Gottes zum Menschen.

Es gehört eng und organisch in den Kontext der Offenbarung. In diesen Kontext des Geheimnisses der Schöpfung und der Erlösung ist es eingeschlossen. Es ist festgelegt durch die Gleichnisse vom verlorenen Sohn[1] und vom Weizenkorn[2]. Ferner durch das Geschehen von Kreuz und Osternacht. Schließlich durch den Tod des Sohnes und durch die Liebe des Vaters.

Deshalb ist im Licht des Evangeliums und des Glaubens die Erkenntnis der Sünde untrennbar vom Wert des Menschen, von der Würde des Menschen, ja, ich möchte sogar sagen, von der Größe des Menschen. Sicher ist dies ein Zeugnis vom Gegenteil her *(a contrario)*, aber auch schmerzvoll offensichtlich.

Die Kirche verkündet mit Christus die ganze Wahrheit über die Sünde, nicht, um vor allem den Menschen anzuklagen, sondern um Zeugnis abzulegen für die Liebe, die seine höchste Würde will und hervorbringt.»

[1] „Da sagte der Sohn: Vater, ich habe mich gegen den Himmel und gegen dich versündigt; ich bin nicht mehr wert, dein Sohn zu sein . . . Der Vater aber sagte: Wir wollen essen und fröhlich sein. Denn mein Sohn war tot und lebt wieder; er war verloren und ist wiedergefunden worden"(LK 15,21–24).

[2] „Wenn das Weizenkorn nicht in die Erde fällt und stirbt, bleibt es allein; wenn es aber stirbt, bringt es reiche Frucht" (Joh 12,24).

Die Kirche

I

Im vorigen Jahrhundert noch herrschten die Päpste über Staaten von bescheidenem Ausmaß. Sie waren auf der Landkarte gelb eingezeichnet und durchschnitten den italienischen Stiefel bis zur Sohle. Die Päpste waren im allgemeinen recht leutselige, kleine Potentaten, deren Untertanen das mittelalterliche Sprichwort auf sich anwenden konnten: „Unter dem Krummstab ist gut leben." Man betrachtete diese weltlichen Besitzungen als Garantie für die materielle und politische Unabhängigkeit der Kirche. Ein Vorteil, der allerdings mit dem größeren Nachteil verbunden war, eine doppelte Moral herbeizuführen. Die evangeliumsgemäße Moral gebietet, seinem Bruder siebzig mal sieben mal zu verzeihen, die Moral des Staates und seine Strafgesetzgebung sind da weit weniger nachsichtig.

Im Jahre 1870 zogen die Truppen von Viktor Emmanuel in Rom ein und machten der weltlichen Herrschaft der Päpste ein Ende. Der Kirchenstaat war auf einige auseinandergerissene Gebiete innerhalb der Ewigen Stadt und in der Umgebung zusammengeschmolzen und beschränkte sich in der Hauptsache auf die wenigen Hektar der Vatikanstadt. Viele bangten damals um das Ansehen und die Macht des Heiligen Stuhls. Doch es kam anders. Der Stuhl Petri, der seiner weltlichen Fesseln ledig war, erhob sich mit einem Schlag zu ungeahnter Höhe, und das Papsttum gewann an geistlicher Autorität hundertmal mehr, als es an politischer Macht verloren hatte.

Sogleich aber drohte eine andere Gefahr. Die Person des Papstes wurde aus religiöser Ehrfurcht ins Übermenschliche gehoben. Er wurde den Gläubigen so sehr entrückt, daß sie ihn nur noch wie die Erscheinung einer von Zeit zu Zeit ausgestellten Ikone zwischen zwei riesigen Pfauenwedeln auf der Loggia von St. Peter zu sehen bekamen. Es ist eine Tatsache, daß man den Papst von nun an kaum mehr anders als im perspektivischen Fluchtpunkt von Kardinälen erblickte. Vorausgesetzt, daß man in aller Frühe in offizieller Kleidung, mit weißem Kragen, schwarzer Weste und gewichsten Schuhen zur Stelle war. Diese protokollarische Zwangsjacke, die geradezu erstikkend war, begann sich unter Johannes XXIII. zu lockern. Er wurde es bald leid, im Vatikan eingesperrt zu sein, und leistete sich ein paar Ausflüge. Paul VI. dehnte sie bis Jerusalem, Indien und Amerika aus.

Nach und nach, gewissermaßen von Papst zu Papst, habe ich die erstaunlichsten Requisiten römischer Prachtentfaltung verschwinden sehen. Ich hatte mich oft gefragt, ob sie nicht von schlauen Barockfürsten eigens erfunden worden waren, um das Christentum in das Reich mesopotamischer Legenden zu verweisen. Dieser Eindruck verstärkte sich noch durch die Bronzeflammen des Baldachins von St. Peter, dem stierförmigen Aussehen gewisser gebrochener Giebel und dem orientalischen Prunk der Barockzeremonien. Im romanischen und gotischen Stil drängen sich die vielen biblischen Gestalten an die Domtüren, halten die Vorübergehenden an und ziehen sie ins Gespräch. Die Fassade ist redefreudig und belebt. Da erzählen die einen vom Paradies, die anderen kommen aus der Hölle und schneiden an den Kapitellen ihre Grimassen. Der Barock ist weniger volkstümlich, und seine Heiligen in ihren Nischen verkehren nicht mehr mit der Erde. Sie führen meisterhaft ein Stück auf, gespickt mit gelehrten Antworten. Staunend verfolgt man die geisterfüllten Darsteller, die mit ihren großen, dramatischen Gesten und ihren ekstatischen Sprüngen den Marmor in Schwung versetzen. Das Beiwerk des Sakralen hatte, wie es lange in der Kirche üblich war, seinen Ursprung in dem gleichen Begriff von Schönheit, in dem auch das Mysterium zur Darstellung gebracht wurde. Gott sei Dank sieht man seit Jahren keine Pfauenwedel mehr, mit denen man dem Heiligen Vater auf der *Sedia gestatoria* zufächelte. Die Erscheinung des Papstes auf diesem von einer Seite zur anderen schwankenden Sitz, mitten in einem Feuerwerk von Blitzlichtern, hatte etwas Erhabenes und zugleich Erschreckendes an sich. Paul VI. ließ es noch über sich ergehen, notgedrungen. Aufgrund seiner gebrechlichen Konstitution war er sehr empfindlich, und ein Bad in der Menge hätte ihn auf der Stelle aufgelöst.

Seither ist der Tragsessel verschwunden, und mit Johannes Paul II. ist das Zeremoniell noch nüchterner geworden. Mittwochs geht er langsam zu Fuß den Mittelgang der großen helldeckten Audienzhalle entlang, hält vor den oberen Absperrungen bei den weniger guten Plätzen an und ergreift so viele der sich ihm entgegenstreckenden Hände, wie er nur kann, den Daumen nach unten, wie ein hungriger Schnabel, der nach Futter pickt. An den Ehrenplätzen in den ersten Rängen geht er schneller vorüber. Die Leute, die dort sitzen, können ihn auch bei anderen Gelegenheiten treffen. Er ist offensichtlich in erster Linie Seelsorger.

Innerhalb eines Jahrhunderts hat das Papsttum eine Entwicklung durchlaufen von einer Art Protesthaltung nach dem Verlust des Kirchenstaates über eine überschwengliche, fast mystische Auffassung von der Erhabenheit des päpstlichen Amtes und einer peinlich genauen Einhaltung des Protokolls bis zur seelsorglichen Ungezwungenheit. Es läßt sich schwer entscheiden, wann, unter welchem Einfluß und aufgrund welcher inneren Eingebung die Kirche ihren Elfenbeinturm verließ. Sie hatte sich dort am Ende des 19. Jahrhunderts aus Furcht vor der Belagerung verschanzt, weil sie glaubte, daß die Atheisten nur darauf lauerten, ihn zu erstürmen. Bis sie eines Tages merkte, daß ihre Gegner mit anderen Dingen beschäftigt waren und niemand mehr unter dem Schutzwall stand. Es ist möglich, daß der Erste Weltkrieg, in dem Gläubige und Ungläubige unter dem gleichen Unglück litten, die Mentalität der Katholiken gegenüber ihren Leidensgefährten, den Atheisten, von Grund auf gewandelt hat. Die Kirche begann, gewisse allzu starre Positionen aufzugeben und einen mehr psychologischen als doktrinären Weg einzuschlagen. Im Zweiten Weltkrieg schlossen sich im Westen die moralischen Kräfte, unter denen die Christen stark vertreten waren, gegen den Nationalsozialismus zusammen. Dieser Prozeß wurde als natürliche Konsequenz des erfolgreichen Widerstands gegen Hitler und der damit erweckten Hoffnungen noch beschleunigt; er wurde in eine politische und soziale Richtung gedrängt, wo die Katholiken weltoffener wurden, während sie sich gleichzeitig ein wenig von ihren geistigen Grundlagen entfernten. Das Zweite Vaticanum zog seine Lehren aus dieser Periode. Es zeigte auf, daß das Christentum letztlich eine neue Idee in Europa war, aus dem einfachen Grund, weil es nirgendwo jemals in die Tat umgesetzt worden war – in der Politik, versteht sich.

Weil man aber nie wissen kann, wo eine Entwicklung aufhört, selbst wenn man ihren Anfang zu kennen glaubt, ist es ganz unmöglich, das Ende dieser historischen Wende in der Kirche abzusehen. Manche verschanzen sich weiter in ihrem dogmatischen Bollwerk und lehnen es ab, mit der Welt zu verhandeln. Das sind die „Integralisten". Viele andere haben sich die Politik der „Öffnung" zur Welt zunutze gemacht, um sich stillschweigend in der Natur zu verlaufen, und man sieht sie immer seltener beim Gottesdienst. Andere befolgen im allgemeinen ohne große Begeisterung die Weisungen ihrer Bischöfe, die übrigens auch nicht alle die gleiche Auffassung von dem haben, was sie alle ohne Ausnahme Verkündigung des Evangeliums nennen. Unter den rührigsten Verfechtern des Fortschritts haben sich einige Außenseiter unter die Fahne des Marxismus geschart. Manche betreiben leidenschaftlich theologische oder ideologische Forschungen, haben aber noch keine gesicherten Ergebnisse ihrer langwierigen Untersuchungen erbracht. Endlich gibt es solche, die versuchen, sich einen neuen Weg zu der modernen Gesellschaft zu bahnen, einen abschüssigen, zuweilen gefährlichen Weg. Das sind die Anhänger der „Befreiungstheologie", die kein fest umrissenes theologisches System haben. Es gibt ein Land, wo all diese Tendenzen innerhalb des Katholizismus nebeneinander bestehen und sich manchmal aufs heftigste bekämpfen. Dieses riesige Land, in dem allein im zweiten Jahrtausend vielleicht die Hälfte der Christenheit leben wird, ist Brasilien. Als wir einmal darüber sprachen, sagte Johannes Paul II.: «Die Kirche steht auf der Seite der Armen, und da muß sie bleiben.»

Auf „der Seite der Armen" stehen, heißt das, wie gewisse Befreiungstheologen meinen, daß die Kirche sich in den Klassenkampf einlassen soll? Wenn davon keine Rede sein kann und wenn die Kirche dieses Prinzip verwirft, das eher die Grundlage des Marxismus als die des Christentums ist, wie kann sie sich dann bei den Reichen verständlich machen und sich Gehör verschaffen? Unter welchen Umständen und inwieweit ist die Revolte erlaubt, wenn alle Vermittlungsversuche scheitern und eine Mäßigung nur zum Rechtsbruch führt?

Zum ersten- und letztenmal bei dieser Unterhaltung antwortet mir der Papst mit einer Ansprache:

«Es ist wohl am einfachsten, wenn ich zwar nicht in vollem Umfang, aber wenigstens zum Teil wiedergebe, was ich auf meiner Pilgerfahrt in Brasilien gesagt habe (in diesem Land, das wie ein ‹Kontinent› ist), und besonders in dem schlimmsten Elendsviertel von Rio de Janeiro, der *favella* Vidigal. So kann ich näher auf ihre Fragen eingehen.

Als ich mir überlegte, wie ich mich vor den Einwohnern dieses Landes, das ich zum erstenmal besuchte, vorstellen sollte, fühlte ich die Pflicht, mich vor allem mit der Lehre der acht Seligpreisungen vorzustellen.[1]

---

[1] Die acht Seligpreisungen im Matthäusevangelium sind Teil der Bergpredigt. Die erste und bekannteste heißt: „ Selig, die arm sind vor Gott, denn ihnen gehört das Himmelreich." Manchmal wird auch übersetzt: „Selig, die im Herzen arm sind" oder: „Selig, die Armen des Geistes", das heißt des Heiligen Geistes. Doch diese mystische Auslegung ist sehr selten. Lukas kennt nur vier Seligpreisungen, er spricht in der ersten nur von „Armen".

‹Unter euch gibt es viele Arme. Und die Kirche in Brasilien will die Kirche der Armen sein. Sie wünscht, daß in diesem großen Land die erste Seligpreisung der Bergpredigt Wirklichkeit werde.

Arm vor Gott sind jene, die offen sind für Gott und Gottes große Taten verkünden. Sie sind arm, weil sie bereit sind, immer jene Gaben von oben anzunehmen, die von Gott selbst kommen. Arm vor Gott sind jene, die in dem Bewußtsein leben, alles aus den Händen Gottes als unentgeltliche Gabe erhalten zu haben, und die jedes empfangene Gut ehren. In fortwährendem Dank wiederholen sie: ‚Alles ist Gnade!' Von ihnen sagt Jesus gleichzeitig, daß sie ein reines Herz haben und keine Gewalt anwenden. Sie hungern und dürsten nach Gerechtigkeit, sie sind die Trauernden. Es sind die, die Frieden stiften und um der Gerechtigkeit willen verfolgt werden. Es sind schließlich die Barmherzigen. Davon sprechen die Seligpreisungen.

Tatsächlich sind die Armen, die arm sind vor Gott, sehr barmherzig. Wer ein offenes Herz hat für Gott, ist auch offen für die Menschen, bereit, alles zu teilen. Bereit, Witwen oder Waisenkinder aufzunehmen, die verlassen sind. Sie finden immer noch einen Platz inmitten der Enge, in der sie leben, und so finden sie auch immer einen Bissen Nahrung, ein Stück Brot auf ihrem kargen Tisch.

Arm, aber großzügig; arm, aber hochherzig.

Ich weiß, viele von ihnen leben hier unter euch, zu denen ich gerade rede. Aber auch anderswo in Brasilien.

Lassen die Worte Christi von den ‚Armen vor Gott' etwa die Ungerechtigkeiten und die Probleme des alltäglichen Lebens vergessen? Diese Probleme sehen in den verschiedenen Geschichtsepochen verschieden aus und haben ihren Nachdruck entsprechend dem jeweiligen Land oder Kontinent: Doch im Grunde bleiben sie die gleichen.

Die Worte Christi verdecken keines der sozialen Probleme. Im Gegenteil, sie richten sie auf den Mittelpunkt aus, auf den

Menschen, das menschliche Herz, auf den Menschen, der vor Gott und zur selben Zeit vor anderen Menschen steht.

Stimmt es nicht, daß diese Seligpreisung gleichzeitig eine Mahnung und eine Anklage enthält? Stimmt es nicht, daß sie denen, die nicht arm vor Gott sind, sagt, daß sie sich außerhalb des Gottesreiches befinden? Wird Christus nicht eines Tages sagen: ‚Wehe euch, ihr Reichen, die ihr vor Gott und dem Nächsten verschlossen seid!‘? Jesus, der ‚gütig und von Herzen demütig‘ ist, findet solch harte Worte für die verschlossenen Reichen.

Die Kirche in der ganzen Welt will die Kirche der Armen sein. Das heißt, sie will sich die ganze, in den Seligpreisungen enthaltene Wahrheit zu eigen machen, hauptsächlich die der ersten: ‚Selig, die arm sind vor Gott.‘ Das will die Kirche lehren und nach dem Beispiel Christi befolgen.

Die Kirche will also aus der Lehre der acht Seligpreisungen all das gewinnen, was sich in ihnen auf den Menschen bezieht: auf den, der arm ist, und auf den, der reich ist. Denn die erste Seligpreisung wendet sich an jeden Menschen . . . Jenen, die in der Armut leben, sagt die Kirche, daß sie Gott und seinem Reich besonders nah sind.

Jene, die im Überfluß leben, warnt die Kirche vor geistlicher Blindheit. Sie sollen sich mit aller Kraft vor der Versuchung der Macht und des Geldes bewahren. Die Seligpreisung der Armen muß sie beunruhigen wie eine ständige Herausforderung. Sie muß sie davon abhalten, sich in der Festung des Egoismus und der satten Selbstgefälligkeit einzuschließen.

Wenn du viel hast, denke daran, daß du viel geben mußt! Du mußt dir überlegen, wie du gibst und wie du das ganze soziale und ökonomische Leben und jeden deiner Bereiche mit dem Ziel gestaltest, daß dieses Leben zur Gleichheit unter den Menschen und nicht zu einer Kluft zwischen ihnen führt!

Wenn du viel weißt und zur gesellschaftlichen Oberschicht gehörst, darfst du auch nicht eine Sekunde lang vergessen: Je höher jemand steht, desto mehr muß er dienen. Den anderen dienen. Sonst stehst du in Gefahr, daß sich dein Leben von den Seligpreisungen, besonders von der ersten: Selig, die arm sind vor Gott, entfernt. Arme vor Gott können auch die Reichen sein, die sich ihrem Reichtum entsprechend unermüdlich anderen hingeben und anderen dienen.

So spricht denn die Kirche der Armen zu jedem Menschen und zu allen Menschen. Sie ist die Weltkirche, die Kirche des Geheimnisses der Fleischwerdung. Sie ist nicht die Kirche einer Klasse oder einer Kaste; sie spricht im Namen der Wahrheit selbst. Diese Wahrheit ist realistisch. Laßt uns auf jede menschliche Wirklichkeit, jede Ungerechtigkeit, jede Spannung, jeden Kampf achten. Die Kirche der Armen will nicht dazu dienen, daß Spannungen verursacht werden und der Kampf zwischen den Menschen ausbricht. Der einzige Kampf, die einzige Schlacht, der die Kirche dienen will, ist der Kampf für die Wahrheit und Gerechtigkeit. Wo das Gute auf dem Spiel steht, ist die Kirche solidarisch mit jedem Menschen, der sich dafür einsetzt. Auf diesem Weg kämpft die Kirche mit dem ‚Schwert des Wortes‘, wobei sie nicht mit Ermutigungen, aber auch nicht mit manchmal sehr ernsten Ermahnungen spart. Ebenso wie es Christus machte. Mit Entschiedenheit muß sie auch die Folgen des Bösen und der Lüge anklagen. In ihrem evangelischen Kampf will die Kirche der Armen nicht unmittelbaren politischen Zielen dienen, nicht dem Kampf um die Macht. Sie sorgt dafür, daß ihre Worte und Aktionen nicht zu solchen Zwecken ‚mißbraucht‘ werden.

Die Kirche der Armen spricht also zum Menschen, zum einzelnen und zu allen Menschen. Gleichzeitig spricht sie zu den Gesellschaften, den Institutionen, zu den verschiedenen sozialen Schichten und Berufsgruppen. Sie spricht desgleichen Systeme und soziale, ökonomische und politische Strukturen an. Sie spricht die Sprache des Evangeliums und erklärt es im Licht des Fortschrittes der menschlichen Wissenschaft, aber ohne fremde, irrgläubige und seinem Geist widersprechende Elemente einzuführen.

Sie spricht zu allen im Namen Christi und sie spricht auch im Namen des Menschen:

Tut alles, besonders ihr, die ihr die Entscheidungsgewalt habt, ihr, von denen die Lage der Welt abhängt, tut alles, damit das Leben eines jeden Menschen auf unserer Erde menschlicher, menschenwürdiger werde. Tut alles, damit jener Abgrund wenigstens teilweise verschwindet, der die nicht so zahlreichen Begüterten von der großen Menge der Armen, die im Elend leben, trennt. Tut alles in eurer Macht stehende, damit diese Kluft nicht größer wird, die eine kleine Zahl von Reichen von der großen Zahl derer trennt, die im Elend leben. Tut alles, damit diese Kluft nicht wächst, sondern daß der Weg gebahnt wird zur sozialen Gleichheit, damit die ungerechte Verteilung der Güter einer gerechteren Verteilung Platz macht.

Tut es aus Rücksicht auf jeden Menschen, der euer Nächster und euer Mitbürger ist. Und tut es aus Rücksicht auf das Gemeinwohl und auf euch selbst.

Nur die Gesellschaft ist in sozialer Weise gerecht, die sich bemüht, immer gerechter zu sein. Nur eine solche Gesellschaft hat Zukunft. Die Gesellschaft, die sozial nicht gerecht ist und das nicht werden will, gefährdet ihre Zukunft.

Denkt also an die Vergangenheit, seht das Heute und plant die beste Zukunft für eure ganze Gesellschaft!

Das alles ist in dem enthalten, was Christus in der Bergpredigt sagte in dem einzigen Satz: ‚Selig, die arm sind vor Gott, denn ihnen gehört das Himmelreich!‘›.»

Dieses lange Zitat beantwortet ausgehend von einem einzigen Satz aus dem Evangelium mehrere Fragen der „Sozialpolitik". Die Frage, die ich gestellt habe, bleibt aber noch offen.

«Ich habe Ihnen den Text meiner Ansprache in der favella Vidigal von Rio fast vollständig vorgelesen. Dem Kardinal Araujo Sales war viel daran gelegen, mich dorthin zu führen. Aber habe ich Ihre Frage beantwortet? Zum Teil, glaube ich. Man muß noch deutlicher erklären, ‹unter welchen Umständen und in welchem Maß die Revolte zulässig ist›.

Die Soziallehre der Kirche gibt Ihnen die Antwort. An erster Stelle versucht sie, die ganze historische Vielschichtigkeit der einzelnen sozialen Situationen sowie die ganze menschliche und soziale Vielschichtigkeit der historischen Situationen zu ergründen. Das Wort Aufstand – Revolte (im Sinne von Revolution) ist kein ausgesprochen evangelisches Wort. Im eigentlichen Sinne evangeliumsgemäß ist das Wort *metanoia* oder ‹Umkehr›. Die Kirche bemüht sich, in diesem Sinne zu handeln, wobei sie sich der zweifachen Dimension dieses Ausdrucks, der inneren und der sozialen, vollkommen bewußt ist.

Die Heilige Schrift wendet sich mit aller Entschiedenheit gegen die Ungerechtigkeit und gegen jegliche Ausbeutung des Menschen durch den Menschen: sowohl durch den Mund der alttestamentlichen Propheten wie in den Apostelbriefen.[1] Die Liturgie bringt diese Texte vor allem in der Fastenzeit, die uns jedes Jahr von neuem zur Umkehr ruft. Ist das eine hinreichende Basis, um die Botschaft des Evangeliums und die Sendung der Kirche im Sinne von Revolution zu interpretieren?

Gewiß kommt die Kirche dem Verlangen nach sozialer Gerechtigkeit entgegen, wenn sie die Notwendigkeit der Gerechtigkeit und Bruderliebe verkündet und die soziale Dimension der Bekehrung hervorhebt. Die Kirche teilt die tiefe Sehnsucht nach größerer Gerechtigkeit. Sie unterstützt alles, was diesem Ziel *wirklich dient*. In dieser Hinsicht hat Johannes XXIII. in seiner Enzyklika *Pacem in terris* (161, 163) sehr bedeutsame Worte gesagt:

Was die Revolution angeht (wenn man unbedingt auf diesem Ausdruck besteht), dann besitzt die ‹Revolution› des

---

[1] Zum Beispiel im Jakobusbrief (2,6): „Ihr aber verachtet den Armen." Oder Jak 5,4–5: „Der Lohn der Arbeiter, die eure Felder abgemäht haben, der Lohn, den ihr ihnen vorenthalten habt, schreit zum Himmel; die Klagerufe derer, die eure Ernte eingebracht haben, dringen zu den Ohren des Herrn der himmlischen Heere. Ihr habt auf Erden ein üppiges und ausschweifendes Leben geführt . . ."

188

Evangeliums eine eigene Dimension, eine tiefere, fundamentalere und umfassendere Sicht als jede historische Form von sozio-ökonomischer Revolution. Diese Dimension zeigt sich überall in der Frohbotschaft. Auf bündigste Weise in den acht Seligpreisungen der Bergpredigt und in der Verkündigung des Gebotes der Feindesliebe. Kein einziger ‹Schlüssel› irgendeiner Revolution in der Geschichte könnte uns zu einer authentischen Deutung einer sogenannten ‹Revolution des Evangeliums› verhelfen, die im Grunde Umkehr oder *metanoia* ist.

Der Begriff von den ‹Armen vor Gott› ist in dieser Hinsicht und in gewisser Beziehung ein Schlüsselbegriff.

Die Kirche der Armen schreitet durch die Revolutionen der Geschichte und wird oft von ihnen verfolgt. Aber sie hält stand in der Kraft ihres gekreuzigten und auferstandenen Herrn und wirkt immer wieder als wahrer Sauerteig an der Umwandlung des Menschen. Eine Umwandlung, die das Evangelium nirgendwo als Revolution bezeichnet, die aber zur Vermehrung von Gerechtigkeit und Frieden in der Geschichte und zur Verbreitung des Gottesreiches beiträgt.

In verschiedenen Formen ist die Kirche der Armen inmitten aller Völker und Nationen der Erde zugegen.»

Das Christentum hat eine Eigenart, die vielleicht deshalb oft verkannt wird, weil sie zu offenkundig ist: Ihm ist die menschliche Person von unendlicher Bedeutung. Wie die Erlösung die Tat eines einzigen ist, des „Menschen, der Christus genannt wird", ebenso kann – im Gegensatz zu den Systemen, die auf Massenwirkung und materiellen Grundsätzen aufgebaut sind – nach der Lehre des Christentums ein einziger die Welt verändern.

II

Dieses Gespräch über die Kirche folgt keiner logischen Ordnung. Aber welche Unterhaltung würde sich nach einer solchen Ordnung richten? Wenn der Heilige Vater von der „Kirche der Armen" spricht, die aus Menschen und nicht aus Ideen besteht, dann denke ich an die Priester – denen bei aller Vielfalt ihrer Berufung, sei es zu dem rein kontemplativen Leben der Kartäuser, sei es zum Einsatz all ihrer Kräfte in den Elendsvierteln – dieses eine gemeinsam ist: daß sie alle *geweiht* sind. Ich frage mich, was der Priester heute in der allgemeinen Entsakralisierung ist. Man kann freilich sagen, daß diese Entsakralisierung in gewisser Weise an jenem Tag begonnen hat, als Jesus bei der ersten Konsekration von Brot und Wein die Worte sprach: „Nehmt und eßt alle davon, dies ist mein Leib, der für euch hingegeben wird" (Lk 22,19). Damals hat er einem jeden erlaubt, Gott zu verzehren und somit auf einen Schlag den Schrecken vernichtet, der mit dem Begriff des „Sakralen" verbunden ist, daß den Menschen in Abstand hält; statt dessen eröffnete er das Zeitalter des „Heiligen", das im Gegenteil anzieht. Da aber auch das Verständnis von „Heiligkeit" verlorenzugehen scheint, was wird dann aus dem Priester?

In unserer Zeit herrscht offenbar eine gewisse Unsicherheit über das Wesen des Priestertums wie auch über den kirchlichen Zölibat. Daher zwei Fragen an den Heiligen Vater: Man kann den Eindruck bekommen, daß der Priester ein Mensch ist, der in seinem Leben einsam bleibt, damit andere es nicht sind. Weshalb muß man die Priesterweihe empfangen, um das Brotbrechen in der Messe gegenwärtig zu setzen, und worin unterscheidet sich das priesterliche Amt grundlegend von allen anderen?

« Gestatten Sie mir, meine Antwort an die vorhergehende anzuknüpfen. Da handelte es sich um ‹die Kirche in der Sicht

190

der acht Seligpreisungen›. Jetzt geht es um ‹die Kirche, die *ständig* aus der Eucharistie *geboren wird*›. Denn ihr müssen wir uns zuwenden, wenn wir über das Wesen des Priestertums sprechen wollen: Denn das Amts- oder das hierarchische Priestertum ist eng damit verbunden. Die Worte ‹Tut dies zu meinem Gedächtnis› folgen unmittelbar auf die Worte, mit denen die Eucharistie im Abendmahlssaal eingesetzt wurde.[1]

Die Kirche lebt von der Eucharistie und wird durch sie unaufhörlich neu geboren. Und sie verwirklicht sich dank der Eucharistie auf eine ganz besondere Weise. Die Eucharistie ist der Höhepunkt, dem in der Kirche alles entgegenstrebt und in dem sich alles vereint. Wenn Sie mich über das Priestertum befragen, dann rühren Sie an diese Dimension der Kirche als Eucharistie. Das ist ihr innerster, heiligster und sakramentalster Ausdruck. Die Kirche schöpft ihren sakramentalen Charakter vor allem aus der Eucharistie.

Es gibt das Priestertum, weil Christus *der Kirche in der Eucharistie sein Opfer hinterlassen hat,* das Opfer seines Leibes und Blutes, die beim letzten Abendmahl erstmals unter den Gestalten von Brot und Wein Speise und Trank für seine Jünger geworden sind. Als Jesus den Aposteln diese Nahrung und diesen Trank reichte, sprach er ausdrücklich von dem Leib und dem Blut, die am Kreuz geopfert werden sollten. Er sagte: ‹Dies ist mein Leib, der für euch hingegeben wird› und nach Mt 26,28: ‹Dies ist mein Blut, das Blut des Bundes, das für

---

[1] In Jerusalem feierten die Apostel mit Jesus das Paschamahl im Abendmahlssaal. Nach der Tradition fand es im oberen Zimmer eines Gebäudes auf dem Berg Sion statt, das heute „Grab Davids" heißt (was sich im unteren Geschoß befand). Die Eucharistie oder „Danksagung" ist ein Geheimnis von einer solchen Tiefe und Weite, daß sie nicht aufhört, den Theologen Arbeit zu machen – und den Mystikern Freude. Ihre Einsetzung findet man dargestellt in 1 Kor 11,23–25; Mt 26,26–28; Mk 14,22–24. Lk 22,19–20 berichtet über das letzte Mahl oder „Abendmahl" Christi mit seinen Aposteln: „Und er nahm Brot, sprach das Dankgebet, brach das Brot und reichte es ihnen mit den Worten: Das ist mein Leib, der für euch hingegeben wird. Tut dies zu meinem Gedächtnis! Ebenso nahm er nach dem Mahl den Kelch und sagte: Dieser Kelch ist der Neue Bund in meinem Blut, das für euch vergossen wird."

viele vergossen wird zur Vergebung der Sünden›. Er sprach vom Opfer des neuen und ewigen Bundes, dessen einziger Hoherpriester er selber ist.

Wer das Opfer des neuen und ewigen Bundes darbringt, ist Hoherpriester dieses neuen und ewigen Bundes. Und gerade Christus ist ein solcher Hoherpriester, wie wir in der wunderbaren Darlegung des Hebräerbriefes[1] lesen.

Zugleich ist er der Hohepriester des Abendmahlssaales, ‹Priester auf ewig nach der Ordnung Melchisedeks›, jenes geheimnisvollen Königs von Salem [alter Name für Jerusalem], der dem Abraham mit Brot und Wein entgegenkam.[2] Die Tradition, die in dem alten Eucharistischen Hochgebet, dem Römischen Kanon, zum Ausdruck kommt, sieht in der Geste des Melchisedek die Vorausverkündigung des vollkommenen Opfers. Im Abendmahlssaal hat Christus das Brot und den Wein zu den sakramentalen Zeichen dieses Opfers gemacht, das er am folgenden Tag mit seinem Leib und seinem Blut dem Vater darbringen sollte.»

Bevor wir fortfahren, muß ein Mißverständnis ausgeräumt werden: Der Opferbegriff ist dem zeitgenössischen Denken vollkommen fremd. Vor allem, wenn er die Idee der Wiedergutmachung oder des Loskaufens einschließt. Man sagt, wie kann es einen Gott geben, der so nach Rache und Sühne dürstet, daß er sein eigenes Gebot vergäße, siebzig mal sieben mal

---

[1] Vgl. Hebr 7,23–24: „Auch folgten dort viele Priester aufeinander, weil der Tod sie hinderte zu bleiben; er (Christus) aber hat, weil er auf ewig bleibt, ein unvergängliches Priestertum."

[2] Gen 14,18–19: „Melchisedek, der König von Salem, brachte Brot und Wein heraus. Er war Priester des Höchsten Gottes. Er segnete Abram und sagte: Gesegnet sei Abram vom Höchsten Gott, dem Schöpfer des Himmels und der Erde." Der Name des Patriarchen Abram (erhabener Vater) wird später von Gott verändert in Abraham (Vater der Menge). Das Evangelium nennt den Himmel „Abrahams Schoß" (Lk 16,22).

zu verzeihen? Wenn er so ist, wie unterscheidet er sich dann von den grausamen Göttern des Heidentums, die nur durch Blut besänftigt werden konnten? Was ist das für eine ‹Gerechtigkeit›, die sich von der erhabenen Höhe einer ewigen Vollkommenheit auf ein schwaches und wehrloses Wesen stürzt? Dieses Zerrbild hat sich unzähligen Köpfen eingeprägt. Für sie ist es eine offenkundige Wahrheit –, so daß selbst die Vertreter der Kirche oft nur zögernd das Wort „Opfer" gebrauchen, da es von der Spiritualität in den Kleinhandel geraten ist. Doch das Opfer auf Kalvaria wurde nicht verlangt, um die Gerechtigkeit wiederherzustellen. Denn ihr wäre mit einer einzigen der Tränen Genüge geschehen, die Jesus über Jerusalem geweint hat. Wer ein wenig mit dem Evangelium vertraut ist, der weiß, daß im göttlichen Heilswerk die Gerechtigkeit in keinem Vergleich zur Barmherzigkeit steht, was ein anderer Name für Liebe ist. Die Wahrheit ist, daß das Opfer, das heißt die vollkommen Selbsthingabe, die gewöhnliche Existenzweise der göttlichen Dreieinigkeit ist.

So hat Christus im Abendmahlssaal sein eigenes Opfer zum Opfer der Kirche gemacht. Er hat es der Kirche, seiner Braut, als kostbarstes Geschenk seiner Liebe hinterlassen. Indem er alle Glieder der Kirche an diesem Opfer teilhaben ließ, hat er ihnen auch an seinem Priestertum Anteil geschenkt und sie zu ‹Königen und Priestern› für seinen Vater gemacht. Damit alle am Erlösungsopfer teilhaben können, hat Christus zu seinen Aposteln gesagt: ‹Tut dies zu meinem Gedächtnis!› Damit gab er ihnen die Vollmacht, sein Opfer in sakramentaler Weise gegenwärtig zu setzen, indem er ihnen sagte, wie sie es tun sollten.

Als die Apostel danach handelten, geschah es nicht nur in seinem Namen, sondern aufgrund einer einzigartigen Angleichung an den alleinigen Ausspender der Geheimnisse, das heißt, den Hohenpriester seines Opfers. So werden auch sie Ausspender und Verwalter der Geheimnisse Christi in der sakramentalen Ordnung.

Es ist unmöglich, dieses Opfer darzubringen, ohne Priester zu sein. Um die Eucharistie zu feiern, genügt es nicht, das geschichtliche Abendmahlsgeschehen nachzuvollziehen. Das priesterliche Wesensmerkmal ist für den Zelebranten unentbehrlich. Dafür muß er geweiht werden. Diese Weihe ist notwendig, damit die Kirche *aus der Eucharistie geboren* werden kann, damit sie als Gemeinschaft leben kann, die das Gedächtnis des Todes und der Auferstehung des Herrn feiert.

Ich wiederhole damit Worte aus der apostolischen Überlieferung und der Tradition der Kirchenväter, die in allen Dokumenten des kirchlichen Lehramtes bis zum Zweiten Vaticanum einschließlich zu finden sind.»

Was der Papst über den Dienst der Sakramentenspendung sagt, bedeutet selbstverständlich nicht, daß er die beiden anderen priesterlichen Aufgaben vergißt oder herabsetzt: die Verkündigung des Wortes und die Seelsorge, der er sich bekanntlich selbst voller Eifer widmet.

«Das Priestertum ist ein konstituierendes Element für das Leben und die Entfaltung der Kirche. Es stellt eine besondere Berufung und einen bestimmten Dienst dar. Er vollzieht sich innerhalb der Gemeinschaft der Gläubigen und all derer, die durch die Taufe am österlichen Geheimnis Christi und somit an dem Opfer teilnehmen, das von seinem Priestertum unzertrennlich ist. Die Priester sind also ‹von ihnen› und ‹für sie›, wie es im Hebräerbrief (5,1) heißt: ‹Jeder Hohepriester wird aus den Menschen ausgewählt und für die Menschen eingesetzt zum Dienst vor Gott.›

Als Sie vom priesterlichen Zölibat sprachen, haben Sie eine sehr bezeichnende Formulierung gebraucht: ‹Der Priester ist ein Mensch, der in seinem Leben einsam bleibt, damit es die anderen nicht sind.› Das ist wirklich ein schönes Wort, und dafür möchte ich Ihnen danken.

Ich glaube, das ist eine eigenartige, aber sehr zutreffende Umschreibung der Worte Christi über den Zölibat und die Ordensgelübde. Christus spricht vorwiegend von der Ehelosigkeit ‹um des Himmelreiches willen›. Ein knapper Ausdruck, der mit unterschiedlichen Inhalten ungeheuer beladen ist. Diese Ehelosigkeit ist eine bewußt und frei gewählte Existenzweise, um dem Kommen des ‹Reiches› zu *dienen* und vor allem, um diesem Reich die endzeitliche und dennoch schon jetzt in der Welt gegenwärtige Wirklichkeit in spezifischer Weise zu bezeugen.

Für das Reich Gottes Zeugnis ablegen, es durch das Zeichen der Ehelosigkeit bezeugen, das heißt, durch das Zeichen der *Erwartung,* Erwartung des einzigen Bräutigams, Erwartung der Liebe, die Quellgrund aller Liebe ist: Das bedeutet ‹einsam bleiben, damit die anderen es nicht sind›. Das bedeutet, ihnen die Gegenwart Gottes nahebringen, ‹durch den und für den wir alle leben› (vgl. Lk 20,38). Das bedeutet, durch das Zeugnis meines Lebens, meiner Entscheidung, meiner Existenz diesen Gott der Welt nahebringen.»

III

Die Kirche von heute legt im Namen des Evangeliums großes Gewicht auf die Politik, die Gerechtigkeit und die gesellschaftlichen Institutionen. Das führt zu einer Frage, die Christen sehr häufig stellen: „Gibt es eine zeitliche Wirksamkeit der Kirche, hat die Kirche eine zeitliche Sendung?" Dies ist eine ernste Gewissensfrage für den Christen und bringt ungeheure Schwierigkeiten mit sich. In der Tat stellt das Evangelium ein Geflecht von unmittelbaren Beziehungen zwischen Gott und Menschen her, so daß er sich in der zweiten Person konjugiert: „Du sollst Gott lieben, du sollst deinen Nächsten lieben wie dich selbst", aber selten in der dritten Person spricht. Wenn Gott das Recht hat, einem seiner Kinder zu sagen, „dem, der dir den Mantel wegnimmt, laß auch das Hemd" oder „dem,

der dich auf die eine Wange schlägt, halte auch die andere hin"
(Lk 6,29), dann ist es offenbar schwierig, ein bürgerliches
Gesetzbuch auf der Grundlage dieser göttlichen, moralischen
Vollkommenheit zu verfassen. Ich kann zwar über meine
eigene Wange verfügen, aber es wäre ein sehr merkwürdiges
Gesetz, das mir auch das Verfügungsrecht über die Wange
meines Nächsten gäbe.

Kann man aus dem Evangelium eine Politik und bei Bedarf
gesellschaftliche Normen ableiten?

«Diese Fragestellung erinnert mich an den Dialog zwischen
Christus und Pilatus. Jesus von Nazaret, der angeklagt worden
war, sich zum König machen zu wollen, antwortet seinem
Richter zuerst verneinend: ‹Mein Königtum ist nicht von
dieser Welt. Wenn es von dieser Welt wäre, würden meine
Leute kämpfen, damit ich den Juden nicht ausgeliefert würde.
Aber mein Königreich ist nicht von hier› (Joh 18,36). Pilatus
erkennt zu Recht, daß diese Verneinung eine Behauptung enthält und fragt deshalb zum zweitenmal: ‹Also bist du doch ein
König?› Nun antwortet Christus bejahend: ‹Du sagst es, ich
bin ein König, ich bin dazu geboren und in die Welt gekommen, daß ich für die Wahrheit Zeugnis ablege. Jeder, der aus
der Wahrheit ist, hört auf meine Stimme› (Joh 18,37).[1]

Ich meine, daß von diesen Worten ein gerader Weg zu
Gaudium et spes, der Pastoralkonstitution über die Kirche in
der Welt von heute, führt: ‹Die Kirche, die in keiner Weise hinsichtlich ihrer Aufgabe und Zuständigkeit mit der politischen
Gemeinschaft verwechselt werden darf und auch nicht an
irgendein politisches System gebunden ist, ist zugleich
Zeichen und Schutz der Transzendenz der menschlichen Person.›

Freilich ist der Anwendungsbereich dieser beiden Erklärungen, der einen von Christus vor Pilatus, der anderen von der

---

[1] Die Zitate sind entnommen aus Joh 18,16–37.

Kirche im Jahr 1965, nicht ganz der gleiche. Das Konzil stellt fest, daß die Kirche als Gemeinschaft keinen politischen Charakter hat und kein Staatsgebilde ist. Vor Pilatus leugnet Christus, daß seine Macht eine politische Macht sei. Doch obgleich sich die beiden Anwendungsbereiche nicht decken, so berühren sie sich doch nahe. Die politische Macht gehört in den Raum der politischen Gemeinschaften. Die Kirche, eine von Christus gestiftete Gemeinschaft, strebt nicht nach politischer Macht. Sie ist an keinerlei politisches System gebunden, wie das Konzil sagt. In diesem Sinne entspricht die ‹Politik› nicht ihrem Wesen, ihren Prinzipien und ihrem Ziel. Das ‹Reich›, das sich in ihr verwirklicht, ist ‹ nicht von dieser Welt›. Würde eine Kirche sich mit dem Staat gleichsetzen, wäre sie nicht mehr sie selbst. Sie würde aufhören, Kirche zu sein. Die Erfahrung von zweitausend Jahren hat bestätigt, daß diese geistige Grenze nie und nirgends überschritten worden ist. Trotz verschiedener Formen von Abhängigkeit der Kirche vom Staat oder des Staates von der Kirche, trotz der Existenz des ‹Kirchenstaates› ist die Kirche immer Kirche geblieben. Die von Christus gezogene Grenzlinie hat sich als stärker erwiesen als alle Wechselfälle der Geschichte.»

Diese Antwort entspringt dem Bild, das der Heilige Vater von der Kirche hat. Ich höre bereits das Geschrei und die Einwände. Das Thema von den Kompromissen, welche die Kirche mit der bestehenden Ordnung gleich welcher Art geschlossen hat, ist seit zwei oder drei Jahrhunderten zum Gemeinplatz der antiklerikalen Propaganda geworden. Ihr ist es gelungen, viele gute Christen von heute zu überzeugen, daß sich ihre Mutter, die Kirche, an die Brust zu schlagen habe. Sie müsse sich zur Reue bewegen und endlich zugeben, daß sie sich durch ihre Verbindung mit dem Römischen Weltreich, mit allen europäischen Monarchien und mit dem Bürgertum des 19. Jahrhunderts entehrt hat. Man macht sich kaum mehr die Mühe, Beispiele anzuführen, denn scheinbar hat man nur die Qual

197

der Wahl. Von Konstantin bis zu Richelieu oder von der Kolonisierung Südamerikas bis zu den verwickelten Machtverhältnissen im Kirchenstaat. Wir wollen die Fehler nicht leugnen, aber muß man sie überbetonen? Richelieu war ein Mann der Kirche, aber er allein war ebensowenig die Kirche wie ein Franz von Sales oder ein Vinzenz von Paul. Ein König konnte ihn zu seinem Minister machen, aber niemand hat ihn je zum Beichtvater genommen. Man kann nicht behaupten, daß die Kirche sich mit dem Bürgertum des 19. Jahrhunderts identifiziert habe. Der Pfarrer ging in die Bauernhütte und aufs Schloß, aber er war kaum je bei dem Bürger zu finden, der ein Anhänger von Voltaire oder Atheist war. Dieser hätte es schwerlich ertragen können, daß man in seinem Geschäft oder in seiner Fabrik angefangen hätte, wenn auch noch so unaufdringlich, über das Evangelium zu reden. Es ist unrichtig, daß die Bekehrung von Kaiser Konstantin eine Ära des Triumphalismus heraufgeführt und die weltliche und geistliche Macht so miteinander verquickt hätte, daß daraus verheerende Folgen für die Reinheit der Kirche erwachsen wären. Mit der Anerkennung des Christentums[1] unterwarf Konstantin nicht die Kirche, sondern er unterwarf das Römische Reich einem Gesetz, das über dem Gesetz des Staates stand. Das wirkte sich zuerst dahin aus, daß es ihm nicht möglich war, sich selbst zum Gott zu machen, während seine Vorgänger selten gezögert hatten, dies zu tun. Der Kaiser war nicht mehr Gott: Das war keine Kleinigkeit. Die weltliche und die geistliche Macht waren weit entfernt davon, miteinander zu verschmelzen. Von Rechts wegen waren sie endgültig voneinander getrennt, obgleich sie sich mehr als einmal miteinander verbündeten. Der Papst hat allen Grund zu sagen, daß „diese Grenze niemals überschritten worden ist". Sie liegt sehr hoch; in diesem Sinn ist sie auch nicht zu verletzen.

[1] Das Mailänder Edikt von 313 kam vor allem dem Christentum entgegen.

Kommen wir auf unsere Parallele zurück. Der zweite Teil der Antwort an Pilatus stimmt offenbar noch enger mit der Konzilserklärung überein. *Für die Wahrheit Zeugnis geben und die Transzendenz der menschlichen Person schützen* ist ein und dasselbe. Denn der Mensch bekundet und verwirklicht die ihm eigene Transzendenz durch sein Verhältnis zur Wahrheit. Diese Transzendenz macht sein „Königtum" aus. Diese allumfassende Dimension geht jeden einzelnen und folglich alle Menschen an.

«Christus ist König in dem Sinne, daß in ihm und in seinem Zeugnis für die Wahrheit das ‹Königtum› jedes menschlichen Wesens offenbar wird. Das ist ein Ausdruck für die Transzendenz der Person. Dieses Erbe ist der Kirche eigen.

Ihre Frage rührt an das Problem von ‹Kirche und Politik›. Daher der Rückgriff auf die Antwort Christi an Pilatus. Wir sind aber noch nicht am Ende der Frage. Sie fragen mich, ob man aus dem Evangelium eine Politik ableiten könne, weil die heutige Kirche gerade im Namen des Evangeliums Politik und soziale Gerechtigkeit so stark betont. Obgleich Christi Antwort an Pilatus die Frage nicht erschöpfend löst, so ist ihr Licht doch unentbehrlich und in einem bestimmten Bereich von höchster Bedeutung für die Bezeugung der Wahrheit – also der Transzendenz des Menschen. Und dieser Bereich ist die Politik.»

Der Heilige Vater bemerkt, daß der Ausdruck „Politik" zumindest mehrdeutig ist:

«Nach der aristotelischen Tradition bilden Politik und Sozialethik mehr oder weniger eine Einheit. Für den modernen Menschen handelt es sich vorwiegend um eine Regierungstechnik, die schwer belastet ist von einem Nützlichkeitsdenken im Sinne von Machiavelli.

Im ersten Falle bedeutet Politik zugleich soziale Gerechtigkeit, im zweiten nicht.

Wenn die Kirche zu politischen Fragen das Wort ergreift, tut sie das gemäß ihrem Lehrauftrag, der sich grundsätzlich auf

Glaubens- und Sittenfragen bezieht. Sie gibt jedesmal eine angemessene Auslegung des Sittengesetzes, das im Evangelium ausdrücklich enthalten ist oder von ihm bestätigt wird.

In diesem Sinne lehrt die Kirche Sozialethik, überläßt aber den zuständigen Personen die Aufgabe des Regierens, indem sie in ihrer Hirtensorge und lehramtlichen Verantwortung ständig darauf drängt, daß die Regierungsmethode oder Regierungskunst nicht in eine reine Technik zur Erhaltung der Macht ausartet, sondern der sozialen Gerechtigkeit dient, das heißt dem Allgemeinwohl der Staatsbürger. Soziale Gerechtigkeit und Allgemeinwohl sind nicht ein und dasselbe, dennoch sind es verwandte Begriffe, denn alle beide bezeichnen einen Stand der sozialen Beziehungen, der die Transzendenz des Menschen in Achtung seiner Grundbedürfnisse schützt.

Deshalb nimmt die Kirche aus Treue zum Evangelium und aus Treue zum Menschen so häufig Stellung zu politischen Fragen. Die Kirche hat die Pflicht, für die Wahrheit Zeugnis abzulegen, wie es Christus vor Pilatus getan hat. Genauer gesagt, sie muß sich zutiefst bewußt sein, daß ihr Reich ‹nicht von dieser Welt› ist, damit sie sich klar und entschieden zu den Fragen äußern kann, die von dieser Welt sind, wo der Mensch seine Transzendenz nicht verlieren darf. Um ihr zu begegnen, sie zu stärken, um sie den Menschen bewußt zu machen und sie ihm aufzuzeigen, muß die Kirche *für die Wahrheit Zeugnis ablegen*.»

Ich hatte gefragt, ob man aus dem Evangelium eine Politik ableiten kann. Antwort des Papstes: Die Politik des Evangeliums ist die Transzendenz des Menschen. Die menschliche Person bildet sich durch die Beziehung dieser Transzendenz zur Wahrheit, die für den Christen eine Person ist: die Person Jesu Christi. Der Mensch, der für die Wahrheit Zeugnis ablegt, bezeugt gleichzeitig sich selbst. Eine Politik, die sich „aus dem Evangelium ableitet", hat also ihren Ursprung und ihr Ziel darin, dieses Zeugnis für die Wahrheit wo immer möglich abzulegen, denn das ist die Wesensgrundlage des Menschen.

IV

Da die Christen offenbar enttäuscht sind, wie sie sagen, eine „geschichtliche Wende" nach der anderen versäumt zu haben (die „Wende" der Rennaisance, die „Wende" der Französischen Revolution, für manche auch die „Wende" des Marxismus und etlicher anderer Wendungen der westlichen Gesellschaftssysteme), sind sie mehr und mehr versucht, auf Kosten jeglicher Transzendenz und Kontemplation in der Geschichte, dem Götzen der modernen Zeit, unterzutauchen. Wenn der Dienst der Anbetung nicht in den Klöstern oder von ein paar alten Frauen in den Pfarreien, wo noch ein Rest von dieser Andachtsform übriggeblieben ist, wahrgenommen würde, dann wäre sie längst vergessen. Aber ist sie nicht lebensnotwendig für die Seele des Menschen[1]?

«Ich stelle fest, daß das Hauptthema unserer Unterhaltung nach dem ‹Glauben› und der ‹sittlichen Ordnung› nun die Kirche ist. Ich versuche darum, aus jeder Ihrer Fragen einen neuen Aspekt der Kirche herauszuholen. So haben wir nacheinander über die ‹Kirche der Seligpreisungen›, die ‹Kirche der Eucharistie› und soeben über die ‹Kirche des Gottesreiches› oder – wenn Sie wollen – über die ‹Kirche und die Politik› gesprochen. Dieses Mal finde ich keine bestimmte Formulierung oder besser kein Hauptanliegen. Doch fällt mir etwas für meine Antwort ein. Erinnern Sie sich an den Verlauf des letzten Konzils? Für mich ist es eine beredte und bezeichnende

---

[1] Ich weiß, daß das Wort „Seele" aus dem Wörterbuch des modernen Denkens gestrichen wurde, aber ich kenne nicht die Gründe. Für mich ist die Seele das, was auf den Namen Jesus Christus freudig reagiert. Außerhalb von Glaube und Hoffnung bezeichnet man mit Seele das Unsterbliche im Menschen.

Tatsache, daß das *erste* Thema, das zur Debatte stand, und das *erste* Dokument, das verabschiedet wurde, *die Konstitution über die heilige Liturgie* war. Dagegen hieß das *letzte* Beratungsthema und das *letzte* Dokument, über das abgestimmt wurde: ‹*Die Kirche in der Welt von heute*›, also die Kirche in der Zeit und in der Geschichte.

Mir kommt das vielleicht deshalb in den Sinn, weil der Verlauf der Konzilsarbeiten uns den Weg zu einer richtigen Antwort weisen kann.»

Wie man gern einen Gang durch den Garten macht, ehe man sich an den Schreibtisch setzt, so ist der Papst nicht abgeneigt, um eine Frage herumzugehen, bevor er auf sie eingeht.

«Ihre Worte müssen gut bedacht werden, mehr noch, sie müssen Unruhe wecken. Man muß unruhig werden, wenn man sich überlegt, *was im Menschen vorgeht*. Sie haben zu Recht die Frage gestellt, ob Gebet und Kontemplation nicht lebensnotwendig für den Menschen sind. Es ist beängstigend zu sehen, wie sie im Menschen und in der Gesellschaft verkümmern. Das ist nicht nur für die Lebenskraft der Kirche beängstigend, sondern vor allem für den Menschen selber. Wie sollte man sich nicht beunruhigen, daß der Sinn für die Transzendenz schwindet, daß man gegenüber Anforderungen des Absoluten gleichgültig bleibt, daß man in der Immanenz eingeschlossen oder sogar dem Vergänglichen verfallen ist?

Sie führen all diese Erscheinungen auf eine Flucht, ein ‹Untertauchen in die Geschichte›, dem ‹Götzen der modernen Zeit› zurück.

Ich bin der Ansicht, daß die Geschichte nicht im Gegensatz zur Transzendenz steht. Richtig verstanden ist sie eher eine Hilfe, die Transzendenz zu bekunden, wie ich Ihnen wohl schon gesagt habe.»

Aber es gibt verschiedene Auffassungen von Geschichte. Es gibt eine Geschichte, die erzählt wird; eine, die in einem unsichtbaren Buch geschrieben steht, das wir erst am Ende der

Zeiten lesen werden; eine, von der man mit Shakespeare sagen kann, daß sie „voller Lärm und Getöse" ist und „keinen Sinn" hat. Dann gibt es die Geschichte der Geschichtsschreiber und die Geschichte, die den Anspruch erhebt, alles in sich zusammenzufassen, einschließlich Gott.

«Man muß unterscheiden zwischen ‹Geschichte› und ‹Geschichtsverständnis›. Und noch mehr zwischen Geschichte und ‹geschichtlichem Materialismus›. Die Geschichte als solche ist nach meiner Meinung eine Dimension der Transzendenz des Menschen und setzt keineswegs voraus, daß seine Existenz rein ‹horizontalen› Charakter hätte. Freilich nur unter der Bedingung, daß wir eine korrekte Begriffsbestimmung von dem Verhältnis des Menschen zur Geschichte geben, das heißt, daß wir die volle Wahrheit über den Menschen zugrunde legen, eine Wahrheit, die alle Lebensbedingungen der menschlichen Seele berücksichtigt. Aus dieser Sicht ergeben sich aus der Geschichte weder Materialismus noch Atheismus, nicht einmal Horizontalismus. Die Geschichte ist nicht schuld an der Verdrängung und der Entfremdung dessen, was das Wesen des Menschen ausmacht.

Ich sage das im Hinblick auf den spezifisch religiösen Charakter des Christentums. Das Christentum ist keine Religion des ‹reinen Absoluten› oder des ‹einsamen Absoluten›. Der Gott, an den wir glauben, ist ein lebendiger Gott, er ist auch der *Gott der Geschichte*. Wir finden ihn nicht nur oberhalb der Geschichte, oberhalb der vergänglichen Wechselfälle von Welt und Mensch. Dieser Gott ist in die Geschichte eingetreten. Er ist ein Gott, der sich auf die Menschheitsgeschichte, mitten in das Menschheitsdrama, eingelassen hat. Er hat dieses Drama ‹auf sich genommen›, wenn man so sagen darf. Darum ist er ‹für Juden ein Ärgernis›, ‹ für Heiden eine Torheit› geworden, wie Paulus schreibt (1 Kor 1,23).

So verkündet und bekennt das Christentum vor dem ‹Götzen Geschichte›, wie Sie sagen, die Gegenwart Gottes in der Geschichte.

Gott gibt auch der Geschichte des Menschen den tiefsten und entscheidendsten Sinn. *Die Heilsgeschichte* ist die einzige Dimension der Geschichte des Menschen, in der die Zukunft sich nicht von der Vergangenheit zurückhalten läßt, sondern sie ‹in sich aufnimmt›, sie auf den Weg in die Zukunft führt und aus ihr heraus die Zukunft gestaltet. Man versteht mehr davon, wenn man die Dokumente des letzten Konzils und theologische Schriften zum Beispiel von Hans Urs von Balthasar oder von Mouroux liest.»

Das in der Genesis enthaltene Programm („Macht euch die Erde untertan!"), die Erwartung des Messias, die Heilserwartung der Menschen und das Juden-Christentum gaben der Geschichte schon einen Sinn, als sie im heidnischen Denken noch keine Bedeutung erlangt hatte.

«Wir hätten diesem Teil unseres Dialogs die Überschrift geben können: ‹Die Kirche und die Geschichte›. Aber damit bin ich nicht ganz zufrieden. Ich würde vorziehen: ‹Die Kirche des Liebesgebotes›. Ich will versuchen, das zu erklären.

Sie beklagen mit Recht, daß in gewissen Kreisen das Bedürfnis nach Anbetung und Kontemplation verkümmert. Wir sollten aber auch die andere Seite sehen und hinzufügen, daß wir zu gleicher Zeit an anderen Orten und in anderen Kreisen eine Wiederentdeckung des Gebets und eine Neugeburt der Innerlichkeit erleben. Das sind gleichlaufende Entwicklungen, die entweder gelegentlich zusammentreffen oder die nichts voneinander wissen. Dennoch entfalten sich alle beide. Vielleicht wirken sie auch aufeinander ein, indem sie wie beim Tauziehen in verschiedene Richtungen streben.

Im Menschen entsteht das Bedürfnis zu beten und anzubeten als eine Antwort des Glaubens auf das Wort des lebendigen Gottes. Es ist ein Ausdruck seiner Begegnung mit diesem Gott, der sich ihm zuwendet und ihm seine Liebe ausdrücklich durch seinen Eintritt in die Geschichte bewiesen hat.

Die christliche Anbetung geht gewöhnlich von der Erniedrigung Gottes aus, von seinem ‹Abstieg›, seinem Kreuz, von der Eucharistie. Die Begegnung mit dem Gott der Liebe in der Unendlichkeit des Universums ist nicht ebenso überwältigend wie die in der Eucharistie, am Kreuz – oder auch in der Krippe von Betlehem.

Darum scheint mir, daß Ihre erste Frage sich vor allem auf die rechte Ordnung des Liebesgebotes bezieht. Obgleich wir mit Liebe auf jene Liebe antworten sollen, die sich in der menschlichen Geschichte offenbaren wollte, und das tun wir, indem wir unsere Brüder lieben, so ist ebenfalls wahr, daß wir nicht lieben und aus Liebe dienen können, wenn wir uns nicht durch die Anbetung in die größere Liebe versenken. So hat es Christus bestimmt. Denn er verband sein Gebot, Gott über alles zu lieben, mit dem Gebot, unseren Nächsten zu lieben wie uns selbst.

Ich habe eben erwähnt, daß das Konzil seine Arbeit mit der Liturgiekonstitution begonnen und mit der Konstitution über die Kirche in der Welt von heute abgeschlossen hat. Damit hat es deutlich darauf hingewiesen, daß die Erneuerung sich nur dann richtig vollziehen kann, wenn die rechte Ordnung für das Hauptgebot der Liebe eingehalten wird.»

V

Ich habe mir vorgenommen, später auf die Beziehungen zwischen Christentum und dieser „Geschichte" zurückzukommen. Die Geschichte wirkt gelegentlich wie eine Komödie mit tragischem Ausgang, während die jüdisch-christliche Religion eher eine paradoxe Tragödie mit gutem Ausgang ist. Im Augenblick ist es mir zumute wie meinem wißbegierigen Vorgänger, dem Aristoteles liebenswürdig antwortete, daß „er unter dem Gewicht seiner eigenen Frage zusammengebrochen sei". Wie wir von der Geschichte auf den Katechismus gekommen sind, weiß ich nicht mehr. Das heißt, ich weiß es ganz genau. Eine Gesamtschau auf die Welt und ihre Bestimmung bedarf einer Lehre und einer Unterweisung, und diese Unterweisung wird heute auf verschiedene Art erteilt: Durch das Lehramt der Kirche (durch Enzykliken bis hin zur Sonntagspredigt), durch die christlichen Schulen, soweit noch welche übrigbleiben, durch die Presse, durch die Kommunikationsmittel und an der Basis durch die christlichen Familien, die ihren Auftrag häufig dem Religionslehrer überlassen.

Nun kenne ich Katecheten aller Schattierungen, die alle möglichen Sprachen sprechen. Wird die Glaubensunterweisung aber der Privatinitiative überlassen, so wird sie von Land zu Land, von einem Bezirk oder einer Gemeinde zur anderen beträchtliche Unterschiede aufweisen. Man rühmt lautstark, daß die Katechismen heute nicht mehr wie früher in Fragen und Antworten eingeteilt sind, was angeblich den Nachteil hatte, mehr das Gedächtnis als den Verstand zu schulen. Es war vielleicht nötig, eine andere Methode einzuführen, aber seit mitsamt den Fragen die Antworten verschwunden sind, tragen die neuen Lehrbücher in erster Linie zur Verwirrung des Lesers bei. Stichproben erbringen regelmäßig den Beweis, daß die Christen weniger überzeugt sind von dem, was sie glauben, als von dem, was sie nicht glauben.

Ich frage den Heiligen Vater, ob es nicht angebracht wäre, die Grundwahrheiten des christlichen Glaubens ohne Kompromisse und Anpassungen allgemein zu definieren:

«Kirche und Glaubensunterweisung sind ein wichtiges Thema. Wir befinden uns damit auf den Spuren der vorletzten Bischofssynode, an der ich als Erzbischof von Krakau teilgenommen habe. Hinter mir saß Kardinal Luciani von Venedig, der spätere Johannes Paul I. Das war im Oktober 1977. Ich betrachtete diese Synode als die Fortsetzung der Synode von 1974 über die Evangelisierung. Paul VI. hatte die Ergebnisse der Synode von 1974 in seinem Apostolischen Schreiben *Evangelii nuntiandi,* die der folgenden Synode im Apostolischen Schreiben *Catechesi tradendae* zusammengefaßt. Diese beiden Synoden und diese beiden Schreiben erläutern die pastorale Sicht des Konzils und geben die notwendigen Richtlinien für ihre Anwendung im kirchlichen Leben. Die Katechese ist zweifellos die Grundlage für die ‹Selbstverwirklichung› der Kirche. Sie ist eine Methode der Glaubensvermittlung und seit Jahrhunderten ihr Weg. Das bezeugen die überlieferten Dokumente aus den ältesten Zeiten, die in die Überlegungen und Anstrengungen der jeweiligen Epoche die Erfahrungen der verflossenen Zeiten einfließen lassen.

In einem gewissen Sinne enthält das Dokument *Catechesi tradendae* eine reichere und erschöpfendere Antwort auf Ihre Frage, als ich sie Ihnen im Augenblick geben könnte.

Das Apostolische Schreiben *Evangelii nuntiandi* zeigt den allgemeinen Grundsatz auf, daß die Kirche als Gemeinschaft den Auftrag hat, das Evangelium zu verkünden und zugleich aufzunehmen: ‹Die Kirche, Trägerin der Evangelisierung, beginnt damit, sich selbst nach dem Evangelium auszurichten, indem sie sich durch eine beständige Bekehrung und Erneuerung selbst unter das Evangelium stellt, um es der Welt glaubwürdig verkündigen zu können.› Das Schreiben *Catechesi tradendae* zeigt die Mittel auf, die zu diesem Ziel führen: ‹In der Kirche Jesu Christi sollte sich niemand dispensiert fühlen, im Glauben unterwiesen zu werden. Das gilt sogar in besonderer Weise für jene, die zu Seelsorgern und Katecheten berufen sind. Sie werden ihren Dienst um so besser erfüllen, je mehr sie sich demütig von der Kirche belehren lassen, die gleichzeitig die große Glaubensverkünderin wie die große Empfängerin der Glaubensverkündigung ist.› Diese Prinzipien umschreiben die Befugnisse der Katecheten in bezug auf den Inhalt der von ihnen übermittelten Glaubenswahrheiten und eröffnen gleichzeitig den Weg zu Eigeninitiativen. Natürlich liegt die Verantwortung für den Inhalt der im Unterricht übermittelten

Wahrheit an erster Stelle bei den Hirten der Kirche, also bei den Bischöfen, den Bischofskonferenzen und dem Heiligen Stuhl.»

Die Kirche ist noch nicht vollendet. Seit einer gewissen Zeit ist es ihr stärker zu Bewußtsein gekommen, daß sie sich selber evangelisieren muß. Und aus dieser Verantwortung heraus hat sie unzählige Versuche und Experimente unternommen, die zuweilen Bewunderung, zuweilen Bestürzung hervorgerufen haben. Es ist noch zu früh, um eine Bilanz daraus zu ziehen.

«Was die Definition der fundamentalen Glaubenswahrheiten betrifft, so braucht man nur an das *Credo des Gottesvolkes* zu erinnern, das Paul VI. anläßlich der 1900-Jahrfeier des Martyriums der Apostelfürsten Petrus und Paulus veröffentlicht hat. Da sehe ich keine Schwierigkeiten. Schwieriger ist sicher das Problem eines nachkonziliaren Katechismus für die Gesamtkirche, weil ein Katechismus nicht nur aus ‹Definitionen› besteht, sondern auch aus der Art und Weise, die Glaubenswahrheiten und die christlichen Lebensregeln, die sich aus der Theologie ergeben, darzulegen. Nun befindet sich die zeitgenössische Theologie in einer Phase mannigfacher Forschungen, zu denen das Konzil seinerseits einen beachtlichen Beitrag geleistet hat. Man braucht nur an die berühmte Ansprache von Johannes XXIII. zu Beginn des Konzils zu denken.»

In dieser Eröffnungsrede forderte Johannes XXIII. die Konzilsväter auf, „freudig und entschlossen" das *Aggiornamento* zu betreiben, das Gespräch der Kirche mit der modernen Welt. Er meinte, daß die christlichen Wahrheiten heute anders als früher ausgedrückt werden könnten. Diese Idee oder Anregung hatte zahlreiche Initiativen und nicht wenige Mißbräuche zur Folge.

«Im übrigen eröffnete das Konzil auch das ökumenische Zeitalter, dessen Probleme sich auch auf die Katechese auswirken mußten. Schließlich, dank des Zweiten Vaticanums und der Synoden, besonders der von 1974 über die Glaubensverkündigung, hat der Weltepiskopat ein neues Verständnis für die Beziehungen zwischen dem Evangelium und der Kultur gewonnen. Die Vielgestaltigkeit des jeweiligen kulturellen Umfeldes, wo die Ortskirchen verkündigen und lehren müssen, rückte mehr ins Blickfeld.

All das spricht für eine Vereinheitlichung der Katechese. Es sind noch außerordentliche Anstrengungen nötig, um diese Einheit zu schaffen, aber es zeigt sich auch zur Genüge, daß diese Einheit nur aus der Vielfalt erwachsen kann.

Ist diese Einheit möglich? Ich denke ja, sie ist sogar unentbehrlich.»

Die kulturellen Verschiedenheiten werden seit einiger Zeit so hochgespielt, daß man sogar vom lehramtlichen „Imperialismus" oder „Kolonialismus" der römischen Kirche spricht. Danach würde den Völkern mit einem anderen Verstehenshorizont die Weltsicht der Kirche aufgezwungen. Ich sage dem Heiligen Vater, daß ich zwar aus einer Familie in der Nähe von Belfort komme, wo es kaum Kamele oder Palmen gibt, aber ohne weiteres die Geschichte von dem Zimmermann aus Nazaret aufgenommen habe. Mit Vergnügen erfuhr ich eines Tages, daß ich eingeladen werden würde, meine gewohnte Umwelt mit „Abrahams Schoß" zu vertauschen. Aber der Heilige Vater möchte auf das Wort von der „Privatinitiative" zurückkommen, das ich – eingestandenermaßen etwas boshaft – im Zusammenhang mit dem Religionsunterricht gebraucht habe.

«Wenn diese ‹Privatinitiative› bedeutet, daß man die Verantwortung der hierarchischen Kirche nicht anerkennen oder gar abschaffen will, dann müßte man selbstverständlich ein Fragezeichen und fast einen Schlußpunkt dahinter setzen.

Wenn aber mit dieser ‹Privatinitiative› eine wachsende Zahl von Menschen gemeint ist, die sich tatkräftig für die Glaubensverkündigung einsetzen (zum Beispiel bei Unzulänglichkeit oder Ausfall des Religionsunterrichtes in den Schulen), und wenn dieses Anwachsen von den verantwortlichen Autoritäten, die für den Inhalt, die Qualität und die Methoden der Katechese verantwortlich sind, gewünscht und geleitet wird, dann ist diese „Privatinitiative" aufzugreifen und zu begrüßen.

Zu allen Zeiten und mit vollem Recht sind Familie und Eltern als die ersten Glaubensvermittler angesehen worden. Heute in Anbetracht der nicht immer glücklichen Verschiedenheit dieses grundlegenden Apostolats in der Familie ist es ein gutes Zeichen der Zeit, daß sich so viele Freiwillige, in der Mehrzahl Laien, für die großen Aufgaben der Katechese zur Verfügung stellen. Wir wissen, was das Missionswerk der Kirche ihnen verdankt. Ich freue mich immer über die Begegnungen mit diesen Laienkatecheten bei meinen Pfarrbesuchen in Rom.

Im Evangelium heißt es, *die Ernte ist groß, aber es gibt nur wenig Arbeiter* (Mt 9,37).»

VI

Sollten die Christen nicht endlich ihre mit mürrischem Vergnügen gehegten Minderwertigkeitskomplexe aufgeben, mit denen sie voller Panik auf die sogenannte Mentalität des modernen Menschen starren, die nicht immer besser und auch nicht so viel origineller ist als die Mentalität des Höhlenmenschen?

Hätte sich der Apostel Paulus darum bemüht, um jeden Preis bei den Leuten anzukommen, und hätte er seine Botschaft der Mentalität der Athener angepaßt, die keinen größeren Gefallen an der Mystik fanden wie unsere Zeitgenossen, gäbe es dann eine christliche Religion?

«Paulus hatte ein waches Gespür für die Botschaft des Evangeliums, die er verschiedenen Völkern verkündigen sollte, den Juden ebenso wie den Griechen. Er wußte, daß die rettende Wahrheit von Gott und nicht von der Welt kommt. Aber diese seine Überzeugung hielt ihn nicht zurück, vielmehr half sie ihm, die Heilsbotschaft seinen jeweiligen Hörern anzupassen. Seine Begegnung mit den Athenern und seine Rede auf dem Areopag beweisen, wie Paulus sich bemüht, auf die Mentalität seiner Zuhörer einzugehen: Er beginnt mit einer Art von *Captatio benevolentiae,* indem er die Frömmigkeit der Athener lobt. Nachdem er gewissermaßen durch ihre Türe eingetreten ist, spricht er von dem Altar, der dem ‹Unbekannten Gott› geweiht ist, und zwar auf eine Art, die dem stoischen Denken entspricht. Er zitiert Dichter, die Hymne von Cleantes an Zeus, ein Gedicht von Aratus. Nur sein letzter Satz über die Auferstehung kann von seinen Zuhörern nicht angenommen werden.»

Ich glaube, es ist angebracht, den Hauptteil dieses Abschnitts aus der Apostelgeschichte zu zitieren. Er beginnt mit einer kleinen humoristischen Bemerkung über die Einwohner der Stadt von Athene, der Göttin der Vernunft:

„Alle Athener und die Fremden dort taten nichts lieber, als die letzten Neuigkeiten zu erzählen oder zu hören.

Da stellte sich Paulus in die Mitte des Areopags und sagte: Athener, nach allem, was ich sehe, seid ihr besonders fromme Menschen. Denn als ich umherging und mir eure Heiligtümer[1] ansah, fand ich auch einen Altar mit der Inschrift: Einem unbekannten Gott. Was ihr verehrt, ohne es zu kennen, das verkünde ich euch. Gott, der die Welt erschaffen hat und alles in ihr, er, der Herr über Himmel und Erde, wohnt nicht in Tempeln, die von Menschenhand gemacht sind. Er läßt sich auch nicht von Menschen bedienen, als brauchte er etwas: er, der allen das Leben, den Atem und alles gibt. Er hat aus einem einzigen Menschen das ganze Menschengeschlecht erschaffen, damit es die ganze Erde bewohne. Er hat für sie bestimmte Zeiten und die Grenzen

---

[1] Es handelt sich um Götzenbilder, von denen die Stadt voll war, was in Paulus einen heftigen Zorn hervorrief (vgl. Apg 17,16).

211

ihrer Wohnsitze festgesetzt. Sie sollten Gott suchen, ob sie ihn ertasten und finden könnten; denn keinem von uns ist er fern. Denn in ihm leben wir, bewegen wir uns und sind wir, wie auch einige von euren Dichtern gesagt haben: Wir sind von seiner Art. Da wir also von Gottes Art sind, dürfen wir nicht meinen, das Göttliche sei wie ein goldenes oder silbernes oder steinernes Gebilde menschlicher Kunst und Erfindung. Gott, der über die Zeiten der Unwissenheit hinweggesehen hat, läßt jetzt den Menschen verkünden, daß überall alle umkehren sollen. Denn er hat einen Tag festgesetzt, an dem er den Erdkreis in Gerechtigkeit richten wird, durch einen Mann, den er dazu bestimmt und vor allen Menschen dadurch ausgewiesen hat, daß er ihn von den Toten auferweckte.

Als sie von der Auferstehung der Toten hörten, spotteten die einen, andere aber sagten: Darüber wollen wir dich ein andermal hören" (Apg 17,21–32).

«Der Apostel ändert danach gewiß nicht den Inhalt seiner Verkündigung, denn sie ist ja gerade das Evangelium des Auferstandenen. Er versucht nicht, sich in diesem Zentralpunkt seiner Botschaft der ‹Mentalität seiner Zuhörer anzupassen›. Er erträgt ihre Spöttereien ohne aufzuhören, das Ostergeheimnis zu bezeugen. Trotzdem schreibt dieser selbe Paulus: ‹Da ich also von niemand abhängig war, habe ich mich für alle zum Sklaven gemacht, um möglichst viele zu *gewinnen*. Den Juden bin ich ein Jude geworden, um Juden zu gewinnen; denen, die unter dem Gesetz stehen, bin ich, obgleich ich nicht unter dem Gesetz stehe, einer unter dem Gesetz geworden, um die zu gewinnen, die unter dem Gesetz stehen. Den Gesetzlosen war ich sozusagen ein Gesetzloser – nicht als ein Gesetzloser vor Gott, sondern gebunden an das Gesetz Christi –, um die Gesetzlosen zu gewinnen› (1 Kor 9,19–21).

Seit der Zeit des Apostels Paulus ist das Prinzip, sich den Völkern anzupassen, denen das Evangelium verkündet wird, die goldene Regel jeglicher Missionstätigkeit. Man erhebt oft den Einwand, daß sich die Kirche mit ihrer ‹westlichen› Mentalität in der Vergangenheit anderen Denkweisen und anderen Kulturen nicht genügend angepaßt habe, wie zum Beispiel in China. Sehen Sie die Geschichte des berühmten Pater Ricci und der Jesuiten-Missionare.[1] Eine solche Methode erfordert heute wie damals eine gründliche Unterscheidungsgabe ... Mehr als einmal hat die Kirche einen Mißerfolg wie Paulus auf dem Areopag hinnehmen müssen. Christus hat solche Mißerfolge vorausgesehen und seinen Jüngern prophezeit. Überdies lehrte er sie, sich für ‹unnütze Knechte› zu halten und verlangte von ihnen, sich nach einer erfolgreichen Missionstätigkeit mit der Feststellung zu begnügen: ‹Wir haben nur unsere Schuldigkeit getan› (Lk 17,10).

Ich antworte Ihnen, als ob das Thema Ihrer Frage hieße: ‹Die Kirche und das Apostolat›. Das hatten Sie doch so gemeint?»

Gewiß hatte ich das gemeint. Aber ich hatte angefangen, mich über den „Minderwertigkeitskomplex" der Christen angesichts der „Mentalität des modernen Menschen" zu beklagen, als ob die mit geistlichen Schätzen überhäuften Erben des Christentums die Löcher, in denen die zeitgenössischen Ideologen ihre Gefangenen unterbringen, um irgend etwas zu beneiden hätten.

«Sie verstehen unter dieser ‹Mentalität›, die bei gewissen Christen Minderwertigkeitskomplexe hervorruft, eine Art innere Synthese, die bei den Menschen von heute verbreitet ist, vor allem im Umfeld bestimmter Zivilisationen. Diese Synthese kann sich auf vielerlei Weise äußern, zum Beispiel in der Betonung von Fortschritt und Fortschrittlichkeit, in der absoluten Vorrangigkeit, die der Wissenschaft und Technik eingeräumt wird, oder auch in einem Freiheitsbegriff, der die Anerkennung jeglicher Autorität ausschließt. Diese innere Verfas-

---

[1] Der Jesuitenpater Ricci hatte gewünscht, daß die China-Missionare Chinesen unter den Chinesen werden sollten, nach dem Beispiel des Apostels Paulus unter den Gesetzlosen.

sung wäre die Grundlage für einen angemaßten ‹Überlegenheitskomplex›, während die Christen einen ‹Minderwertigkeitskomplex› hätten.

Nun, ich denke, daß Christus uns viele Dinge lehrt. Er lehrt uns die Liebe, einschließlich die Feindesliebe. Er lehrt uns die Demut vor Gott, vor den Menschen und vor der ganzen Schöpfung. Aber seine Lehre schließt den Minderwertigkeitskomplex ebensosehr aus wie den Überlegenheitskomplex. Solche Komplexe haben weder etwas mit Liebe noch mit Wahrheit zu tun.

Ein echter Gelehrter fühlt sich den anderen Menschen nicht überlegen, sondern als Diener der Wahrheit. Er ist bei seinen Forschungen voller Demut; wäre er es nicht, würde er niemals etwas entdecken. So auch der Künstler angesichts der Kunst, deren Diener er ist.

Demut geht immer zusammen mit Hochherzigkeit, Hochherzigkeit mit Demut. Ein wie immer gearteter Komplex beweist einen gewissen Mangel an Echtheit.»

Die beiden letzten Sätze charakterisieren die Auffassung Johannes Paul II. von der menschlichen Person.

«Wie soll sich der Christ gegenüber seiner Zeit, also gegenüber der ‹Mentalität des modernen Menschen› oder der ‹zeitgenössischen Mentalität› verhalten? *Gaudium et spes* gibt auf diese Frage eine einfache und ausführliche Antwort. Dieses Dokument des Zweiten Vaticanums heißt aus gewichtigen Gründen ‹Pastoralkonstitution›. Vor allem deshalb, weil es uns zeigt, wie sich der Christ in der heutigen Zeit verhalten soll. Bei aller Freude über die echten Fortschritte seiner Zeit und bei aller Anteilnahme soll er beständig Zeugnis ablegen von der ‹Hoffnung, die in ihm lebt›, ohne sich deshalb gesunde Kritik zu versagen und ohne die Gefahren zu übersehen, von denen seine Epoche übervoll ist. Ich denke, daß diese Einstellung zu der Zeit, in der man lebt – zu jeder Zeit, nicht nur zur heutigen –, im Sinne des Evangeliums ist. Das ist eine Weise, sich mit der Zeit zu identifizieren, die man erlebt.

Ja, ‹sich zu identifizieren›. Denn es geht schließlich um unser Verhältnis zu unserer eigenen Zeit! Darin liegt etwas von dem göttlichen *kairos*, den die Vorsehung uns zugedacht hat. Es geht also um eine Haltung der Identifizierung im Geist des Evangeliums und ohne Komplexe.»

Der *kairos*, von dem der Papst gesprochen hat, ist die „Zeit der Gnade", die Paulus im zweiten Korintherbrief erwähnt: „Zur Zeit der Gnade erhöre ich dich, am Tag der Rettung helfe ich dir. Jetzt ist sie da, die Zeit der Gnade, jetzt ist er da, der Tag der Rettung" (2 Kor 6,2).

In den beiden ersten Zeilen zitiert Paulus den achten Vers aus dem 49. Kapitel des Buches Jesaja. Weil Christus immer unter uns zugegen ist, deshalb ist seit der Menschwerdung des Gottessohnes jede Zeit eine „Zeit der Gnade", eine Zeit für das Heil und für die Verkündigung des Evangeliums.

VII

In meinen Augen ist die erhabene Schönheit des Christentums einer der Hauptgründe für das Unverständnis und die Feindseligkeit der Welt. Ich frage mich manchmal, ob wir selber das verstehen. Die „Gewöhnung an das Göttliche" macht uns oft unempfindlich für den Strom von Gnaden und Erleuchtung, der uns unaufhörlich durch die Kirche zufließt und den wir so leicht versickern lassen, zum Beispiel die Sakramente, die den Christen vom Anfang bis zum Ende seines Lebens begleiten. Durch die Taufe wird er wie jene Königskinder behandelt, die zuweilen schon verheiratet wurden, bevor sie zum Gebrauch der Vernunft gelangt waren. Im Bußsakrament kann er jederzeit aus seiner eigenen Asche auferstehen. Durch die Eucharistie kann er schon hier auf Erden seinen Leib für die Verklärung seiner künftigen Auferweckung bereiten. Haben wir überhaupt noch eine Vorstellung von Wesen, Ursprung und Bedeutung dieser lebendigen Zeichen einer Fürsorge, die niemals zurückschreckt und niemals verzweifelt?

Der Papst macht mich darauf aufmerksam, daß auf die Frage, wie man der Unwissenheit zahlreicher Katholiken auf diesem Gebiet abhelfen könne, die Priester, die Seelsorger, die Bischöfe, das ganze Bischofskollegium, der Apostolische Stuhl und das Konzil bereits geantwortet haben. Es hat nicht an Ratschlägen für eine angemessene Unterweisung in der Sakramentenlehre gefehlt.

«Ich glaube, daß im Laufe meines Lebens große Fortschritte in dieser Hinsicht erzielt worden sind. Das sage ich aufgrund meiner eigenen Erfahrung, die ich in bestimmten Orten und Situationen machen konnte. Ich gehe also von meiner persönlichen Erfahrung aus, denn durch sie sehe ich – trotz gewisser verständlicher Einschränkungen – die spezifische Dimension des Problems, die sakramentale Dimension des Lebens und der Existenz der Kirche, auch wenn Ihre Frage, so wie Sie sie gestellt haben, nicht so umfassend ist.

Ich sage Ihnen also, was ich erlebt habe, und gehe dabei auf meine Jugend und sogar auf meine Kindheit zurück. Von jeher war es mir klar, daß die Kirche der Ort ist, wo man die Sakramente spendet und empfängt. Seit meinen ersten Volksschuljahren habe ich bei der Vorbereitung auf die erste Beichte und die erste Kommunion gelernt, daß das Sakrament ‹das sichtbare Zeichen der unsichtbaren Gnade› ist und ‹zu unserem Heil eingesetzt› wurde. So sagte es der Katechismus. Unabhängig von dieser Formulierung, aber sicherlich im Einklang mit ihr, erlebte ich die Sakramente, Beichte und Kommunion, als etwas, was mit Christus in ganz enger Verbindung steht, was den Menschen im tiefsten Herzensgrund berührt und sein Gewissen auf einzigartige Weise einfordert. So ging es mir mit den beiden genannten Sakramenten. Den Sinn der Taufe habe ich erst später richtig verstanden. Hauptsächlich durch die Liturgie der Fasten- und Osterzeit. Ich erkannte, daß alles, was in der alten Kirche mit dem Katechumenat zusammenhing, im Leben der späteren Generationen nach der Taufe vollzogen wurde.

Meine ersten Pastoralbesuche als junger Bischof in den Pfarreien meiner Diözese brachten mir eine entscheidende Erfahrung von ähnlicher Intensität wie jene intellektuelle Entdeckung während meiner Studienzeit.[1] Diese Visitationen verliefen nach dem traditionellen Ritual, aber auch nach gewissen Regeln des in meiner Heimat üblichen Brauchtums. Ein Bischofsbesuch war stets ein großes Ereignis im Leben der Pfarrei. Ich merkte sehr bald, daß der Zweck dieser Besuche zwar vielfältig ist, daß es aber vor allem darauf ankam, den Grund zu legen für eine *gemeinschaftliche Erfahrung der sakramentalen Dimension der Kirche*. In dieser Sicht ging es nicht nur um ein Verständnis von der Kirche als Spenderin und Verwalterin der Sakramente – was sich mir seit meiner ersten Beichte und meiner ersten Heiligen Kommunion stark eingeprägt hatte –, sondern um etwas mehr, nämlich um das Bewußtsein, daß die Kirche ihr eigentlichstes Leben aus den Sakramenten schöpft: dieses Leben, das zugleich das Leben der Gemeinde und jedes einzelnen in dieser Gemeinde ist.»

Seit kurzem habe ich den Eindruck, in undurchdringlichem Dickicht hinter dem Heiligen Vater herzugehen, der sich mit einem Buschmesser den Weg bahnt. Aber ich kenne den, der mich führt. Also warte ich auf die Lichtung:

«So ist Christus die ganze Zeit zugegen und die ganze Zeit am Werk durch die Kraft des Kreuzes und des Ostergeheimnisses. Und die Kirche wird dank der alle Zeit wirkmächtigen Kraft ihres Herrn und Bräutigams wahrhaftig *sein Leib,* ein mystischer und zugleich ganz wirklicher Leib. Durch die Sakramente wird die Kirche zum Leib Christi.»[1] Vgl. das 1. Kapi-

tel über seine Person

217

Diese Glaubenslehre vom „Mystischen Leib" schließt die Lehre von der „Gemeinschaft der Heiligen" ein. Sie ist wesentlich für das christliche Kirchenverständnis. Allerdings läßt sie sich schwer zusammenfassen. In allen theologischen Systemen seit Paulus ist *die Kirche der Leib Christi*. Das Wort „Leib"ist hier im Sinne von „Organismus" zu verstehen, weil dasselbe Leben ihn durchpulst. Wie es auch im sozialen Sinne zu verstehen ist, weil es sich um eine Gemeinschaft handelt. *Die Einheit dieser Kirche ist vollkommen,* wie sehr sie auch zerrissen wird, denn nichts kann verhindern, daß ein Leib bis in seine Wunden hinein eine Einheit ist. Und diese Einheit ist die *Frucht der Liebe.* Die Kirchenlehrer haben auf diesen Fundamenten ein gewaltiges Gebäude errichtet. Vielleicht wird das moderne Denken am meisten von der Lehre über den „Mystischen Leib" angesprochen. Sie befreit den Menschen von seiner Einsamkeit, so daß er nicht länger in seinem „Ich" eingekerkert bleibt, und beseitigt alle Hindernisse, die dieses „Ich" gewöhnlich der Gemeinschaft entgegenstellt. Der Unterschied zu den totalitären Systemen besteht darin, daß diese zu derselben Einheit kommen wollen, indem sie die Menschen entfremden, während der Mensch, der durch die Gnade Christi zu seinem vollen Selbst gefunden hat, mit allen anderen in Verbindung treten kann. Es gibt kein besseres Kommunikationsmittel als die Liebe.

«Ich kann nicht sagen, daß in diesem neuen Abschnitt meines Lebens (wohlgemerkt, als ich schon Bischof war, obgleich noch vor dem Konzil) das Bewußtsein von der kirchlichen Dimension der Sakramente in mir vorgeherrscht hätte. Sicher aber hat es meine frühere Überzeugung wesentlich ergänzt, nach der ein Sakrament vor allem ‹heilig› war und die ‹persönliche Heiligung› des Menschen bewirkte, während die Kirche nur der Ort war, wo das Sakrament gespendet und empfangen wurde. Mit dieser Vorbereitung trat ich in die Zeit des Konzils ein. Sie war mir eine Hilfe, um meine persönlichen Erfahrungen zu überprüfen, zu vertiefen, zu stärken und zu

218

festigen. Ich kann das sagen, weil die Bischöfe auf dem Konzil nicht nur ihre Lehrbefugnis ausgeübt haben, sondern auch eine wahre Schule des Heiligen Geistes durchmachten. Ich habe versucht, diese Erfahrung in einer Studie zum Ausdruck zu bringen, die ich nach Beendigung des Zweiten Vaticanums verfaßt habe.[1]

Der Tisch des Gotteswortes und der Tisch der Eucharistie, dieses wunderbare Bild der Kirchenväter, das vom Konzil in der Liturgiekonstitution herangezogen und neu belebt worden ist, zeigt die entscheidenden Wege des ewigen Heilsplans, jenes Geheimnisses, das, wie Paulus sagt, seit Anbeginn der Welt in Gott verborgen war. Es erfüllte sich in dem unaussprechlichen Sakrament des fleischgewordenen Wortes Gottes durch die Kraft des Heiligen Geistes im Schoß der Jungfrau von Nazaret, und es hat sich in der Kirche entfaltet, um in ihr Leben der Seele und wachsende Fülle Christi zu werden.

Christus leitet die Kirche mit der Kraft des Heiligen Geistes und wirkt gleichzeitig in ihr durch die Kraft des Wortes und der Sakramente. So ist die Kirche, wie es am Anfang von *Lumen Gentium* heißt, ‹in Christus gleichsam das Sakrament, das heißt Zeichen und Werkzeug für die innigste Vereinigung mit Gott›. Das ‹Sakrament Kirche› ist gänzlich verwurzelt im ‹Sakrament Christus›. Das Wort ist in der Kirche am Werk im Hinblick auf die Sakramente. In ihnen gelangt es voll zur Auswirkung im Erlösungswerk Christi selbst.

Offensichtlich ging Ihre Frage nicht so weit. Aber mir schien es unmöglich, sie zu beantworten, ohne sie bis hierher zu verfolgen, denn tatsächlich offenbaren sich unserem Glauben alle Dimensionen der ‹Sakramentalität› im Wort Gottes auf eine gemeinsame und zusammenhängende Weise. Dennoch kann sich diese Offenbarung nur schrittweise vollziehen, wie ich es am Beispiel meines eigenen Lebens zu zeigen versuchte.

Im Licht dieser Erfahrung scheint es mir von höchster Wich-

---

[1] An den Quellen der Erneuerung.

tigkeit, daß die Christen an erster Stelle ein vertieftes Bewußt-sein von dem Sakrament als ‹heiliges› und durch die Macht Christi ‹heiligendes› Zeichen gewinnen. Dann wird ihnen alles Übrige gewissermaßen auf organische Weise klar wer-den. Mir scheint, Bewußtsein und Erfahrung sind der rechte Weg. Obgleich die ‹ kirchliche› Dimension der Sakramente grundlegend ist, können wir sie nicht darauf einschränken. Die Kirche empfängt unaufhörlich das Wort und die Sakra-mente Christi wie die Braut von ihrem Bräutigam. Aber auch sie muß sich *unaufhörlich Christus schenken.* Davon sollte jeder Spender von Wort und Sakrament fest und unerschütter-lich durchdrungen sein, aber auch der Glaube jedes einzelnen, der an den Sakramenten teilhat und sie in der ‹Kirche› emp-fängt.»

VIII

Am aufregendsten sind die Treffpunkte frühmorgens bei der Messe des Heiligen Vaters. Im allgemeinen habe ich dermaßen Angst, zu spät zu kommen, daß ich mehr als eine Stunde einrechne für eine Autofahrt von zehn Minuten – aus Angst, ich könnte von meinem mechanischen Transportmittel im Stich gelassen werden. Ich erreiche also St. Peter lange vor Tagesanbruch, wenn sich die gezackte Silhouette der Basilika noch grau auf schwarzem Hintergrund abzeichnet. Zweimal pro Minute schaue ich auf die große Uhr an der Fassade, über der die Tiara zu sehen ist. Unter der taktvollen Aufsicht von zwei sich herabneigenden Engeln läßt sie regelmäßig ihre Bronzetropfen auf den Platz fallen. Diese Kirche ist so maje-stätisch, daß sich der Schritt derer, die sich ihr nähern, von selbst verlangsamt. Und sie ist so schön, daß sie ihre Besucher adelt.

An diesem Tag bemerkte ich einen Priester auf dem Fahrrad, der kräftig auf einen unbekannten Bestimmungsort hinradelte; um ihn ein großer Lärm von rostigem Radgetriebe – wie ein Nachtvogel, der sich fürchtet, vom Tag überrascht zu werden. Ich dachte über die riesige Kongregation von demütigen Dienern der Kirche nach, zum großen Teil durch den Geiz der Christen in eine solche Armut verbannt, daß ein „Arbeiterpriester" mit seinem garantierten Mindesteinkommen als Krösus gelten könnte im Vergleich zu einem Vorstadtkaplan, bei dem das Minimum unter dem Minimum liegt. Mittlerweile beeilen sich alle, die durch das Brevier nicht aufgehalten werden. Wozu? Es scheint, als würde ihnen die Welt entfliehen. Im Westen registriert die Statistik ein konstantes Zurückgehen der religiösen Praxis. Und wenn die Kirchen immer weniger besucht sind, kann man bezweifeln, daß der Grund darin liegt, um besser „in Geist und Wahrheit" anzubeten, wie es der innige Wunsch Christi beim Jakobsbrunnen war.

Wenn sich das Gesicht des von Gott getrennten Menschen heute so verzerrt, welches ist dann die dringendste Aufgabe der Priester und der Laien, die bereit sind zum Engagement? Mit diesen Gedanken durchschritt ich das große Portal des Vatikans. Die Antwort erhielt ich nach der Messe beim italienischen Kaffee:

«Durch keine Ihrer Fragen spürte ich so stark die Schönheit dieser großen Ordnung, die zugleich Geschenk und Aufgabe darstellt, wie es in der Lehre des Zweiten Vaticanums über das Volk Gottes heißt. Das ist ein großartiges Kapitel, eine wunderbare Seite, die wir der kollegialen Anstrengung der Bischöfe verdanken. Sie sind ja gerufen, der Kirche unserer Zeit das Wort des Heiligen Geistes zu übermitteln. Wenn die Wahrheit, die dieses Kapitel durchzieht, gerade dieses Wort des Heiligen Geistes über das Volk Gottes ist, kann man diese Wahrheit nur mit dem passenden Schlüssel lesen. Und dieser Schlüssel wird uns mit dem Wort ‹Teilhabe› geliefert.

Das Volk Gottes ist offensichtlich eine Gemeinschaft, eine

riesige, weltweite Gesellschaft auf dem Weg durch die Geschichte. Wenn dieses ‹Volk› nun ‹von Gott› ist, dann stammt es nicht aus menschlichem oder sozialem Tun, noch aus einer Dynamik oder einer Aktivität der Gesellschaften dieser Erde, sondern einzig und allein aus der ‹Teilhabe›: Es ist ‹von Gott› in dem Maß, wie es an der Sendung des Sohnes Gottes, an Christus, teilhat. Es ist ‹von Gott› in dem Maße, in dem Christus in ihm handelt und zum Ausdruck kommt: als Priester, Prophet und König.[1] Seine Teilhabe an der dreifachen Sendung Christi bildet das einzige Fundament und die einzige Rechtfertigung dafür, daß dieses Volk, das heißt die Kirche, ‹von Gott› ist. Wenn ich also das charakterisieren sollte, worum es in Ihrer Frage tatsächlich geht, so würde ich sagen, daß es sich um die Kirche handelt, um ihre vielfältige und differenzierte Teilhabe an der Sendung Christi, der Priester, Prophet und König ist. Diese Teilhabe macht die Kirche zu einem Volk, das eine Sendung hat, die jeden in diesem Volk betrifft. Jeder Christ nimmt auf seine Weise, die einzigartig und unersetzbar ist, teil an der Sendung, die die Kirche von Christus erhalten hat. Jeder hat seine persönliche Berufung, und diesen verschiedenen Berufungen entsprechen verschiedene Gaben. Von diesen Gaben und Charismen spricht der heilige Paulus in seinem Brief an die Korinther. Die Vielzahl der Gaben und der Berufungen kann man vergleichen mit den Organen eines Leibes. Die Kirche, das Volk Gottes, ist ein Körper, der Leib Christi. Auch dieser Vergleich stammt vom heiligen Paulus, aus dem gleichen Brief an die Korinther. Hier der Wortlaut:

‹Wie der Leib eine Einheit ist, doch viele Glieder hat, alle Glieder des Leibes aber, obgleich es viele sind, einen einzigen Leib bilden: so ist es auch mit Christus. Durch den einen Geist wurden

---

[1] Um jedes Mißverständnis auszuschließen, das Königtum hat hier nichts mit einer souveränen Macht zu tun. Es geht nicht darum, andere zu besiegen oder die Erde zu beherrschen, sondern es geht um den Sieg über die Sünde.

wir in der Taufe alle in einen einzigen Leib aufgenommen, Juden und Griechen, Sklaven und Freie; und alle wurden wir mit dem einen Geist getränkt . . . Das Auge kann nicht zur Hand sagen: Ich bin nicht auf dich angewiesen. Der Kopf kann nicht zu den Füßen sagen: Ich brauche euch nicht. Im Gegenteil, gerade die schwächer scheinenden Glieder des Leibes sind unentbehrlich . . . Wenn ein Glied leidet, leiden alle Glieder mit; wenn ein Glied geehrt wird, freuen sich alle anderen mit ihm› (1 Kor 12, 12–26).*

Der Leib lebt durch den Geist und die Gnade der Adoption, die uns in Christus zu Kindern Gottes gemacht hat. Und er lebt, indem er die durch Christus anvertraute Sendung erfüllt, dank der Vielfalt der Gaben und der Berufungen, die sich gegenseitig ergänzen und benötigen.

Das Zweite Vaticanum, dieses ‹ekklesiologische› Konzil, hat viel über die spezielle Berufung der Priester (obwohl das vielleicht weniger beachtet wurde) und über die spezielle Berufung der Laien gesagt.

Ich glaube, daß die dringlichste Aufgabe für die einen wie auch für die anderen – und das gilt auch für die Orden und für die Personen, die nach den evangelischen Räten leben –, darin besteht, sich voll in dieser konziliaren Sicht der Kirche *wiederzufinden,* sich so weit wie möglich zu identifizieren mit dieser Sicht der Kirche als Volk und Leib.

Man könnte das Zweite Vaticanum als das Konzil der Identität der Christen bezeichnen: der einzelnen und aller.»

IX

Vor einiger Zeit kam bei den Christen der Gedanke zum Durchbruch, daß ihre Spaltungen vielleicht doch nicht unwiderruflich seien. Wenn es heute noch das gäbe, was man gut und gerne „Religionskriege" nennen kann, würden sie sich nicht mehr gegenseitig bekämpfen, sondern sie würden sich sogar in den meisten Fällen im gleichen Lager befinden, nämlich in dem, das den Menschen gegen rassistische, materialistische und totalitäre Ideen verteidigt. Werden sie noch lange am Fuß des Kreuzes stehen, wie die Soldaten auf dem Kalvarienberg, jeder mit einem Stück des Mantels Christi in der Hand, oder wird das Wissen um die Gefahr, die sie und ihren Glauben bedroht, stark genug sein, um sie zur Einheit zu führen? Dabei hoffen sie darauf, daß die Liebe diese Einheit bewirken wird. Manchmal scheint dieses Bestreben nach der Einheit, das in allen Kirchen besteht, entscheidende Fortschritte zu machen. Eine aktive Wiederversöhnung scheint nahe, nicht einfach das Ergebnis einer von allen Seiten gleicherweise höflich geteilte Gleichgültigkeit hinsichtlich der Lehre. Eine große Erwartung ist aufgebrochen. Doch manchmal scheint die ökumenische Bewegung nur eine großartige Idee zu sein, ähnlich dem Esperanto, das jeder lobt, das aber niemand spricht. Sicher dürfen die Schwierigkeiten nicht unterschätzt werden: zum Beispiel alles, was die katholische Kirche den evangelischen Christen näherbringt, was sie von den Orthodoxen entfernt und umgekehrt. Die Kirche hat sich auf diesen Weg eingelassen und wird nicht mehr zurückgehen. Welche sind nun die Bedingungen, die zu einer richtig verstandenen Ökumene führen?

«Als Antwort auf Ihre vorhergehende Frage habe ich Ihnen gesagt, daß man das Zweite Vatikanische Konzil auch das Konzil der *Identität* der Christen nennen könnte. Dabei wird ihren unterschiedlichen Berufungen Rechnung getragen und den entsprechenden Gaben im einzelnen und in allen. Die Frage, die Sie mir jetzt stellen, drängt dazu, das Verständnis dieser Identität über den Kreis der katholischen Gemeinschaft hinaus zu erweitern, um ihm eine ökumenische Dimension zu geben. Das Konzil hat die Wahrheit festgelegt, daß die Christen ihre volle Identität nur in der Einheit mit der Kirche leben können. Nachdem diese Einheit im Laufe der Jahrhunderte zerbrochen ist, können sie ihre Identität als Christen nur durch ein ehrliches und entschiedenes Zugehen auf die Einheit hin finden. Das kann nicht anders sein, wenn man die Einheit in Christus vor Augen hat. Schon der heilige Paulus sah sich gezwungen, angesichts der Spaltungen, die zu seiner Zeit aufkamen, also schon in den ersten Generationen der Christenheit, die Frage zu stellen: ‹Ist denn Christus geteilt?› [1] Diese Frage hat nie an Aktualität verloren. Sie stellt sich immer wieder neu als Frucht unserer Schwächen, die sich aus der Verfaßtheit des Menschen ergeben. Dennoch hat während all dieser Generationen von getrennten Christen im Laufe der Jahrhunderte die unteilbare Einheit Christi niemals aufgehört, eine ‹Herausforderung zur Einheit› zu sein. Im Johannesevangelium lesen wir: ‹Vater, laß sie eins sein› (Joh 17,21).

Diese Herausforderung und das Gebet Christi hallen vor allem im Bewußtsein der Christen unserer Generation wider, oder besser in dem der gegenwärtig lebenden Generationen, denn die ökumenischen Initiativen sind nicht erst heute entstanden. Johannes XXIII. war der Mann, der den Aufruf Christi zur Einheit zum Programm der Kirche gemacht hat. Zunächst durch die Schaffung des Sekretariats für die Einheit der Christen, dann durch das Konzil.

Sie fragen mich, welche die Bedingungen für eine richtig verstandene Ökumene sind: Die Antwort findet sich im

---

[1] 1 Kor 1, 11–13: „Es wurde mir nämlich von den Leuten der Chloë berichtet, daß es Zank und Streit unter euch gibt. Ich meine damit, daß jeder von euch etwas anderes sagt: Ich halte zu Paulus – ich zu Apollo – ich zu Kephas – ich zu Christus. Ist denn Christus zerteilt?"

Dekret des Zweiten Vatikanischen Konzils über die Wieder-herstellung der Einheit der Christen. Was eine besondere Eingebung von Papst Johannes war, wurde zu einem vom Heiligen Geist lange vorbereiteten Wort, auf das die Kirche wartete und das sie mit Freude aufnahm.»

Dieses Dekret ist natürlich zu lang, um es hier wiedergeben zu können. Nachdem es erklärt hat, daß die Spaltung der Chri-sten „offenbar dem Willen Christi widerspricht, daß sie ein Ärgernis für die Welt und ein Schaden für die heilige Sache der Verkündigung des Evangeliums" ist, legt es die Prinzipien und Regeln der katholischen Kirche für die Ökumene fest in einer Sprache, die vom guten Willen geprägt ist. Ich persönlich halte besonders die Einladung für bedeutsam, „die sichtbaren Gren-zen der katholischen Kirche" zu überschreiten. Früher galten sie oft als eine unüberwindbare Grenze, jenseits der sofort das Reich der Finsternis begann.

«Dies bedeutet nicht, daß der Weg zur Ökumene ohne Hin-dernisse ist. Das Konzilsdekret sagt ausdrücklich, was auch Sie erwähnt haben, nämlich daß das, ‹was uns den evangeli-schen Christen näher bringt, uns von den Orthodoxen ent-fernt›. Wir Katholiken sind uns dessen bewußt, ebenso wie unsere orthodoxen und evangelischen Brüder. Doch die Spra-che des Heiligen Geistes erweist sich als die mächtigste. Unaufhörlich bedrängt er das Gewissen, nach und nach ver-schiedene Schritte zu unternehmen, sich nicht nur zum Gebet für die Einheit zusammenzufinden, sondern überall, wo es möglich ist, von der Einheit und in der Einheit Zeugnis abzule-gen. Es geht darum, sowohl die Hindernisse zu überwinden, die noch in einer Mentalität fortbestehen, die von Jahrhun-derten der Trennung und Spaltung geprägt wurde, als auch die größeren Hindernisse, die von der Lehre und von der Theolo-gie herrühren. All dies ist schon im Gang. Wir sind uns bewußt, daß das, was uns vereint, trotz allem weit stärker ist als das, was uns spaltet. Und noch klarer wissen wir, daß das, was uns trennt, uns geradezu verpflichtet, noch mehr in der Tiefe zu suchen. Das heißt, wir müssen uns entschieden bemühen, einander kennenzulernen, den theologischen Dialog führen; das bedeutet Gebet und Kontemplation.»

Meine Frage drückte beiläufig eine gewisse Befürchtung aus, die einem spontan in den Sinn kommt, nämlich daß der Wunsch, um jeden Preis erfolgreich zu sein, die Partner in der Ökumene zu einem jener Kompromisse führen könnte, die man aus politischen Versammlungen kennt, wo alle Richtungen in der Gleichgültigkeit verschmelzen.

«Es handelt sich keineswegs darum, auf einen ‹Kompromiß› zuzusteuern, sondern vielmehr um eine Begegnung in der Wahrheit, die durch den guten Willen und die Liebe vorbereitet wird. Die Vereinigung der Christen kann letztlich nur ein lange vorbereitetes Geschenk des Heiligen Geistes sein, das vom Verstand, dem Herzen und dem Willen angenommen und von Jahr zu Jahr in Handlungen umgesetzt wird. Es geht hier darum, Jahrhunderte einzuholen.

Die Kirche ist also auf dem ‹Weg zur Einheit der Christen›, das ist eine neue und schwierige, aber auch überaus verheißungsvolle Realität. Auf diesem Weg erkennt sie in richtiger Weise die Zeichen der Zeit; auf diesem Weg muß sie große Anforderungen an sich stellen, in der Demut und in der Liebe verharren, sich von der Kühnheit des Evangeliums inspirieren lassen, und ich möchte sogar noch hinzufügen, sich mit einer heroischen Hoffnung bekleiden. Denn ‹für Gott ist nichts unmöglich›. Die ökumenische Bewegung ist nicht nur eine ‹hochherzige Idee›, wie Sie sagen. Sie ist eine große Prüfung des Glaubens, der Hoffnung und der Liebe. Ein Unterwegssein auf das hin, was ‹möglich ist für Gott› und was manchmal dem Menschen unmöglich erscheint.»

In diesem Geiste sagt Johannes Paul II. zu den Juden, den Muslimen und nichtkatholischen Christen Portugals:

«Welcher Religion wir auch angehören mögen, das Zeugnis

des Glaubens an Gott vereint uns. Wir alle sind dazu aufgerufen, die religiösen Werte in einer Welt zu verkünden, die Gott leugnet. Unser Zeugnis, unser Beispiel können denen helfen, die ihn suchen . . . Seinen Glauben bezeugen heißt zum Wohl des Nächsten beitragen, zum Wohl der Menschheit. Juden, Christen, Muslime, Abraham, unser gemeinsamer Vorfahre, ruft uns alle auf, den Weg der Barmherzigkeit und der Liebe zu gehen.»

X

Ein Papst beeindruckt immer. Ich habe mehr oder weniger fünf Päpste erlebt. Pius XI., der Glaubenskämpfer zwischen zwei Weltkriegen, war hinreichend gerüstet, um allen Gefahren entgegenzutreten. Er hatte zwei eindringliche Enzykliken gegen die Totalitarismen veröffentlicht und nannte sie beim Namen. Er zögerte nicht, sie gründlich zu verurteilen. In den spiegelglatten Vorzimmern des Vatikans glich er – kräftig gebaut und weißhaarig, mit seinem durchdringenden Blick unter dem glänzenden Kneifer – einer energiegeladenen Kugel in einem marmornem Billardspiel. Sein Nachfolger, Pius XII., war eine Art römischer Melchisedek. Wenn er auf dem Balkon von Castel Gandolfo die Menschen segnete, war das wie ein Mosaik aus Ravenna, das auf der Wand sichtbar wurde. Unter seinem Pontifikat hatte das Papsttum ein solches Maß an Prestige erlangt, daß fast jedes Engagement in der Welt ausgeschlossen war. Mit Johannes XXIII. vollzog sich der ziemlich jähe Übergang von einer hageren Steifheit zu einer herzlichen Offenheit. Er wurde sofort „zum guten Papst Johannes". Das Volk freute sich zu sehen, daß die Kirche nach einem langen Verweilen auf der Ebene des Zeichenhaften jetzt bereit war, sich von neuem in einer überzeugenden Frische zu inkarnieren. Er war der Papst des Konzils, des *Aggiornamento* und des Friedens. Auch wenn seine Amtszeit kurz war, hat er einen tiefen Eindruck hinterlassen. Paul VI. folgte ihm, ohne viele Worte zu machen. Seit seinen bescheidenen Anfängen in den Büros des Staatssekretariats wußte jeder, daß er der Beste war. Er war ein gebildeter Intellektueller, unerschütterlich in Fragen der Lehre. Die Weite seines Intellekts stand im Gegensatz zur Zerbrechlichkeit seines Körpers. Man vertraute ihm das Steuer zu dem Zeitpunkt an, als eines der heftigsten Gewitter, die jemals das Schiff Petri erschüttert hatten, losbrach, und er steuerte so, wie es in einem solchen Fall angemessen ist: Er lavierte, um nicht zu kentern, ohne jedoch jemals den Leitstern aus den Augen zu verlieren, den wahrscheinlich er allein von Zeit zu Zeit zwischen den Wolken sah. Jeder dieser Päpste hatte seinen klaren, je eigenen und notwendigen Auftrag: sei es der Widerstand des Glaubens gegen die ideologische Unterdrückung, die Hervorkehrung des Priestertums, die Öffnung auf die Welt hin oder das Steuern des Schiffes durch die Klippen hindurch. Das einem Kometen gleichende Vorüberziehen Papst Johannes Paul I. war offensichtlich unentbehrlich, um das Heilige Kollegium dazu zu führen, mit der Tradition der italienischen Päpste zu brechen. Das erschien wie die heilsame Wirkung jener so wenig erbetenen Gabe des Heiligen Geistes, die man die *Furcht Gottes* nennt. Man kann sagen, daß Johannes Paul I. uns in gewisser Weise Johannes Paul II. geschenkt hat. In unseren Augen ist er seit dem ersten Tag der Papst der Einheit, der wiedergefundenen oder noch zu erreichenden Einheit. Es scheint, daß die Zeit vorbei ist, in der man spürte, daß das nach außen sichtbare Gebäude der Kirche von innen erschüttert worden war. Dies wurde verstärkt durch den mächtigen Orkan einer historischen Veränderung, die in der freien Welt an keiner Institution und keinem Wertesystem vorbeiging. Ich glaube wirklich, daß wir in der Gefahr waren, bald so viele Kirchen wie Kontinente, Länder – oder intellektuelle Pfarreien zu haben. Der Zustrom der Völker, die durch Papst

Johannes Paul II. zusammengeführt wurden, hat das Gebäude konsolidiert, und seine Einheit erneuert sich von Grund auf.

Wenn ich Johannes Paul II. fragte, welches sein Gebet für die Kirche von heute sei, weiß ich schon die Antwort:

«Sicher bete ich ohne Unterlaß für die Kirche, ich bete für all das, was Anlaß zur Sorge gibt. Ich habe immer in ihren Intensionen gebetet und heute mehr denn je: aus der Perspektive meines Dienstes auf dem römischen Stuhl des Heiligen Petrus.

Doch alles, was ich selbst sagen könnte oder was jeder von uns auf seine Weise in einem Gebet für die Kirche ausdrücken könnte – unter dem Eindruck des menschlichen Gangs der Dinge dieser Welt, der Bedürfnisse, Ängste und Erwartungen – all das wird seine endgültige Dimension nur im Gebet Christi finden, wie es der heilige Johannes in seinem Evangelium unmittelbar vor seinem Leidensbericht überliefert.

In erster Linie ist es ein Gebet für die Jünger: ‹Heiliger Vater, bewahre sie in deinem Namen, den du mir gegeben hast, damit sie eins sind wie wir . . . Ich bitte nicht, daß du sie aus der Welt nimmst, sondern daß du sie vor dem Bösen bewahrst . . . Heilige sie in der Wahrheit.›

Dann geht Christus vom Gebet für die Jünger über zum Gebet für die kommende Kirche:

‹Aber ich bitte nicht nur für diese, sondern auch für alle, die durch ihr Wort an mich glauben. Alle sollen eins sein: Wie du, Vater, in mir bist und ich in dir bin, sollen auch sie in uns eins sein, damit die Welt glaubt, daß du mich gesandt hast. Und ich habe ihnen die Herrlichkeit gegeben, die du mir gegeben hast; denn sie sollen eins sein, wie wir eins sind, ich in ihnen und du in mir. So sollen sie vollendet sein in der Einheit, damit die Welt erkennt, daß du mich gesandt hast und die Meinen ebenso geliebt hast wie mich. Vater, ich will, daß alle, die du mir gegeben hast, dort bei mir sind, wo ich bin. Sie sollen meine Herrlichkeit sehen, die du mir gegeben hast, weil du mich geliebt hast vor der Erschaffung der Welt. Gerechter Vater, die Welt hat dich nicht erkannt, ich*

*aber habe dich erkannt, und sie haben erkannt, daß du mich
gesandt hast. Ich habe ihnen deinen Namen bekanntgemacht
und werde ihn bekanntmachen, damit die Liebe, mit der du mich
geliebt hast, in ihnen ist und damit ich in ihnen bin*› (Joh
17,11.15.17.20–26).

Welch tiefes Gebet! Es reicht in die letzten Tiefen des
Geheimnisses der Kirche, die in dieser Einheit besteht, die der
Sohn mit dem Vater im Heiligen Geist bildet. So lesen wir in
Lumen Gentium, daß die Kirche ein Volk ist, das in der Einheit
des Vaters, des Sohnes und des Heiligen Geistes geeint ist. Das
ist die Tiefe der Erkenntnis, der Hingabe und der Liebe. Aus
dieser Tiefe entspringen Sendung und Zeugnis; aus ihr erhält
das neue Leben der Menschen auf der Welt und mitten in der
Welt Licht und Kraft. Aus ihr kommt die zukünftige Herrlichkeit.

Unsere täglichen Gebete für die Kirche gehen nicht so tief.
Niemand von uns könnte so von sich aus beten; wir wissen,
daß wir letzten Endes in unseren Gebeten nie das ausdrücken,
was Christus in seinem Gebet ausgedrückt hat. Sein Gebet
bleibt die Richtschnur für alle unsere Gebete, das Erdreich,
aus dem alle hervorkommen und Frucht bringen. Wir kommen
diesem Erdreich näher, wir berühren es mit größerer Sicherheit, wenn wir die heilige Messe zelebrieren oder an ihr teilnehmen. Das ist vielleicht der Grund, warum das Hohepriesterli-
che Gebet Christi im Johannesevangelium wie die Einleitung
zur Passion und zu unserer österlichen Auferstehung bildet.
Für die Kirche beten, heißt in sich ständig das Bewußtsein vom
österlichen Geheimnis neu zu beleben.»

XI

Die neuen Wolken, die sich über der Welt zusammenziehen, die Bedrohungen aller Art, die auf dem Menschen lasten und darauf abzielen, ihn einzuschränken oder zu zerstören, lassen uns ahnen, daß die Christen bald gerufen sind, Zeugnis abzulegen:

«Diese Stunde des Zeugnisses rückt für die Christen unaufhörlich näher, für alle und für jeden einzelnen. Das ist der Grund, warum das Wort ‹Seid wachsam› so oft im Evangelium wiederholt wird. Durch die Wachsamkeit ist die Kirche sie selbst. Denn die Kirche Christi ist nicht nur ‹ gekommen›, sie muß auch ‹noch kommen›. Die Stunde des Zeugnisses nähert sich für jeden Menschen mit jedem Augenblick – so wie sie für Petrus im Hof des Hohenpriesters gekommen ist.»

Die Geschichte ist bekannt. Petrus, der Jesus gefolgt war, wird zum Hohenpriester gebracht; er wärmt sich beim Feuer am Hoftor. Da wird er erkannt und dreimal angesprochen. Dreimal leugnet er, den Jesus zu kennen, über den man spricht. Beim dritten Mal kräht der Hahn, wie Jesus es vorausgesagt hatte. Da, so sagt das Evangelium, erinnerte sich Petrus und „weinte bitterlich" . Man kann sagen, daß die Kirche zu diesem Zeitpunkt tot ist. Aber sie wird auferstehen am dritten Tag mit der Frage Christi an eben diesen Apostel:

«Petrus, liebst du mich?

Wir müssen auf vielerlei Weise und unter vielerlei Umständen Zeugnis geben. Der Aufruf Christi zur Wachsamkeit besteht immer. Wenn die Umstände, in denen das Zeugnis gefordert ist, für uns nicht klar sind, dann kann es doch klar sein für den einen oder anderen unserer Brüder oder Schwestern in der Verborgenheit ihres Geistes und ihres Herzens.

Ja, die Kirche ist eine Kirche des Wachens und des Zeugnisses, zugleich für den einzelnen Christen wie für die ganze

Gemeinschaft. Denn man muß die Wahrheit der Kirche in all ihren sozialen Dimensionen sehen. Gleich zu Beginn mußte die Gemeinschaft in Jerusalem Zeugnis ablegen, dann all die anderen Christen im Lauf der Jahrhunderte im Rahmen des Großen Römischen Reiches. Mit dem Erlaß Konstantins war die Zeit der Prüfungen keineswegs vorbei. Die Stunde des Zeugnisses hat immer wieder an verschiedenen Orten der Welt und die ganze Kirchengeschichte hindurch geschlagen. Die Bluttaufe hat sich in den verschiedensten Epochen wiederholt. Ich denke zum Beispiel im Augenblick an die Kirche in einigen Ländern Asiens, wo die Saat der Märtyrer nicht weniger fruchtbar zu sein scheint als zu Zeiten des Römischen Reiches. Wenn wir heute die Weltkarte anschauen, können wir ohne weiteres angeben, wo und wie die Stunde des Zeugnisses für diese oder jene Kirche gekommen ist.

Doch der Aufruf zum Zeugnis erfolgt nicht immer in der gleichen Form. Er erscheint nicht immer nur in der blutigen oder unblutigen Verfolgung der Kirche, der Religion oder der Gläubigen. Es gibt auf der Welt auch Situationen, in denen das Zeugnis nicht so sehr darin besteht, die Kirche selbst zu verteidigen, ihre Sendung, ihre Einrichtungen, ihre Gläubigen, als vielmehr sich der sozialen, wirtschaftlichen und politischen Ungerechtigkeit *zu widersetzen,* um das Leben und die Moral in der Gesetzgebung zu verteidigen.

Wenn die Kirche diese Pflicht zur Opposition – dort wo es nötig ist – versäumen würde, wäre sie ihrer prophetischen und pastoralen Sendung untreu. Sie würde den Aufruf Christi zur Wachsamkeit nicht so auslegen, wie es sein müßte . . . Mahnt uns dieser Aufruf nicht ganz besonders vor den Auswüchsen einer zügellosen Freiheit, vor der Gier nach materiellen Gütern, die die sozialen Beziehungen auf den Austausch und den Konsum reduziert?

Ich bin ganz Ihrer Meinung, daß die Stunde des Zeugnisses für den Christen näher rückt. Ich denke, daß man das zu allen Zeiten sagen kann. Wir müssen uns dessen bewußt sein, wir müssen über die Orte und Zeiten Bescheid wissen, nicht um zu wissen und zu verstehen, sondern vor allem, um gemeinsam zu wachen. Wir müssen mit denen sein, die leiden, und mit denen, die auf verschiedene Weisen die Herausforderung annehmen und Verantwortung übernehmen ... Inmitten all dieser Prüfungen müssen wir beständig auf das Wesentliche bedacht sein: *eine Kirche* zu bleiben, *die liebt.*»

Wenn das Zeugnis des Glaubens von jedem Christen in jedem Augenblick seines persönlichen Lebens oder seiner Gemeinschaft gefordert sein kann, wenn die Kirche ihre ganze Geschichte hindurch keinen einzigen Tag davon frei war, Zeugnis zu geben, ist es dann nicht paradox, daß heute so viele Christen – und nicht nur die lauen oder die, die wenig überzeugt sind, sondern auch solche, die sogar beauftragt sind, andere zu überzeugen – es unterlassen, ihren Glauben zu bekennen, weil sie Angst haben, des Bekehrungseifers bezichtigt zu werden?

«Ich werde Ihnen kurz antworten. Die Kirche unserer Zeit muß sich dessen bewußt werden – und sie ist sich dessen bewußt –, daß ihre unersetzliche Sendung, ihre grundlegende Aufgabe immer und überall die Verkündigung des Evangeliums ist und bleibt. ‹Weh mir, wenn ich nicht das Evangelium verkünde!› hat der Apostel Paulus einmal gesagt. Die Kirche muß zu jeder Zeit diese Worte wiederholen, sie muß das gleiche Wort ‹Wehe› fürchten. Ich meine, daß die Kirche unserer Zeit das verstanden hat, vor allem während des Pontifikats von Paul VI. Das Zweite Vatikanische Konzil war nichts anderes als eine *Magna Charta,* um das Evangelium der heutigen Welt zu verkünden. In der Folgezeit wurde die Unterweisung des Konzils in die Sprache der konkreten Verkündigung übersetzt: durch die Bischofssynode von 1974, dann durch das Apostolische Schreiben *Evangelii nuntiandi.*[1]

---

[1] Darin kann man diese bedeutungsvollen Zeilen lesen: „ Der Mensch von heute will nicht Lehrer, sondern Zeugen; und wenn er Lehrer akzeptiert, dann deswegen, weil sie Zeugen sind."

Das ist also meine Antwort auf die Frage, die Sie aufgrund der kursierenden Meinungen bezüglich des Proselytentums stellten. Und die Antwort ist die Kirche der Evangelisierung.

Doch das Evangelium verkünden heißt nicht nur, verkündigen, daß Jesus der Christus ist, es heißt auch unentwegt die Geschichte des Menschen zu gestalten, indem wir aus dem unergründbaren Reichtum desjenigen schöpfen, der ‹arm wurde für uns, damit wir durch seine Armut reich würden› (vgl. 2 Kor 8,9). Das Evangelium verkünden heißt unermüdlich in der Vereinigung mit Christus daran arbeiten, daß der Mensch von Christus und in Christus bereichert wird.»

Die Welt

I

Unser Jahrhundert gehört zu den mörderischsten der Geschichte. Von seiner Geburt an watet es im Blut, und es ist noch kein Ende abzusehen. Der Gedanke, daß in der Vergangenheit genauso viele Blutbäder stattgefunden haben und daß es nur deshalb weniger Tote gab, weil weniger Menschen auf der Welt lebten, bringt keinen Trost. Eine solche Feststellung bestärkt nur die Statistik.

Es gibt heute auf der Welt kein Gebiet ohne Krisenherd, ohne Unruhen, Spannungen oder Terror. Zu dem ideologischen Ost-West-Konflikt kommt das tiefgreifende Nord-Süd-Gefälle hinzu, das von wirtschaftlicher Ungleichheit, nachkolonialem Ressentiment und gegenseitigem Mißtrauen geprägt ist. Die Beziehungen zwischen den Völkern basieren auf dem Machtstreben und den eigenen Interessen, was im Grunde nicht neu ist. Neu ist aber, daß die Welt zum erstenmal die Mittel besitzt, um sich selbst zu zerstören, um der Anziehungskraft des Nichts zu erliegen, was allein die Religion verhindern kann. Doch der Glaube scheint an sich selbst Zweifel zu haben, das gleiche gilt für die Wissenschaften; und auch die degradierten Ideologien sind zum großen Teil selbst auf sehr elementare Formen polizeilicher Macht heruntergekommen. Die Furcht vor einem weltweiten Konflikt wächst beständig: Der Mensch ist zum Gefangenen der Geschichte geworden, er beherrscht sie nicht. Er hat an den Humanismus geglaubt, an die Wissenschaft, den Fortschritt, an alle möglichen metaphysischen Idole, die nacheinander alle zu Staub zerfallen sind. Jetzt glaubt er an nichts mehr, er erwartet kein Licht mehr, kein verstehendes Mitgefühl von irgendeinem geistlichen „Anderen". Und dennoch fühlt er in seiner Not manchmal einen Schimmer schmerzlicher Sehnsucht nach „etwas anderem", was er nicht benennen kann, nach dem er aber häufig Ausschau hält in verschiedenen Techniken oder bei mehr oder weniger selbstzerstörerischen Mystikern.

Darauf zielt meine erste Frage an Johannes Paul II. über die Welt: Ist nicht der Augenblick gekommen, um im Klartext von Gott zu sprechen, ohne unnütze psychosoziologische Umwege, ohne Zuflucht zu nehmen zu halb entkräftigten Lehren, die einen Teil der Morallehre bewahren, dabei aber das christliche Fest zerstören?

« Der heilige Paulus hat darauf vor langer Zeit einmal geantwortet in einem Brief an Timotheus: ‹Ich beschwöre dich bei Gott und bei Christus Jesus, dem kommenden Richter der Lebenden und der Toten, bei seinem Erscheinen und bei seinem Reich: Verkünde das Wort, tritt dafür ein, ob man es hören will oder nicht . . . › (2 Tim 4,1 – 2).

Diese Worte des Paulus ‹ob man es hören will oder nicht› bedeuten, daß man immer und überall von Gott sprechen muß, daß man vor den Menschen und vor der Welt Zeugnis ablegen muß von ihm – nicht nur weil das die Aufgabe und die Berufung des Jüngers ist, sondern auch weil es die tiefste Sehnsucht des Menschen und der Welt ist: Die Welt und vor allem der Mensch in der Welt finden außerhalb von Gott keinen Sinn.

Wenn man eine noch objektivere Terminologie verwendet, diejenige der Ontologie, der Lehre vom Sein, könnte man sagen, daß die Welt und der Mensch in dem Maß existieren, wie der Seiende „da ist", gemäß dem Wort aus dem Buch Exodus[1]. Diese Wahrheit gilt in jeder Zeit, sie ist immer aktuell, tritt aber manchmal in besonderer Weise hervor. Gilt das nicht gerade für unsere Zeit?

[1] Siehe das Kapitel „Die sittliche Ordnung" III

240

Wir dürfen hierbei nicht die notwendigen Proportionen aus den Augen verlieren; wir müssen uns bewußt bleiben, daß jede Aussage über das menschliche Gewissen notwendigerweise relativ ist. Ich nehme an, daß Ihre Meinung ‹Der Mensch hat an den Humanismus geglaubt, an die Wissenschaft und alle möglichen metaphysischen Idole› auf bestimmte Bereiche der gegenwärtigen Welt zutrifft. Wenn Sie alle Menschen gemeint hätten, müßte man auf jeden Fall sagen, daß das in sehr unterschiedlicher Weise gilt. Es könnte sein, daß gerade diejenigen den Glauben an diese Ideale verloren haben, die ihn am eifrigsten bekannt hatten; in ihnen scheint er am schwächsten geworden zu sein.

Ich verstehe Ihre Meinung, daß dieser ‹nichtreligiöse› Glaube den religiösen verdrängen will. Das würde den Menschen dahin führen, daß er ohne Einschränkungen an die Welt glaubt, in dem Wissen, daß seine Existenz in dieser Welt – mit allem, was sie ihm zu bieten hat – seine einzige, totale und endgültige Bestimmung darstellt, daß der ganze Sinn seines Lebens in dieser einzigen Dimension liegt. Um die Sprache des Existentialismus zu gebrauchen, die geeigneter ist als die der Erkenntnistheorie, ginge es darum, zu bewerkstelligen, daß sich der Mensch völlig der Welt anvertraut und sich auf sie verläßt, um dort seine Ideale zu verwirklichen, den Humanismus, die Wissenschaft, den Fortschritt.

Sie glauben also, daß dieser säkularisierte, ‹laikale› Glaube, oder was als solcher programmiert ist, sich immer mehr bei unseren Zeitgenossen ausbreitet: Es gäbe also ein ganz besonderes Bedürfnis, was man vielleicht sogar als eine Gelegenheit oder eine außergewöhnliche Chance bezeichnen könnte, um von Gott zu sprechen, um auf einfache und klare Weise Gott zu bezeugen, ‹ohne unnütze Umwege›.

Der heilige Paulus und sein Brief an Timotheus sagen uns, daß diese Notwendigkeit niemals weniger wird. Die Wahrheit muß immer verkündet werden, ‹ob man sie hören will oder nicht›. Und wenn das heute mehr denn je nötig ist, dann nicht so sehr deshalb, weil der Mensch seinen Glauben an den Fortschritt verloren hat, an die Wissenschaft und den Humanismus, sondern weil man ihm helfen muß, gerade diesen Glauben *nicht preiszugeben*, den Glauben an den Humanismus, die Wissenschaft und den Fortschritt. Denn der Humanismus, die Wissenschaft und der Fortschritt sagen uns etwas vom Menschen, legen Zeugnis ab für ihn, lassen in der Beziehung zur Welt seine Transzendenz sichtbar werden. Darin und dadurch kann sich der Mensch verwirklichen, ‹denn Gott wollte nämlich den Menschen in der Hand seines Entschlusses lassen›, wie es in *Gaudium et spes* heißt. So spricht auch das Buch der Genesis davon, daß der Mensch ‹ Abbild Gottes ist, ihm ähnlich›, worüber wir schon gesprochen haben.

Wenn also die Situation des Menschen in der modernen Welt – vor allem in bestimmten zivilisierten Kreisen – derart ist, daß sein Glaube zusammenbricht, sagen wir sein laikaler Glaube an den Humanismus, die Wissenschaft und den Fortschritt, dann ist es sicherlich angebracht, diesem Menschen Gott zu verkünden, den Gott, den Jesus Christus verkündete, den Gott des Bundes, den Gott des Evangeliums. Ganz einfach deshalb, damit er darin den grundlegenden und endgültigen Sinn des Humanismus, der Wissenschaft und des Fortschritts wiederfindet, damit er nicht daran zweifelt und nicht aufhört, dort seine Aufgabe und seine Berufung auf Erden zu sehen.

Und das um so mehr, wenn es stimmt, wie Sie sagen, daß ‹der Mensch in seiner Not mehr denn je eine schmerzliche Sehnsucht verspürt nach – etwas anderem›, das er nicht benennen kann und das er dort sucht, wo es nicht ist.

In dem schon erwähnten Brief schreibt Paulus, nachdem er Timotheus aufgefordert hat, das Wort zu verkünden, ‹ob man es hören will oder nicht› : ‹Es wird eine Zeit kommen, in der man die gesunde Lehre nicht erträgt, sondern sich nach eigenen Wünschen immer neue Lehrer sucht, die den Ohren schmeicheln; und man wird der Wahrheit nicht mehr Gehör schenken, sondern sich Fabeleien zuwenden› (2 Tim 4,3–4). Das schrieb Paulus schon in der allerersten Zeit. Zwanzig Jahrhunderte später erleben wir das gleiche Phänomen, wenn auch in einem anderen kulturellen Kontext.»

„Humanismus, Wissenschaft, Fortschritt" sind dennoch nur verschiedene Artikel des Credo der Vernunft, die von den Franzosen der Revolution zur Gottheit ernannt worden ist und zu deren Ehre auf dem Place de la Concorde in Paris im Jahr 1793 eine Statue errichtet wurde. Die Verehrung der „Göttin Vernunft"hat zwar nicht lange gedauert, und unter keinem Gesichtspunkt ist daraus ein nationales Fest geworden, wie es sich die Urheber erhofft hatten. Dennoch ist ihr Einfluß nicht weniger bedeutsam; ich dachte – unter anderem – an sie, als ich von den „metaphysischen Idolen" sprach: Die Vernunft ist einige Zeit von Ungläubigen angebetet worden, die endlich an viele Dinge glaubten, doch der unglückliche Zustand der Welt hat zur Feststellung geführt, daß die Vernunft nicht immer genügt, um darauf die Weisheit zu begründen. Aber, und das ist meine Frage an den Papst, woher kommt es, daß die Menschen als vernunftbegabte Wesen den Beweis liefern, daß sie nicht fähig sind, ihr Leben, ihre Beziehungen und ihre Handlungen auf vernünftige Weise zu regeln?

«Warum der Mensch, dieses vernunftbegabte Wesen, sich so unvernünftig verhält? Das ist eine aufregende Grundsatzfrage und ein packendes ethisches und anthropologisches Existenzproblem. Zugleich ist es eine uralte Frage! Ich glaube, daß sich ein guter Teil der Weltliteratur um diese Frage dreht. Und sie hört nicht auf, Tag um Tag den Menschen zu beschäftigen; denn bei jedem Schritt stößt er auf diesen inneren Widerspruch. Über und durch diese Frage stockt und stürzt der Mensch immer wieder neu.

Wie vielsagend ist doch die Übereinstimmung zwischen den Versen von Ovid: ‹Ich sehe das Gute und laufe dennoch zum

Schlechten› und der inneren Zerrissenheit, die Paulus zum Ausdruck bringt: ‹Wir wissen, daß das Gesetz selbst vom Geist bestimmt ist – ich aber bin Fleisch, das heißt verkauft an die Sünde. Denn ich begreife mein Handeln nicht: Ich tue nicht das, was ich will, sondern das, was ich hasse ... Das Wollen ist bei mir vorhanden, aber ich vermag das Gute nicht zu verwirklichen ... Denn ich tue nicht das Gute, das ich will, sondern das Böse, das ich nicht will ... Wenn ich aber das tue, was ich nicht will, dann bin nicht mehr ich es, der handelt, sondern die in mir wohnende Sünde. Ich stoße also auf das Gesetz, daß in mir das Böse vorhanden ist, obwohl ich das Gute tun will. Denn in meinem Innern freue ich mich am Gesetz Gottes, ich sehe aber ein anderes Gesetz in meinen Gliedern, das mit dem Gesetz meiner Vernunft im Streit liegt und mich gefangenhält im Gesetz der Sünde, von dem meine Glieder beherrscht werden. Ich unglücklicher Mensch!› (Röm 8,14–24).

Es handelt sich also um ein universales Problem, das so alt ist wie die Welt. Um die Antwort des christlichen Glaubens zu geben, möchte ich zu Beginn eine Stelle aus *Gaudium et spes* zitieren, die eine prägnante Zusammenfassung gibt. Sie steht im Kapitel, das sich mit der Würde der menschlichen Person befaßt. Es beginnt mit diesen Worten: ‹Es ist fast einmütige Auffassung der Gläubigen und der Nichtgläubigen, daß alles auf Erden auf den Menschen als seinen Mittel- und Höhepunkt hinzuordnen ist.›

Was ist aber der Mensch? Viele verschiedene und auch gegensätzliche Auffassungen über sich selbst hat er vorgetragen und trägt er immer wieder vor, in denen er sich oft entweder selbst zum höchsten Maßstab macht oder bis zur Hoffnungslosigkeit abwertet. Daher kommen seine Zweifel und Ängste.› Danach erinnert der Konzilstext an die Lehre der Heiligen Schrift, die besagt, daß der Mensch nach dem Bild Gottes geschaffen ist, fähig, seinen Schöpfer zu erkennen und zu lieben. Der Mensch ist über alle irdischen Geschöpfe gesetzt worden, um über sie in der Verherrlichung Gottes zu herrschen. Diese Konzilskonstitution stellt diese furchterregende Diagnose auf: ‹Obwohl in Gerechtigkeit von Gott begründet, hat der Mensch unter dem Einfluß des Bösen gleich von Anfang an der Geschichte durch Auflehnung gegen Gott und durch den Willen, sein Ziel außerhalb von Gott zu erreichen, seine Freiheit mißbraucht. Obwohl sie Gott kannten, haben sie ihn nicht als Gott verherrlicht, sondern ihr unverständiges Herz wurde verfinstert und sie dienten den Geschöpfen statt dem Schöpfer. Was uns aus der Offenbarung Gottes bekannt ist, steht mit der Erfahrung in Einklang.› Und es stimmt wirklich, daß das Zeugnis der menschlichen Erfahrung und die Stimme der Offenbarung sich hier auf wunderbare Weise zusammenfügen, wie es auch die Übereinstimmung von den Worten Ovids mit denen des heiligen Paulus bezeugt hat, die wir oben zitierten.

Und was sagt uns die Erfahrung, die durch die Offenbarung und den christlichen Glauben bestätigt, ausgelegt und erleuchtet wird? Die Antwort darauf findet man im gleichen Konzilstext: ‹Der Mensch erfährt sich, wenn er in sein Herz schaut, auch zum Bösen geneigt und verstrickt in vielfältige Übel, die nicht von seinem guten Schöpfer herkommen können. Oft weigert er sich, Gott als seinen Ursprung anzuerkennnen; er durchbricht dadurch auch die geschuldete Ausrichtung auf sein letztes Ziel, zugleich aber auch seine ganze Ordnung hinsichtlich seiner selbst, wie hinsichtlich der anderen Menschen und der ganzen Schöpfung. *So ist der Mensch in sich selbst zwiespältig.*› (Gaudium et spes, Nr. 12, 13). So ist es. Diese Worte sind von einer einzigartigen Aussagekraft: Der Mensch ist zwiespältig.

Merken Sie, daß es sich nicht allein um den dialektischen Widerspruch handelt zwischen der ‹vernünftigen Natur› und der ‹unvernünftigen Handlung›, sondern um den Zustand selbst, in dem sich der Mensch befindet, seine innere Situation, wie sie durch die äußere Erfahrung, die Erfahrung der Welt, bestätigt und verstärkt wird: Er ist gespalten zwischen dem, was er tut, ohne es zu wollen, und dem, was er nicht tut, obwohl er es will. Es gibt in ihm also nicht so sehr einen Widerspruch, als vielmehr ein Mißverhältnis.

Unser Konzilstext fährt fort: ‹Deshalb stellt sich das ganze Leben der Menschen, das einzelne wie das kollektive, als Kampf dar, und zwar als einen dramatischen Kampf zwischen Gut und Böse, zwischen Licht und Finsternis.› Man könnte hinzufügen, daß dieser Kampf zwischen dem Guten und dem Bösen dem menschlichen Leben den Charakter einer *Prüfung* verleiht. Es ist eine moralische Prüfung mit einer speziellen Schönheit. In gewisser Weise gibt diese Prüfung unserer Existenz ihren Sinn: In ihr vernehmen wir den Ruf Christi, das Reich Gottes auf dieser Welt aufzubauen.»

Was uns hier durch das Konzil und durch den Papst in Erinnerung gerufen wurde, ist die Lehre von der Erbsünde, über die bestimmte religiöse Lehrmeinungen heute mit der Klugheit der Schlangen hinweggleiten. Dennoch hat diese erste Sünde nicht aufgehört, sich seit Anbeginn der Welt immer zu wiederholen, von Lebensalter zu Lebensalter, von Generation zu Generation, von einem Menschen zum anderen: Hier liegt die Ursache der Spannung, die jeder in sich feststellen kann und die ihn spaltet „zwischen dem Guten, das er will und dem Bösen, das er tut". Eine Ausnahme davon bilden nur Menschen, die so sehr in ihren Irrtum versunken sind, daß sie sich für vollkommen halten, wie der Pharisäer in dem Gleichnis, oder die glauben, daß niemand je besser sein kann, wie Jean-Jacques Rousseau, der in den *Confessiones* seinesgleichen zum letzten Gericht zusammenruft und sie herausfordert, ein einziges Zeugnis zu bringen, das besser wäre als das seine. Wenn wir diese Verirrungen beiseite lassen, dann ist das allgemeine Gesetz das Gesetz der Spaltung, die grausam ist wie eine Wunde, welche allein Christus durch den Glauben heilen kann. Er ist in die Welt gekommen, „doch die Welt hat ihn nicht aufgenommen".

246

Er hat gesagt: „Ich bin der Weg, die Wahrheit, das Leben." Die Welt kennt weder diesen Weg noch die Wahrheit, und sie zerstört das Leben. Worauf kann man dann noch hoffen?

«Eine kurze Bemerkung zu Beginn. Die Worte Christi, die Sie gerade zitiert haben, wurden auf verschiedene Weise kommentiert. Aus der Auslegungsgeschichte dieses Textes geht hervor, daß die griechischen Kirchenväter und mit ihnen der heilige Ambrosius und der heilige Leo in Jesus den *Weg* und die *Wahrheit* sahen, die zum ewigen Leben führen. Für Klemens von Alexandrien, Augustinus und den größten Teil der lateinischen Kirchenväter ist Jesus der *Weg*, der zur ewigen Wahrheit und zum ewigen Leben führt. Thomas von Aquin und die Kommentatoren des Mittelalters verstanden, daß Christus der *Weg* ist, insofern er Mensch ist, die *Wahrheit* und das *Leben*, insofern er Gott ist. Das ist auch die Auffassung heutiger Theologen, darunter auch Lagrange. Andere unterscheiden: Christus ist Weg, *das heißt* Wahrheit und Leben. Die Aussage, daß Christus der *Weg* ist, die hier so wesentlich ist, bedeutet, daß allein Christus der Mittler des Heils ist, die Norm, im moralischen Sinn das Modell und der Zugang zum Vater. Er ist der Weg insofern er Offenbarung des Vaters an die Menschen ist, also insofern er menschgewordene Wahrheit ist: Durch die Erkenntnis dieser Wahrheit kommt der Mensch zum Leben, wird er Christus gleich. Christus ist also der *Weg* und gleichzeitig das Ziel dieses Weges; er ist es, wohin der Weg führt.

Sie sagen: ‹Die Welt kennt weder diesen Weg noch die Wahrheit, und sie zerstört das Leben.› Und Sie haben hinzugefügt: ‹Worauf kann man dann noch hoffen?›

Diese Frage wurde schon beantwortet. Zunächst einmal als Jesus am 40. Tag seines Lebens für die vorgeschriebene Reinigung in den Tempel von Jerusalem gebracht wurde. Dort begrüßte ihn der greise Simeon mit diesen Worten: ‹Dieser ist dazu bestimmt, daß in Israel viele durch ihn zu Fall kommen und viele aufgerichtet werden, und er wird ein Zeichen sein, dem widersprochen wird› (Lk 2,34). Diese Worte des Simeon deuten jedoch die Antwort nur an. Die eigentliche Antwort auf Ihre Frage findet man auch im Evangelium: Es ist das Kreuz. Im Kreuz erfüllen sich vollständig die Worte des Simeon. Das Kreuz ist immer und überall im Lauf der Menschheitsgeschichte das Zeichen, welches diesen Widerspruch mit der Welt offenbart und ihn seit Anbeginn begleitet.

‹Die Welt kennt weder diesen Weg noch die Wahrheit, und sie zerstört das Leben.› Diese Ihre Behauptung stimmt nur zum Teil, denn Christus, der durch das Kreuz in der Welt geblieben ist, hat für immer hier seine Wohnung. Er bleibt für immer unter uns. *Stat crux dum volvitur orbis*: Die Welt geht voran, das Kreuz bleibt. Doch noch mehr: Denn, wenn das Kreuz die Ablehnung der Welt zusammenfaßt gegenüber ‹dem Weg, der Wahrheit und dem Leben›, dann bleibt nicht nur dieses Kreuz allein, sondern in ihm und allein in ihm ist diese Welt immer von Gott angenommen als der Ort seines Reiches, der Wahrheit und des Lebens, zu dem Christus der Weg ist. Im Innern der Welt, die Christus ablehnt, baut er sein Reich auf, welches die Welt überdauert.

Damit ist auch Ihre Frage nach dem, was die Welt erhoffen kann, beantwortet. Das muß man aus dem geoffenbarten Wort herauslesen, aus der Tiefe des göttlichen Heilsplanes. Es ist offensichtlich eine Antwort aus dem Glauben, der nicht aus dieser Welt kommt, sondern aus dem Herzen des Evangeliums.»

II

Hinter uns versinkt eine Welt, die nichts anderes ist, als das beschauliche Universum des Mittelalters. Seine mächtigen religiösen, später kulturellen Wellen haben fortgedauert bis in unsere Zeit. Sie bereicherten den Glauben durch den Sinn für die Verstehbarkeit der Welt, für die Moral, die Intuition einer universellen Harmonie und die Hoffnung einer ewigen Bestimmung des Menschengeschlechtes.

Alle diese geistlichen Werte kommen von Gott, der im Zentrum des menschlichen Denkens wirkt wie ein unersetzbares Prinzip der Einheit und der Gemeinschaft.

Diese Reste einer Welt, die sich um eine Kathedrale gruppierte, sind dabei zu verschwinden; und es ist unnütz, sie der Nacht der Geschichte entreißen zu wollen. Vor uns steht eine andere Welt, eine neue Welt. Sie gründet nicht mehr auf der Beschauung Gottes, sondern auf einem System dialektischer Beziehungen. Allmählich erst wird sie sichtbar, noch ohne faßbare Strukturen, gleichsam noch im Urzustand. In der Zwischenzeit, in der wir uns heute befinden, fehlen uns die geistigen und moralischen Stützen der vergangenen Welt, und die sich bildende Welt bietet uns noch keinen Halt. Wir bewegen uns buchstäblich auf dem Wasser. Und dazu braucht es nur eine Sache, die uns aber gerade jetzt zu fehlen beginnt: den Glauben.

Ich fragte den Heiligen Vater, ob diese Sicht der Dinge richtig ist oder nicht:

«Ihr Bild vom Weggehen ist schön und richtig, aber es ist, sagen wir ‹ortsgebunden›. Ich glaube, daß es seinen Platz hat im Denken eines jeden westlichen Menschen, eines Europäers, eines Franzosen. Es ist ein sehr suggestives Bild . . . Als ich Ihnen zuhörte, stellte ich mir die Schönheit einer mittelalterlichen Kathedrale vor, um die sich das menschliche Leben

gruppierte: ‹Das beschauliche Universum des Mittelalters . . .
Der Sinn für die Verstehbarkeit der Welt, für die Moral, die
Intuition einer ewigen Bestimmung des Menschengeschlechtes› usw. Es stimmt, wir haben dieses Bild in uns, wir sind
damit groß geworden, und es ist immer noch in gewisser Weise
in uns lebendig . . .

Dennoch ist es nur der Ausschnitt eines Bildes, der einem
Nordamerikaner oder einem Südamerikaner fremd ist, und
noch mehr einem Afrikaner, einem Orientalen, einem Menschen vom asiatischen Kontinent.

Als sich das Konzil mit der ‹Kirche in der Welt von heute›
beschäftigte, mußte es vorausschicken, daß diese ‹menschliche Welt› aus vielen verschiedenen Welten besteht, die einander zwar nahe sind, doch es gibt sehr viele Beziehungen, die
sehr weit voneinander entfernt sind. Das hat das Konzil aber
nicht daran gehindert, die ‹Situation des Menschen in der heutigen Welt› auf klare und überzeugende Weise zu definieren.

Wie sieht also diese Welt aus, der wir entgegengehen? Ich
glaube, daß die ‹Situation des Menschen in der heutigen Welt›
sich seit dem Konzil noch einmal gewandelt hat; in der kurzen
Zeit unserer Epoche hat sich so vieles verändert. Die Natur
dieser Welt, auf die wir hingehen und auf die wir uns hinbewe-
gen und die Sie als ‹strukturlos› wahrnehmen oder mit dem
Wort ‹Urzustand› belegen, spricht von dieser Zukunft, der wir
wie einer Unbekannten gegenüberstehen.

Wir haben Gründe, Angst vor dieser Zukunft zu haben. Es
kann in uns die Furcht aufkommen, daß das Gesicht, das sie
uns zeigen wird, nur schrecklicher sein wird als das Gesicht,
das wir in der Vergangenheit kennenlernten.

Sie sagen, daß wir uns auf dem Wasser bewegen, wie Petrus,
dem Christus aufgetragen hat, sein Boot zu verlassen, um ihm
auf den Wellen entgegenzukommen.[1]

[1] Mt 14,28–31: „Darauf erwiderte ihm Petrus: Herr, wenn du es bist, so
befiehl, daß ich auf dem Wasser zu dir komme. Jesus sagte: Komm! Da stieg
Petrus aus dem Boot und ging über das Wasser auf Jesus zu. Als er aber sah,

Aber wenn der Glaube notwendig ist, um auf dem Wasser gehen zu können, müssen wir unablässig eine Form des Glaubens suchen, die auf der Höhe einer sich ständig erneuernden Welt ist. Wir dürfen nicht nach dem Maß der Vergangenheit schauen, die hinter uns liegt und die sich nicht wiederholen wird. Sonst wird es schwierig für uns sein, sich mit dieser Welt zu identifizieren, die wir früher bewunderten. Wir würden uns nicht wohlfühlen in einer Welt ‹vor Kopernikus›, ‹vor Einstein› und selbst ‹vor Kant›.

Ich denke, daß das Konzil den Versuch unternommen hat, ein Gesicht des Glaubens zu zeigen, wie er der Welt heute entspricht und auch für die Welt von morgen gilt. Unter den Konzilstexten gibt es einen, den man nicht vergessen darf: ‹Die Kirche bekennt, daß allen Wandlungen vieles Unwandelbare zugrunde liegt, was seinen letzten Grund in Christus hat, der derselbe ist, gestern, heute und in Ewigkeit› (Gaudium et spes, Nr. 10).»

Man wird sich den Satz gemerkt haben, daß sich diese im Kommen begriffene Welt darstellen könnte mit „einem schrecklicheren Gesicht als wir es je in der Vergangenheit erlebt haben". Wir sehen in der Tat schon jetzt einige Züge dieser Welt, die durch die Gewalt verunstaltet wird oder durch eine Art „Todeskomplott" erbleicht. Es gibt Menschen ohne Mitgefühl für die ungeborenen Kinder, mit einem Hang zu einer verfrühten Euthanasie oder mit einem offenen Herzen und mit großem Interesse für alle Plädoyers, die für den Selbstmord abgegeben werden. Das steht im Einklang mit dem Wort der Schrift: „Sie haben aus dem Tod einen Freund gemacht ..." Über all dem liegt eine atomare Bedrohung, deren zerstörerische Macht auf 4,5 Tonnen herkömmlicher Sprengkraft pro Erdbewohner geschätzt wird. Menschlich

wie heftig der Wind war, bekam er Angst und begann unterzugehen. Er schrie: Herr, rette mich! Jesus streckte sofort die Hand aus, ergriff ihn und sagte zu ihm: Du Kleingläubiger, warum hast du gezweifelt?"

gesehen muß man sagen, daß diese Welt, die mit dem Verstand nicht mehr zu begreifen ist, eher ihrem Untergang als einer glorreichen Zukunft entgegengeht.

Gibt es noch einen letzten Ausweg aus dieser Logik des Todes, in welche die Welt nach und nach geraten ist?

«Die Welt, in der wir leben, ist sehr tief geprägt von der Sünde und vom Tod. Ihr Bild unterstreicht die extreme augenblickliche Spannung, die hervorgerufen wird von den Mächten der Sünde und des Todes. Es liegen ernsthafte Bedrohungen über einer Welt, die ungeachtet der großen Erfolge des menschlichen Genius alles Erdenkliche sammelt, um der eigenen Zerstörung entgegenzugehen. Diese Welt läuft Gefahr, eine unmenschliche Welt zu werden. Unser Jahrhundert hat uns vielfache Gründe dafür geliefert, daß dies zu befürchten ist.

Aber zur gleichen Zeit ist es eine erlöste Welt, eine Welt, in der sich eine Liebe offenbart, die stärker ist als Sünde und Tod. Diese Liebe ist in ihr immer gegenwärtig, und sie hört nicht auf, in dieser Welt zu wirken.

Diese Liebe ist die *letzte Wirklichkeit*. Sie enthüllt uns nicht nur den Blick auf eine Fülle des Lebens und des Guten, was das letzte Ziel und der tiefste Sinn der menschlichen Existenz in Gott ist, sondern sie sagt uns auch, daß in der Welt, in *dieser* Welt die Liebe nicht aufhört, die Herzen und die Handlungen der Menschen umzuformen – der lebendigen Menschen, der sündigen Menschen.

Unsere Welt ist eingebettet in die Zeit. Sie hört nicht auf, zu ihrem Ende hinzustreben. Und solange die Welt existiert, wird diese Liebe, die auch Barmherzigkeit ist, unaufhörlich daran wirken, daß diese Welt immer menschlicher wird.

Ich möchte Ihnen antworten, indem ich mich immer wieder auf das Konzil beziehe. Die Wendung ‹diese Welt menschlicher werden lassen› findet sich an mehreren Stellen und in verschiedenen ähnlich lautenden Formulierungen in der Konstitution *Gaudium et spes*, die Pastoralkonstitution genannt wird.

Soweit ich die Geschichte des Zweiten Vaticanums kenne, war es Johannes XXIII., der die Idee hatte, die Aussagen des Konzils zu ergänzen durch die Konstitution über die Kirche in der Welt von heute.

Ich habe später mitgearbeitet an der Vorbereitung dieser Konstitution: Dort wird an mehreren Stellen über die Situation unserer Welt reflektiert, die – wie vielleicht noch nie zuvor – zugleich mächtig und schwach erscheint, fähig zum Besten und zum Schlimmsten, eine Welt, vor der sich der Weg gabelt zur Freiheit oder zur Sklaverei, zum Fortschritt oder zum Rückschritt, zur Brüderlichkeit oder zum Haß. Auch diese Worte findet man in der *Gaudium et spes*: ‹Der Mensch wird sich bewußt, daß es seine eigene Aufgabe ist, jene Kräfte, die er selbst geweckt hat und die ihn zermalmen oder ihm dienen können, richtig zu lenken.›

So spricht das Konzil. Wenn es nicht so wäre, wenn sich der Mensch nicht bewußt wird, daß es *noch* seine Aufgabe ist, die Kräfte, die er selbst geweckt hat, in eine gute Richtung zu lenken, dann ist es gewiß die Aufgabe der Kirche, ihn daran zu erinnern. Sie darf nie ablassen, ihre ganzen Kräfte einzusetzen, um diese Welt ‹menschlicher› zu machen. Beizutragen, damit das Reich der Gerechtigkeit, der Wahrheit, der Freiheit und der Liebe zu uns kommt. Das gehört und das gehörte immer schon zum eigentlichen Wesen der Evangelisierung. So ist auch das Verständnis der Pastoralkonstitution des Zweiten Vaticanums, dessen Plan im Herzen und im Denken von Papst Johannes entstanden ist und zwar in den letzten Monaten seines Lebens.»

Die Intelligenz und der Pessimismus bilden ein häßliches Paar, welches aber fest zusammenhält. Die Differenzierung bringt im allgemeinen mehr Tränen als Freude mit sich. Das trifft beim Papst nicht zu. Die Schärfe seines Urteilsvermögens ist fest begründet, und dennoch erstaunt sein „Optimismus" jeden, der ihm begegnet (ich selbst vertraue in der Beziehung

nur auf seine Gegenwart an der Spitze der Kirche). Warum?
Eigentlich hat er in den vorausgegangenen Abschnitten schon
indirekt darauf geantwortet: Sein Denken umfaßt jederzeit die
Ganzheit der Geschichte, nicht allein den Bruchteil der Epoche, in dem wir gerade leben. Er bezieht alles mit ein vom
Schöpfungswirken Gottes bis zur Vollendung des menschlichen Geschicks, von der Genesis bis zum Neuen Jerusalem,
wo schließlich auf Liebe mit Liebe geantwortet wird. Er liest
Geschichte nicht als eine Folge von Episoden, was unweigerlich ein falsches Bild ergibt, sondern er erfaßt sie in ihrer
Gesamtheit bis zu den äußersten Enden – auch die Offenbarung lädt uns dazu ein, Geschichte so zu lesen. Dazu schaut er
hinter den Horizont auf die Sonne der letzten Wahrheit, die
ihm Licht gibt bis in die düstersten Passagen des langsamen
und schmerzlichen Weges, den die Menschheit in dieser Welt
geht, wo sie wieder einer anderen Menschheit zum Opfer fallen oder wo sie ihr Leben finden wird.

Davon gehe ich aus, doch ich will ihm trotzdem meine Frage
stellen. Wenn man seine Antwort liest, könnte man vielleicht
versucht sein zu glauben, er habe „die Frage nicht verstanden",
doch dem ist nicht so. Seine Antwort ist geprägt von der
Demut, von seinem absoluten Vertrautsein mit dem Wort
Christi. Sein „Optimismus" ist eine brüderliche Variante
seines Glaubens:

«Seit einiger Zeit betrachte ich mit besonderer Freude die
Worte, die Christus an den Apostel Petrus richtet: ‹Stärke
deine Brüder!› Nur Lukas berichtet uns darüber. Wir finden
diese Worte weder bei Matthäus noch bei Markus, die sich darauf beschränken, die Verleugnung des Petrus darzustellen,
was von allen vier Evangelisten überliefert ist. Bei Lukas finden wir diese Worte Christi, und es scheint, daß er sie in der
Nacht in Getsemani ausgesprochen hat oder vielleicht auf
dem Weg zum Ölberg: ‹Simon, Simon, der Satan hat verlangt,
daß er euch wie Weizen sieben darf. Wenn du dich wieder
bekehrt hast, dann stärke deine Brüder› (Lk 22,32). Ich habe

254

oft an diese Worte gedacht und noch mehr an ihren ganzen Kontext.

Christus sagt ‹stärke› zu einem Menschen, der sich keineswegs als stark gezeigt hat, obwohl er überzeugt war, daß er nie seinen Meister verraten würde. Zu ihm sagt Jesus dieses Wort ‹stärke›, und kurz danach widerspricht er Jesus in seiner großen Selbstsicherheit, als dieser ihm voraussagt, er werde ihn enttäuschen: ‹Herr, ich bin bereit, mit dir sogar ins Gefängnis und in den Tod zu gehen.› Christus antwortet ihm: ‹Ich sage dir, Petrus, ehe heute der Hahn kräht, wirst du dreimal leugnen, mich zu kennen.›

Als Christus ihm sagte ‹Stärke deine Brüder›, gründete er diesen Auftrag also nicht auf die besonderen Qualitäten des Petrus. Menschlich gesprochen war Petrus nicht besonders geeignet, andere zu ‹stärken›, obwohl er eine große Begeisterung und viel guten Willen hatte. Als Christus ihn nach der Auferstehung dreimal fragt: ‹Liebst du mich mehr als diese?› zögerte er, trotz der tragischen Episode in der Nacht, die er im Hof des Hohen Priesters verbracht hatte, nicht mit der Antwort: ‹Herr, du weißt, daß ich dich liebe.› Ich glaube, daß er in sich die notwendige Bürgschaft hatte, um das sagen zu können.

Merken Sie, daß er nicht sagt ‹Ich liebe dich mehr als diese da›, sondern einfach ‹Ich liebe dich›. Er stützt sich nicht auf seine eigene Überzeugung, sondern auf das, was Christus von ihm weiß: ‹Herr, *du weißt*, daß ich dich liebe.›

In dieser letzten Nacht auf dem Weg zum Ölberg hatte der Herr ihm gesagt: ‹Ich habe für dich gebetet, daß dein Glaube nicht erlischt.› Und in der Tat, er ist nicht erloschen, obwohl Petrus den Herrn dreimal verleugnet hat. Weder in Jerusalem, noch in Antiochien, noch in Rom, niemals ist sein Glaube erloschen, bis zu seinem Tod auf dem Hügel des Vatikan zur Regierungszeit des Nero.

Jesus wußte, warum der Glaube des Petrus ‹nicht erlischt›, und daß er ‹seine Brüder stärken› kann: der Meister selbst hat für ihn gebetet in einer Fürbitte ... die noch andauert ... Und in der Stunde der Gefahr, als er von Herodes gefangen wird und schon zum Tod verurteilt ist, betete, wie die Apostelgeschichte berichtet, die ganze Kirche für ihn, wie wenn sie die Anliegen Christi erraten hätte.

Warum ich dies alles sage? Weil ich nicht anders auf Ihre Frage antworten kann, die mir ein bißchen peinlich ist.

Es ist gut, daß die Evangelien die innere Geschichte des Simon Petrus erzählen, die Geschichte der menschlichen Schwachheit, in der sich die Macht Christi offenbart.

Und wie oft wird beim Apostel Paulus die gleiche Wahrheit bezeugt, in geschriebener Form, und – wenn man so sagen darf – mit dem lebendigen Blut seines Herzens!»

III

Wenn der Papst keine Reisen machte, würde man sagen, er nähme nicht teil am Geschick der Welt und am Los der Menschen. Man würde ihm vorwerfen, er lebe wie ein Monarch in seinem Palast, ohne seine Zeit zu kennen. Unternimmt er Reisen, wirft man ihm vor, daß er unterwegs ist, daß er zu oft Rom verläßt, ja, daß er die Führung der Kirche vernachlässigt, um in den fünf Kontinenten eine Popularität zu pflegen, die nichts anderes wäre als eine falsche Begeisterung. Denn es sind die gleichen, die nur von „Völkern" und „Massen" sprechen, welche die Massen verachten, wenn es nicht der Haß ist, der sie zusammenhält. Die gleichen, die die Kirche beschwören, auf die Welt zuzugehen, tadeln sie, wenn sie es tut; die gleichen, die sich so sehr Sorgen machen, daß sie von den „Menschen dieser Zeit" verstanden wird, werden irritiert, wenn „die Menschen dieser Zeit" sich zusammenfinden, um den Papst zu hören. Es gäbe sehr viel zu sagen über die Mentalität dieser neuen Pharisäer, die sich nur auf abstrakte Weise für das Volk interessieren, die in ihren ideologischen Reden vom Volk sprechen, denen es aber nicht an scharfen Bemerkungen fehlt, um die „Unwissenheit" und „Naivität" der Menschen zu verspotten, die Johannes Paul II. zulaufen. Ich unterstelle ihnen, daß sie sich nicht so sehr darum sorgen, die Kirchen zu füllen, als sie von ihren letzten Gläubigen zu leeren, die nach ihrer Meinung in die Irre geführt worden sind. Diese Leute bleiben unter sich und meinen, die reine Wahrheit, die nur sie allein kennen, zu besitzen und zu verstehen.

Ich habe jetzt nicht vor, den elitären und gnostischen Geisteszustand dieser fremdartigen Verkünder des Evangeliums zu untersuchen, die zur modernen Welt griechisch sprechen wollen, und vorgeben, das Latein würde nicht mehr verstanden. Sie sprechen das Wort „Fest" nur deshalb aus, damit alle verstehen, daß man sich zu Tode langweilt. Ich ziehe es vor, vom Papst selbst zu erfahren, warum er so viel Eile hat, durch die Welt zu reisen, wie wenn ein „Notstand" ausgerufen wäre, so daß ihm kaum Zeit bleibt, die Menschen guten Willens vor dem Unwetter zu schützen. Man legt ihm dieses Wort in den Mund: „Man muß reisen, um zu leben, und leben, um zu reisen." Ich frage ihn, ob dieses Wort von ihm stammt: «Ich erinnere mich nicht daran», sagt er, «und ich habe Mühe, es zu glauben, aber ich kann es auch nicht ausschließen.

Was meine Reisen angeht, so gehören sie zu meinem apostolischen Dienst. Zunächst einmal war nicht ich es, der dieses Kapitel eröffnet hat. Es waren meine beiden großen Vorgänger, die Päpste des Zweiten Vaticanums, vor allem Paul VI. Aber schon Johannes XXIII. hatte zu verstehen gegeben, daß der Papst nicht allein von der Kirche besucht werden dürfe, sondern daß er selbst sich aufmachen muß, um die Kirchen zu besuchen. Trotz seiner 80 Jahre hat er den ersten Schritt in diese Richtung getan, als er vor der Eröffnung des Konzils den Wallfahrtsort Loreto besuchte. Bei Paul VI. gehörten die Reisen zum Programm seines Pontifikats: Ich erinnere mich noch, mit welcher Begeisterung die Konzilsväter seinen Plan aufgenommen haben, am Ende der zweiten Konzilsperiode ins Heilige Land zu pilgern. Er hätte nicht besser beginnen können.

So war für mich also dieses Kapitel des päpstlichen Dienstamtes schon geöffnet. Ich bin zutiefst davon überzeugt, daß man es fortsetzen muß. Warum sollte ein relativ junger und rüstiger Papst, der im großen und ganzen[1] eine gute Gesundheit hat, nicht diesen Dienst an der Kirche ausüben, wenn ein 80jähriger und ein Paul VI., der schon betagt und gebrechlich war, ein solches Beispiel gegeben haben?

Das erste Mal mußte ich mich sehr schnell entscheiden, weil die lateinamerikanische Bischofskonferenz in Puebla mit der Gegenwart des Papstes rechnete. Im Januar 1979 bin ich dann in Mexiko gewesen. Anläßlich des 900. Todestages des heiligen Stanislaus besuchte ich mein Heimatland. Diese Feierlichkeiten hatte ich als Erzbischof von Krakau schon lange vorbereitet. Danach folgten andere Besuche, die ich nicht aufzuzählen brauche, da sie ja bekannt sind. Wenn Gott es erlaubt, dann möchte ich die meisten Einladungen annehmen, die ich erhalten habe. Das sage ich, um mich gewissermaßen zu rechtfertigen. Was ist also der tiefere Grund dieser Reisen?

Ich muß zurückgehen auf meine über zwanzigjährige Erfahrung als Bischof. In dieser Zeit verstand ich die besondere Bedeutung der Besuche in den Pfarrgemeinden. Diese Besuche, die in meinen Augen in erster Linie Pastoralbesuche waren, hatten die Aufgabe, den Gemeinden zu helfen, noch tiefer die Erfahrung der christlichen Einheit zu machen und sich – dank der Gegenwart des Bischofs – in der Dimension der ganzen Kirche wiederzufinden, nicht nur der Ortskirche, sondern der Weltkirche. Das habe ich manchmal in den

---

[1] Dieses „im großen und ganzen" könnte heute wie eine humorvolle Anspielung auf seinen Aufenthalt in der Gemelli-Klinik klingen. Im letzten Kapitel dieses Buches wird man erfahren, wie die Robustheit seines Organismus es ihm ermöglichte, in kurzer Zeit dreimal zu genesen: von zwei Operationen und einer Virusinfektion.

258

Ansprachen unterstrichen, die ich halten mußte. Für die Hirten waren diese Besuche gleicherweise eine Gelegenheit und ein Mittel, noch enger ihre Pfarrangehörigen zu sammeln, denn das ist eine wesentliche Aufgabe eines jeden Seelenhirten: seine Gemeinde zusammenzuführen. Beim dritten eucharistischen Hochgebet während der Messe wird das in sehr schönen Worten ausgedrückt: Daß Gott sein Volk versammle, von Ost nach West, durch Christus, in der Kraft des Heiligen Geistes. Als Seelenhirt muß der Priester das Volk Gottes im Namen Christi versammeln. Um so mehr der Bischof. Unser erstes Vorbild dafür sind die Apostel und vor allem der heilige Paulus.

Als ich 1976 die Gelegenheit hatte, auf Einladung von Paul VI. die österlichen Exerzitien im Vatikan zu halten, sprach ich über diese Pfarrbesuche wie von einer ‹einzigartigen Form einer Pilgerreise zu den Heiligtümern des Volkes Gottes›. Ich habe die volle Bestätigung für diesen Gedanken in der Konstitution *Lumen Gentium* gefunden.

Im Verlauf der Exerzitien in der St. Mathilden-Kapelle im Vatikan habe ich das Bild des Bischofs aufgezeigt, der einen Pastoralbesuch in einer Pfarrei macht. Das ist nicht nur eine Verwaltungseinheit seiner Diözese, das ist eine Gemeinschaft des Volkes Gottes, das teilhat an der dreifachen Aufgabe Christi, von der wir schon gesprochen haben. Das Volk Gottes trägt unter allen menschlichen Schwächen, Sünden und Fehlern in sich die Merkmale des ‹Königreiches›, das Gott ihm mitgeteilt hat. Man muß diese Königswürde *wieder spüren*, diese Würde, die sich zeigt bei den jungen Leuten, wenn sie das Sakrament der Firmung erhalten, bei den Eheleuten, die in Gegenwart des Bischofs ihr sakramentales Engagement unter dem ehelichen Segen erneuern, bei den kranken und alten Menschen, die ihren Hirten bei sich zu Hause oder in den Krankenhäusern empfangen und sich mit ihm im Gebet versammeln. Diese Würde, dieser königliche Aspekt kommt von Christus, der das ganze Volk zu ‹Königen und zu Priestern› (Offb 1,6) gemacht hat. Das wird erfahrbar in diesen Begegnungen, wo der Rahmen feierlich ist und zugleich durchdrungen von einer menschlichen Wärme.

Je schwieriger das Leben der Menschen, der Familie, der Gemeinden und der Welt wird, um so notwendiger ist es, daß sie die Gegenwart des Guten Hirten, der sein Leben für seine Herde gibt, bewußt erfahren. Der Bischof, der die Pfarrgemeinden besucht, ist ein wirklicher Pilger, der sich bei jedem seiner Besuche in ein anderes Heiligtum des Guten Hirten begibt.

Das Volk Gottes ist dieses Heiligtum, das Volk, das am königlichen Priestertum Christi Anteil hat. Und jeder Mensch ist dieses Heiligtum, wenn er in sich das Geheimnis bewahrt und wenn es sich in seiner ganzen Fülle entfaltet wie ‹im Geheimnis des menschgewordenen Wortes›. Das war also eine erste Antwort auf Ihre Frage.»

Seine Pfarrei ist die Welt. Das Volk Gottes oder ein Teil des Volkes Gottes ist ein Heiligtum Christi, und auch das menschliche Wesen ist ein *Heiligtum*. Deshalb nennt Johannes Paul II. seine Reisen *Pilgerfahrten*; in diesem Sinne küßt er die Erde der Länder, die er betritt; deshalb gibt es für ihn in der Welt nur eine Herde, auch wenn sie in den Gebirgsketten der Anden verstreut ist, wo er sie noch suchen wird; denn jeder Mensch wird in seinen Augen Kirche sein. Wenn er von Christus angenommen ist, wird er geheiligt sein. Diese Sicht der Menschheit ist nicht die der herrschenden Ideologien, für die der Mensch sehr weit davon entfernt ist, ein Tabernakel zu sein. Kann man einem Papst, der sich so sehr in die Welt hineindenkt, noch den Vorwurf des „Stars" machen?

«Nach Paul VI. habe ich sozusagen dieses Kapitel Reisen schon weit geöffnet vorgefunden. Ich habe dann dieses Kapitel weiter geschrieben, indem ich mich auf meine persönlichen Überzeugungen stützte, die ich während meiner vorhergehenden Lebensphase gewonnen hatte. Was ich in Krakau praktiziert habe, galt auch für Rom, für meinen päpstlichen Dienst. Die Entwicklung schneller Verkehrsmittel schuf besonders günstige Voraussetzungen, um meine Überzeugung verwirklichen zu können. Und das Bedürfnis, dem sie entsprechen, wurde immer deutlicher. Ich glaube, daß das Leben der nachkonziliaren Kirche dieses Bedürfnis in einen Imperativ umgewandelt und ihm das Gewicht eines Gebots und einer Gewissenspflicht gegeben hat.

Ich spüre sehr tief in mir die Vielfältigkeit der Kirchen in der einen Kirche, eine Vielfältigkeit, die nicht nur quantitativ, sondern auch qualitativ ist und auf einer Vielzahl von Faktoren und Umständen beruht. Ist es nicht die Aufgabe des Nachfolgers Petri, alles daranzusetzen, daß sich diese Kirche in ihrer Vielfalt um Christus in ihrer sichtbaren Einheit versammelt? Ich danke der Vorsehung Gottes, daß sie mir so viele Wege geöffnet hat, um zu den Heiligtümern des Volkes Gottes zu kommen; ich bin mir dabei meiner Unwürdigkeit und meiner Schwäche bewußt, und ich bitte, daß Gott mir die Kraft gibt, diesen Dienst zu erfüllen, wie es meine Aufgabe ist.

Ich möchte noch diese Worte des Apostels Paulus in seinem Brief an die Römer hinzufügen: ‹Gott, den ich im Dienst des Evangeliums von seinem Sohn mit ganzem Herzen ehre, ist mein Zeuge: Unablässig denke ich an euch in allen meinen Gebeten und bitte darum, es möge mir durch Gottes Willen endlich gelingen, zu euch zu kommen. Denn ich sehne mich danach, euch zu sehen; ich möchte euch geistliche Gaben vermitteln, damit ihr dadurch gestärkt werdet, oder besser: damit wir, wenn ich bei euch bin, miteinander Zuspruch empfangen durch euren und meinen Glauben› (Röm 1,9–12).

Wenn ich einige Worte aus diesem Brief unterstreichen müßte, dann würde ich zitieren ‹ich sehne mich danach, euch zu sehen ... um miteinander Zuspruch zu empfangen durch unseren gemeinsamen Glauben›. Ich denke, daß diese Worte wirklich alles ausdrücken und eine umfassende Antwort auf Ihre Frage darstellen.

Sie werden vielleicht einwenden, daß ich nicht auf den ‹Notstand› eingegangen bin, von dem Sie gesprochen haben, um mir zu verstehen zu geben, daß die ‹Alarmglocke› angeschlagen hat. Meiner Meinung nach wäre es besser, von einer ‹dringlichen Situation› zu sprechen. Das würde mehr dem heiligen Paulus und dem Evangelium entsprechen.»

Wenn man in dieser Weise die Reisen des Papstes versteht, dann sind alle von großer Bedeutung. Dennoch haben einige eine größere Bedeutung bekommen als andere, wie zum Beispiel die Reisen nach Brasilien, Polen, Frankreich, Afrika und England. Die Reise nach Brasilien, weil – wir haben es schon gesagt – sich heute dort schon alle Probleme der Kirche von morgen stellen, in diesem riesigen Land, das vielleicht in dreißig oder vierzig Jahren die Hälfte des christlichen Volkes ausmachen wird. Die Reise nach Polen, weil viele denken, daß das Christentum eines Tages vom Osten her wiederkommen wird, und alle sind neugierig, die Begeisterung eines Landes zu sehen, wo die Freude so selten ist und das seit der Wahl von Johannes Paul II. ungefähr 800 Millionen Bewohner hat. Die Reise nach Afrika, weil der christliche Glaube dort eine neue Blüte erfährt. Die Reise nach England, aus Gründen, über die ich später sprechen werde. Schließlich die Reise nach Frankreich: Frankreich ist wie ein aufgeschlagenes Buch; die Franzosen haben die Gewohnheit, sich im Klartext auszudrücken und sorgsam für alles Gesetze aufzustellen, sogar über das Absurde, so daß es vielleicht in Frankreich leichter fällt als anderswo sich ein Bild über den Zustand dieser geistigen Welt zu machen. Ich frage den Heiligen Vater, ob er diese Auffassung teilt. Er gibt mir eine umfassende Antwort:

«Ich habe einen Artikel gelesen, in dem sich Jahre später ein Autor bemüht, eine Bilanz des Konzils zu ziehen. Ein Ausdruck von ihm hat mich erstaunt. Für ihn ist die Kirche durch das Zweite Vatikanische Konzil mehr als früher ‹eine Kirche der ganzen Welt› geworden. Ich glaube, daß sich diese

Formel weniger auf die Pastoralkonstitution über die Kirche in der heutigen Welt bezieht, sondern vielmehr auf die dogmatische Konstitution *Lumen Gentium*, und darin vor allem auf das Kapitel, welches dem Volk Gottes gewidmet ist:

‹*Zum neuen Gottesvolk werden alle Menschen gerufen. Darum muß dieses Volk eines und ein einziges bleiben und sich über die ganze Welt und durch alle Zeit hin ausbreiten. So soll sich das Ziel des Willens Gottes erfüllen, der das Menschengeschlecht am Anfang als eines gegründet und beschlossen hat, seine Kinder aus der Zerstreuung wieder zur Einheit zu versammeln. Dazu sandte nämlich Gott seinen Sohn, den er zum Erben des Alls gemacht hat, daß er Lehrer, König und Priester aller sei, das Haupt des neuen und allumfassenden Volkes der Söhne Gottes. Dazu sandte Gott schließlich den Geist seines Sohnes, den Herrn und Lebensspender, der für die ganze Kirche und die Gläubigen einzeln und insgesamt der Urgrund der Vereinigung und Einheit in der Lehre der Apostel und in der Gemeinschaft, im Brotbrechen und im Gebet ist. In allen Völkern der Erde wohnt also dieses eine Gottesvolk, da es aus ihnen alle seine Bürger nimmt, Bürger eines Reiches, freilich nicht irdischer, sondern himmlischer Natur›* (Lumen Gentium, Nr. 13).

Das Konzil führt diesen Gedanken über den universalen Charakter der Kirche weiter und beruft sich nicht nur auf die Gemeinschaft der Katholiken, sondern all derer, die ‹der Ehre des Christennamens teilhaft sind›, und auch derer, die noch nicht das Evangelium erhalten haben, die aber dennoch in verschiedener Form ‹auf das Gottesvolk hingeordnet› sind. Auch die erste Enzyklika von Paul VI. geht in diese Richtung. Die Kirche erscheint dort als eine Gemeinschaft des Glaubens und des Heils, die im Namen dieses Glaubens den Dialog des Heils mit allen Menschen sucht.

Eigentlich haben Sie mir nicht so sehr eine Frage gestellt, sondern eher mit einigen kommentierenden Worten eine Meinung über meine Reisen zum Ausdruck gebracht, die mir ziemlich richtig erscheint.

Ich möchte noch einmal sagen, daß jede dieser Pilgerreisen zu den Heiligtümern des Gottesvolkes, die ich im Laufe der Zeit gemacht habe, ihre eigene Bedeutung hat. Die Gründe dafür finden sich in *Lumen Gentium* und auch in der ersten Enzyklika von Paul VI. Jede Reise dient einem bestimmten Ziel, in gewisser Weise dazu, das Konzil zu verwirklichen. Jede Reise drückt den Glauben an die Kirche aus, welcher dank des Zweiten Vatikanischen Konzils in besonderer Weise eine Öffnung erfahren hat und eine Bereitschaft zum Dialog. Die Glaubenden sind sich bewußt geworden, Kirche der ganzen Welt zu sein. Dieser Ausdruck hat sicher nichts Triumphalistisches an sich, er unterstreicht nur die dienende Rolle, welche die Kirche innehat, denn überall und jederzeit dient sie dem Willen, dem Heilswillen des Vaters, des Sohnes und des Heiligen Geistes. Überall, offensichtlich also auch dort, wo der Weg des Papstes nicht hinführen kann.»

Die Reisen haben Johannes Paul II. schon in alle Teile der Erde geführt. In Polen las man das Glück eines ganzen Volkes auf den Gesichtern. Die Pressekorrespondenten haben das sehr treu wiedergegeben, ein bißchen weniger das Fernsehen, dessen Kameras bei ihrer Aufnahme zum großen Teil der Zeit unglücklicherweise auf einen verlassenen Winkel des Podiums fixiert waren oder einen menschenleeren Ausschnitt boten.

Wenn sich niemand über diesen Empfang in Polen gewundert hat, so kann man das nicht in gleicher Weise von seinem Besuch in England sagen. Die Umstände schienen ungünstig; in der Tat hätte der Falkland-Krieg dem Besuch des Papstes einen Akzent geben können, der nicht beabsichtigt war. Schon lange vor dem Ausbruch des englisch-argentinischen Konflikts wurde von manchen ein Mißerfolg vorausgesagt, denn die ein wenig steife Reserviertheit, die man dem britischen Charakter nachsagt, eigne sich sehr schlecht für Massendemonstrationen außerhalb des Rugbyfelds. Einige Angehörige von Sekten hatten ihre Absicht bekanntgegeben, den Besuch dessen zu verderben, den sie als eine Art Antichrist darstellen, der aus dem unreinen Schoß Babylons am Ufer des Tiber stammt. Darüber hinaus wurden – neben den bemerkenswerten Gesamtergebnissen – einige Punkte veröffentlicht, in denen man noch nicht die Übereinstimmung zwischen katholischen und anglikanischen Theologen gefunden hat. Auch das hat die Lage nicht erleichtert. Von allen Seiten wurde abgeraten, diese Reise zu unternehmen. Und es ist eine Tatsache, daß Johannes Paul II. unschlüssig schien bis zur letzten Minute. Doch das war nur äußerlich so. In Wirklichkeit hat er nicht gezögert, er ließ seine Entscheidung reifen wie eine Frucht, die er nie zu früh pflückt. Er hielt die Stunde für gekommen, und er ließ seine Entscheidung zur Reise bekanntgeben, und gleichzeitig seinen Plan, anschließend nach Argentinien zu fahren, was die Bedenken zerstreute, die durch den Kriegszustand aufgekommen waren. Er wollte nicht, daß diese erste Einladung verlorengeht, die nach mehreren Jahrhunderten der Trennung von England aus nach Rom gelangt war. Wäre er der Entscheidung ausgewichen oder hätte er den Termin verschoben, wäre ihm sicher der Vorwurf gemacht worden, nur einen äußerlichen Ökumenismus zu praktizieren. Also unternahm er die Reise, um sich nicht eine geschichtliche Gelegenheit entgehen zu lassen, um eine Annäherung zwischen den Kirchen zu fördern. Er wollte sich ferner für eine Lösung des Falkland-Konflikts einsetzen, um nicht den Graben zwischen den westlichen Demokratien und Lateinamerika zu vertiefen. (In diesem Geist sprach er wenig später mit Präsident Reagan.) Doch alle pessimistischen Vorüberlegungen wurden durch das Ereignis selbst zerstreut. Diejenigen, die den Antichrist angeprangert hatten, ließen nur noch ein schwaches Wort der Verachtung vernehmen. Die britische Reserviertheit schmolz für einen Augenblick dahin, man erlebte auf dem offiziellen Reiseweg vielmehr eine Person, die sich auszeichnete durch Zurückhaltung und Kargheit der Gesten, wie sie für Engländer typisch ist: Der Papst, der, um die religiösen Gefühle seiner Gastgeber nicht zu verletzen, nur mit den Fingerspitzen den Segen erteilte. Sein berühmtes „Charisma" (in dem Sinn einer „Gabe der Kommunikation", die ebenso schwierig zu beschreiben wie auszuüben ist) hatte auch dieses Mal seine Wirkung nicht verfehlt.

Bei seiner Rückkehr sagte er mir, daß er sich eine solche neapolitanische Wärme nicht an den Ufern der Themse erwartet hätte. Er war voller Bewunderung für vieles, was er erlebt hatte, besonders das Organisationstalent, dem es in Cardiff und in Edinburgh gelungen war, die überschwengliche Freude seiner jungen Zuhörer in Grenzen zu halten, ohne irgendwie ihre Spontaneität zu unterdrücken. Die englische Teekanne hatte gekocht, ohne überzulaufen. Nach dieser Reihe kann man folgende wahrlich ziemlich paradoxe Feststellung treffen, daß die katholische Kirche weniger doktrinäre Schwierigkeiten mit den Orthodoxen hat als mit den Anglikanern, daß sie aber einer Einigung mit den Anglikanern näher zu stehen scheint.

Ob in England oder anderswo, die Reisen von Johannes Paul II. bringen überraschende Wirkungen mit sich. In Frankreich zum Beispiel hat sein Besuch die Existenz einer weiten Schicht unterirdischen Christseins in diesem Land zu Tage gefördert. Ich wage zu sagen, ein Christentum mit einer versteinerten Energie, wie das Erdöl im Bimsstein: Alle seine Reden ließen Christentum „im Rohzustand" hervorkommen, um die Sprache der Geologen zu gebrauchen, und zwar dort, wo man gewöhnlich nichts vermutet hätte. Denn die pastorale Auffassung gründete seit mehr als vierzig Jahren auf der Annahme, daß Frankreich, ohne etwas über die ganze Welt zu sagen, zutiefst entchristlicht ist und daß das einzig Notwendige darin besteht, Christentum in kleinen Dosen zu verabreichen, die in einer großen politisch-sozialen Lösung aufgelöst werden. Die Reise des Papstes hat dagegen gezeigt, daß die Franzosen Christen geblieben sind, auch wenn sie nicht mehr viel über ihren Glauben wissen und daß die Mehrheit von ihnen immer

266

noch das Christentum sucht, selbst wenn sie sich marxistischen Parteien anschließt.

Muß das nicht die Strategie der Kirche verändern?

«Wir sind dabei, über die Welt zu sprechen, und jeder von uns ist in einem Ausschnitt dieser menschlichen Welt zu Hause. Für Sie ist das Frankreich; ich höre Ihnen zu. Von meiner Seite aus habe ich dazu weniger zu sagen als Sie! Auch wenn Frankreich nicht der Teil der Welt ist, den ich so kenne wie Sie, so haben mir doch die Geographie und vor allem die geschichtlichen und kulturellen Bindungen diesen Teil der Welt immer nahegebracht. Das war schon so, als das Zentrum ‹ meines› Universums Krakau war, und das gilt auch jetzt, wo es sich in Rom befindet.

Während meiner Pilgerreise nach Frankreich ist ans Licht gekommen, daß ich in dieses Land, das ich schon kannte, gefahren bin mit dem Wunsch, sehr vertraut mit ihm zu sprechen, wie von Mensch zu Mensch.

Mein längster Frankreichaufenthalt war in den Semesterferien von 1947, im Juli und August. Damals habe ich mit größtem Interesse das Buch von Godin gelesen: *Frankreich, ein Missionsland?*, und ich habe die Pfarrei des P. Michonneau besucht. Auch die Studien von P. Boulard habe ich gelesen und bekam einige Kontakte mit der Mission de France. In Marseille hatte ich eine kurze Begegnung mit der Gemeinschaft von P. Loew[1]. Ich nahm teil an einer ‹Sozialen Woche›[2].

Natürlich bin ich in Lourdes gewesen, habe die französischen Kathedralen besucht; mit ihrer gotischen Pracht sind sie wirklich ein Höhepunkt der Kunst.

---

[1] Jacques Loew, Konvertit und Dominikaner, war der erste Arbeiter-Priester Frankreichs. Er war Hafenarbeiter in Marseille und gründete die Arbeitermission Peter und Paul, rief Glaubensseminare ins Leben und veröffentlichte zahlreiche Werke, in denen seine Weisheit, seine Glaubenskraft und seine Feinfühligkeit Eingang gefunden haben.

[2] Die „Sozialen Wochen" sind eine wichtige Initiative der Katholischen Aktion. Sie haben ihren Ursprung in Lyon und finden alljährlich statt.

Während dieses kurzen, aber sehr intensiven Aufenthalts wurde ich beeindruckt von den französischen Priestern. Sie waren überzeugt von der Entchristlichung breiter gesellschaftlicher Schichten Frankreichs, nicht nur im Arbeitermilieu, sondern auch in der ländlichen Bevölkerung. Von diesen Besuchen und Begegnungen habe ich eine große Achtung für die pastoralen Initiativen mitgenommen, die ich studiert habe. Mir ist eine gewisse Verehrung geblieben für diese Priester, die mit einer totalen Entschlossenheit einer entchristlichten Welt begegnen und manchmal in der Fabrik arbeiten, um der Arbeiterklasse nahe zu sein, welche sich von der Kirche entfernt hat, ohne daß sie es aufhalten konnte.

In Paris konnte man merken, daß etwas von den damaligen Begegnungen in mir lebendig geblieben war. Sicher, es sind dreißig Jahre vergangen, und ich habe neue Erfahrungen gesammelt. Doch während der Tage und bei verschiedenen Gelegenheiten konnte ich sehen, was aus dem geworden war, was ich 1947 beobachtet hatte. In meinem Kopf haben sich die Gedanken in gewisser Weise mit dem Hirten des Evangeliums verbunden, der 99 Schafe verläßt, um das verlorene, das hundertste zu suchen . . .

Sie haben recht, wenn Sie sagen, daß man das Gleichnis vom Guten Hirten bis in seine Tiefe aufschlüsseln muß, der Gute Hirt ist auf der Suche nach dem verlorenen Schaf. Das Gleichnis sagt uns, daß er, nachdem er das Schaf gefunden hat, es auf seine Schulter nimmt und es zu den 99 Schafen zurückführt, die zusammen mit ihm das Gesamt der Herde bilden. Worauf es also ankommt, ist nicht nur, das verlorene Schaf zurückzuführen, sondern man muß auch das Ganze des Schafstalls im Auge haben.

Vielleicht ist das die Richtung, in der wir einen Anhaltspunkt finden für die ‹Strategie›, von der Sie sprechen.»

Inspiriert vom Evangelium beginnt der Heilige Vater in Gleichnissen zu sprechen. Wenn ich mich von seinem Beispiel mitreißen ließe, würde ich gerne sagen, daß mir die Hirten heute oft nicht so sehr in der Lage zu sein scheinen, das verlorene Schaf auf ihren Schultern zurückzuführen. Manch einer verläßt die Herde, um sich mit ihr zu verlieren ... Aber das sage ich nicht.

Wir leben in einer Zeit, in der das Abstrakte eine besondere Rolle spielt, was die Malerei und die Ideologien auf je eigene Weise zum Ausdruck bringen. Nun haben die Ideologien oft den Beweis geliefert, daß sie nicht nur nicht in der Lage sind, auf die tiefen Sehnsüchte des Menschen eine Antwort zu geben, sondern sie können auch nicht seine materiellen Probleme lösen. Der Liberalismus, der auf dem schöpferischen Impuls gründet, auf der Initiative des einzelnen, dem Bedürfnis zu besitzen (oder zu beherrschen), begünstigt das Anhäufen von Reichtümern, aber es fehlt häufig die Gerechtigkeit. Auf der anderen Seite strebt der Kollektivismus danach, die Ungleichheiten, die er Ungerechtigkeiten nennt, zu korrigieren. Doch bevor er die Gerechtigkeit wiederherstellt, verschlimmert er sie in einer anderen gesellschaftlichen Ordnung und unterdrückt die Freiheit. Die Menschen werden also immer in der Zwangslage sein, das eine oder andere dieser beiden unvollkommenen Systeme zu wählen oder über sich ergehen zu lassen. Bei dem einen wird das moralische Gefühl der Menschen verletzt, während das andere sie zum Schweigen verurteilt.

Eines Tages hat mir Johannes Paul II. in Castel Gandolfo einen richtigen Philosophiekurs über die „Entfremdung" gehalten, wie sie bei den Nachfolgern Marxs deutlich wird – eine außerordentlich offensive Theorie, die selbst Christen in ihren Bann gezogen hat –, und über die Gewissenskonflikte, die sich heute den westlichen Gesellschaften stellen.

Ich erinnere mich, daß ich ihn fragte, ob man einen neuen Weg finden oder aufzeigen kann, der aus den Irrtümern herausführt, von denen die Welt erfüllt ist und unter denen sie umkommt? Aber man bat ihn um eine Audienz, und er ließ mich allein mit meiner Frage. Ich habe sie später noch einmal wiederholt: Gibt es einen *dritten Weg*?

«Im ersten Teil Ihrer Frage haben Sie von *Ideologien* gesprochen, im zweiten Teil von *politischen Systemen*, die auf diesen Ideologien aufbauen. Ihre Meinung über die einen wie über die anderen ist sehr kritisch. Das aufgeworfene Problem ist so groß, daß man ein ganzes Buch schreiben müßte, um es in seiner Weite zu erfassen. Natürlich hat die Lehre der Kirche darauf eine Antwort gegeben, besonders in ihrer Soziallehre; für die Kirche ist das seit langem Anlaß zur Sorge.

In der Proklamierung ihrer Programme bringen die Ideologien eine gewisse Weltanschauung, woran sich ihre sozio-wirtschaftlichen und sozio-praktischen Lösungen orientieren. Die Kirche hört nicht auf, in dieser Frage die Berufung des Menschen zu betonen; er ist gleichzeitig der Zeit unterworfen und steht über der Zeit. Dir Kirche bemüht sich um eine Wirtschaft und eine Politik, die im Dienst dieser Berufung steht. Ihre Stimme kann schwach erscheinen im Vergleich zu den Ausdrucksmitteln, über die manche Regime und die Ideologien, die sie vertreten, verfügen. Und dennoch weiß jeder, was das Evangelium zu den ernsthaften Anliegen der Menschheit sagt, sei es auf sozialer wie auf persönlicher Ebene. Wenn die Kirche sich auf diese Bedürfnisse bezieht, handelt sie mitten unter den Menschen, welche dem Druck dieser Ideologien unterworfen und bestimmten Regimen ausgeliefert sind. Diese Systeme schaffen im Leben der Menschen unserer Zeit Spannungen und Kämpfe. Man kann die unendliche Bedrohung wahrnehmen, die heute über der ganzen Menschheit liegt, weil sich die Systeme auf militärische Programme und Mittel einer gegenseitigen Zerstörung stützen, welche zu einer Selbstzerstörung der Menschheit mißbraucht werden können. Auf diesem Weg wird man nicht die Wahrheit finden. Die Kluft zwischen den reichen Ländern, die auf dem Höhepunkt der technischen und wirtschaftlichen Entwicklung stehen, und den Ländern, wo man vor Hunger stirbt, wird immer tiefer.

270

Wenn man das Evangelium liest und meditiert, ist man gezwungen anzuerkennnen, daß dort der Weg zur Wahrheit zu finden ist. Dort findet man die Antwort auf die tiefen Anliegen, die Sie angeführt haben. Wir finden darin alle moralischen Grundsätze, die das Leben der Menschen und der Gesellschaften von den verschiedenen Formen der Ungerechtigkeit befreien können, wenn sie in die Praxis umgesetzt werden. Dazu gehören die Formen der Ungerechtigkeit, welche eine wirtschaftliche Ausbeutung vorantreiben, wie diejenigen, die die wahre Freiheit der Person verletzen.

Was meinen Sie damit, daß das Evangelium und das Christentum einen *dritten Weg* darstellen? Ich glaube das nicht. Der dritte Weg müßte sonst von der gleichen Art sein wie die beiden anderen. Aber das ist nicht der Fall. Das Evangelium ist nicht eine Ideologie. Ihm entspricht kein politisches System, keine gesellschaftliche oder wirtschaftliche Lehre, die von ihrer Natur her in der Zeit begrenzt ist. Das Evangelium ist etwas anderes. Es gründet auf der Wahrheit des Menschen als solcher. Das Evangelium ist in ständigem Widerstreit mit den Ideologien, die um jeden Preis stärker und beherrschender sein wollen als das Evangelium. Und mit ihren großen finanziellen Mitteln gelingt es ihnen auch auf weiter Skala. Doch das Evangelium ist das Wort Christi, das mit armen Mitteln weitergeht, die nicht verhindern können, daß es selbst dort ‹ein Weg› ist, wo seine Stimme anscheinend nicht Gehör finden kann. Das Evangelium ist ein Weg, dem keiner der menschlichen Wege fremd ist. Da die breiten Wege, welche die Ideologien gebahnt haben, sich als Sackgassen entpuppen und keinen Ausweg anbieten, bleibt der Weg des Evangeliums offen. Er gilt für die Menschen, er wartet auf die Menschen. Alle, die sich in der Tiefe ihres Herzens bekehren, finden diesen Weg.

Was die Kirche betrifft, welche das Evangelium hütet, so will sie im Dienst des Menschen stehen. Deshalb fragt sich die Kirche, was für das Wohl des Menschen von diesen Wegen oder Ideologien, von den Systemen und Regimen zu bewahren ist. Was von alledem für das echte Wohl zu bewahren ist, das erbittet die Kirche unaufhörlich von der göttlichen Weisheit und Vorsehung. Denn sie schreibt ihre Wahrheit auf den krummen und verborgenen Linien der Geschichte. Diese verborgenen Linien, auf denen der Mensch nach und nach die Wahrheit wiederentdeckt, sind nicht ohne Spannungen und oft harte und schmerzliche Erfahrungen.»

Nun eine einschneidende Frage. In der gegenwärtigen Welt scheint der eine Teil der herrschenden Regime entstanden zu sein aus einer natürlichen Entwicklung der Kräfte, welche sich seit einigen Jahrhunderten aus dem menschlichen Geist heraus ins Werk setzt, von Kräften, die mehr oder weniger durch die Vernunft und die Disziplin oder durch das Gesetz kontrolliert sind; und die anderen Regime erscheinen als das Ergebnis einer früheren Sicht der Welt und der Geschichte. Es ist eine Banalität geworden, die ersten „kapitalistisch" und die anderen „sozialistisch" zu nennen. Kann man denn die westlichen Staatswesen kapitalistisch nennen, ohne der Wirtschaft einen absoluten Stellenwert einzuräumen, ohne die marxistische Logik zu übernehmen? Es gibt kein Beispiel, daß es jemandem gelungen ist, sich davon zu lösen – im Widerspruch zu dem, was jene sich vorstellen, die meinen, den Marxismus mit ihrem persönlichen Glauben in Einklang bringen zu können.

Der Heilige Vater wird vor allem auf den tatsächlichen Vorrang anspielen, welcher durch den allgemeinen Materialismus in den gegenwärtigen Gesellschaften der Wirtschaft zugeflossen ist, unabhängig von ihrer Ideologie. Das wird ihn dahin führen, sich noch einmal mit dem Menschen zu beschäftigen, mit seinen Rechten und seinen Beziehungen zum Universum der Materie:

«In Ihrer Frage sehe ich vor allem eine Diagnose über den Zustand unserer Gesellschaft, insbesondere unserer westlichen Gesellschaft. Manchmal scheint es, daß man mehr als zwei Jahrhunderte zurückgehen müßte, um dort mit dem Aufbau dieser Gesellschaft beginnen zu können. So hätte der wahre Gehalt der Menschenrechte eingebracht werden können, und man hätte ihn in der richtigen Weise in die Rechte der menschlichen Gemeinschaften einfügen können: in Mikrodimensionen die Rechte der Familie, in Makrodimensionen die Rechte der Nation. Aber die Geschichte erlaubt nicht diese Art des Recycling oder der ‹Retusche›, wie die Maler sagen. Sie entwickelt sich nicht rückwärts. Einer Ihrer Schriftsteller sagte, daß die Geschichte niemals ein Essen ein zweites Mal aufwärmt.

Dennoch, wenn ich mich so ausdrücken darf, reicht diese Umkehrung der grundsätzlichen Ordnung der Beziehungen des Menschen zur Materie und der Person zu den Dingen mindestens so weit zurück. In dieser Etappe der Geschichte hat der Mensch eine riesige Anstrengung unternommen, um die Welt zu beherrschen, doch gleichzeitig entstanden die ‹Begleiterscheinungen› der materiellen Beziehungen und der wirtschaftlichen Gesetze, die Gegenstand des historischen Materialismus sind. Weit davon entfernt, sich die Welt der Dinge untertan zu machen, hat sich der Mensch unterwerfen lassen: sogar auf eine programmierte und ‹wissenschaftliche› Weise.

Die wahre Befreiung des Menschen erfordert tiefe Umwälzungen in der Art zu denken, Wertmaßstäbe zu setzen und zu handeln; im Gegensatz zu dem, was die Gesellschaften, die aus materialistischem Ursprung entstanden sind, der Menschheit aufzwingen. Indem man die Interpretation und Verwirklichung der Menschenrechte erwartet, stößt man auf grundsätzliche Hindernisse und Vorbedingungen liberaler und individualistischer Art oder im Gegenteil auf Hindernisse antiindividualistischer und, direkt gesagt, totalitärer Art. Außerdem muß man wissen, daß die Systeme den Worten verschiedene Sinninhalte geben.»

Schon Chateaubriand sagte: „Zu jeder Zeit war es eine Aufgabe der Päpste, die Menschenrechte zu erhalten oder sie zu rächen." Johannes Paul II. ist in sehr kurzer Zeit in den Augen der Volksmeinung der „Papst der Menschenrechte" geworden. Es stimmt, daß er nie versäumt hat, auf sie hinzuweisen, nicht nur von Rom aus, sondern in allen Ländern, die ihm die Türen geöffnet haben, sogar vor Regierungen, die in dieser Hinsicht nicht unbelastet sind. Die Völker erwarten heute von ihm, daß er bei jeder Gelegenheit das Recht und die Gerechtigkeit betont, denn niemals war es so notwendig, daß sie definiert werden. Doch ich würde gerne wissen, was diese Rechte sind, die man proklamiert, die man ratifiziert, die man verherrlicht und die man verletzt; ich möchte wissen, woher sie kommen und was ihnen entgegensteht.

«Ich weiß wohl, daß die Erklärung der internationalen Rechte des Menschen am Morgen nach dem Zweiten Weltkrieg entstanden ist. Man wird sagen, daß der Mensch durch die schmerzlichste Erfahrung hindurchgehen mußte, um schließlich diese Grundsätze und diese Wahrheiten zu finden, die so offensichtlich zu sein scheinen und die den Codex eines gesunden Gewissens darstellen oder des Naturrechts, um ein Wort zu gebrauchen, das man heutzutage nicht gerne hört. Die tragischste Erfahrung unseres Jahrhunderts, die Grausamkeiten eines Krieges, den man den ‹totalen Krieg› nennt, die Auslöschung von ’zig Millionen Menschen, die herabwürdigenden Experimente in den Todeslagern, der programmierte Völkermord, die Explosion der ersten Atombombe . . . Diese fürchterliche Erfahrung hat sicher in gewisser Weise den Weg gebahnt zur Aufstellung der Menschenrechte . . . Genau nach dieser Tragödie hat man verstanden, daß mitten unter den Gefahren, die uns bedrohen, es zunächst den Menschen selbst gibt. Ferner hat man verstanden, daß an der Basis zur Neugestaltung der Nationen und der ganzen Menschheitsfamilie der Mensch in seiner ganzen Wahrheit und seiner ganzen Würde stehen muß. Das Bemühen, um all das Böse wiedergutzumachen, um den Frieden wiederherzustellen zwischen den Völkern, den Kontinenten, den Systemen, das mußte auf die objektiven Rechte gegründet werden, die den Menschen zukommen – allein aufgrund der Tatsache, daß er Mensch ist.

Niemand wird bestreiten, daß in dem Drama unserer so schwierigen Zeitgeschichte die Verkündung der Charta der Menschenrechte ein wichtiges Ereignis gewesen ist, gleichsam ein Hinweis auf den wiedergefundenen Weg.

Die Deklaration hat sicher nicht alle Probleme gelöst, sie hat nicht das vielfältige Böse aus den Individuen ausgelöscht, aus den Gemeinschaften, Nationen und Kontinenten; aber man kann doch feststellen, daß sie zur Quelle eines Lichts geworden ist, zu einem Anhaltspunkt und zu einer Zuflucht, zu einem gewissen Zeugnis für die gerechte Priorität des Menschen und der Moral in einer materialistischen Welt.

Die Kirche als Hüterin des Evangeliums will dem Menschen dienen; das hat sie oft bewiesen. So hat sie mit Hochachtung die Proklamation dieser Charta begrüßt, wie auch die Gründung der Vereinten Nationen, welche diese Charta als Grundsatzdokument und als Fundament genommen haben. Man kommt nicht umhin, auf die ausdrücklichen gemeinsamen Punkte hinzuweisen, welche zwischen dieser großen Initiative und der Lehre des Zweiten Vaticanums bestehen, vor allem mit der Konstitution *Gaudium et spes*, und mit anderen Texten wie *Pacem in terris* und *Populorum progressio*.

Doch man muß auch sagen, daß weder die Anerkennung der Deklaration noch die Bemühungen der UNO und ihrer Organisationen, wie der FAO oder der UNESCO, verhindern konnten, daß sich die Welt mit neuen Gefahren füllt, daß die Spannungen zunehmen und daß auf verschiedene Weise und in verschiedenen Bereichen die Menschenrechte mißachtet werden.

Schließlich muß man hinzufügen, da Sie von ‹Gegensätzen› gesprochen haben, daß das Evangelium sicher eine große Quelle für die Menschenrechte ist, daß das Evangelium die

Forderungen einschließt, die der Mensch sich selbst auferlegen muß und auf die er unaufhörlich hingewiesen werden muß, damit das moralische Gleichgewicht seiner Existenz nicht ins Wanken gerät. Es genügt, an Worte zu erinnern wie diese: ‹Alles was ihr wollt, das die anderen euch tun, das tut ihr ihnen› oder: ‹Was ihr für einen dieser Geringsten getan habt, das habt ihr mir getan› (Mt 7,12; 25,45). Und es gäbe viele ähnliche Worte! Man muß also an der Basis von allen Menschenrechten eine objektive ethische Ordnung sehen, die für jeden Menschen das Recht und die Pflicht enthält, von sich selbst das richtige Maß an Menschlichkeit zu verlangen.»

Die Formulierung ist sehr schön; doch in den meisten Fällen sind die Menschen eher dazu geneigt, ein gehäuftes Maß an Unmenschlichkeit zu üben, vor allem in den Gebieten der Welt, wo der Glaube der Bibel geleugnet wird oder wo man daran zu zweifeln scheint, daß das Geheimnis des wahren Friedens in den Worten des Evangeliums verborgen ist: „Ich aber sage euch: Liebt eure Feinde!"

«Ich glaube, wir haben früher schon die große Bedeutung dieser Worte Christi unterstrichen, ich erinnere mich nicht mehr, an welchen Moment unseres Gesprächs.

Auf jeden Fall ist es für die Welt, die wir ‹unsere Welt› nennen, für diese Welt, in der wir leben und in der die künftigen Generationen leben werden, von grundlegender Bedeutung, daß sie Abstand nimmt von der Forderung des Kampfes gegen den Menschen, und zwar auf allen ideologischen Ebenen, denn das ist weder eine Voraussetzung noch eine Grundlage, um die Probleme zwischen Menschen und Völkern zu lösen. Ich spreche von dem Kampf, der gegen den Menschen geführt wird mit der Absicht, ihn niederzuschlagen oder ihn zu unterwerfen, um den Thron einer neuen Gewalt und einer neuen Macht zu errichten.

Das habe ich schon mehrfach wiederholt, bekanntlich auch während meines Aufenthalts in Paris, in Saint-Denis. Ich werde diese Rede heraussuchen. Verstehen Sie recht, es handelt sich keineswegs um einen Quietismus. Oftmals ist der Kampf eine moralische Notwendigkeit und eine Verpflichtung; er erfordert Charakterstärke und kann einen wahrhaften Heroismus zur Entfaltung kommen lassen. ‹Das Leben des Menschen auf dieser Welt ist ein Kampf›, sagt das Buch Ijob. Der Mensch muß jederzeit gegen das Böse ankämpfen und sich für das Gute einsetzen. Das wahre, moralische Gute findet man nicht leicht; man muß es sich unaufhörlich erobern: in sich selbst, in den andern, im sozialen und internationalen Leben. ‹Ich habe den guten Kampf gekämpft›, schreibt Paulus an Timotheus.

Es gibt einen großen Bereich des Tuns und der Aktionen, wo sich der Kampf mit der Gerechtigkeit vereint und die Wahrheit mit der Liebe. Doch zugleich existiert eine sehr große Gefahr, daß dieser Bereich des Kampfes in verschiedener Gestalt zum Haß, zur Hartnäckigkeit, zur Entfremdung, zum Mißtrauen gegenüber dem Menschen führt, zum Wunsch nach Zerstörung, zu all dem, was die Würde des Menschen mit Füßen tritt unter dem Vorwand, daß sie auch im gegnerischen Lager nicht zu finden ist.

Wenn Christus sagt ‹Liebt eure Feinde!›, dann fordert er genau das: Laßt nicht zu, daß der Haß, unter welcher Maske er sich auch verbergen und in welcher Form er auch erscheinen mag, zu einer bewegenden Kraft wird, zur Antriebskraft und zum hauptsächlichen Imperativ der Programme. Das ist von einer absoluten Notwendigkeit für unsere heutige Welt – wie auch für die Welt von gestern und von morgen.»

Vor der Reise nach Frankreich, woran uns der Hinweis auf die Rede von Saint-Denis erinnert, sagte man im Osten, daß der Papst zweifellos gut aufgenommen wird, „ausgenommen von den Arbeitern, den Jugendlichen und der UNESCO".

In Saint-Denis entstand ein unmittelbarer Kontakt mit den Arbeitern. Wenn man auch öfters wiederholt: „Die Kirche hat die Arbeiterklasse verloren", so sah man dort, daß dieser Verlust – vorausgesetzt, er ist wirklich so sicher – nicht endgültig ist. Bei der UNESCO hat der Besuch des Papstes nachhaltig die Angestellten beeindruckt, die keineswegs praktizierende Katholiken sind. Schließlich hat im Parc des Princes die Begeisterung der jungen Leute das Abendprogramm durcheinander gebracht. Vor diesen verschiedenen Zuhörerschaften, die offensichtlich keine Gemeinsamkeiten haben, hat Johannes Paul II. überall die gleiche unmittelbare Sprache verwendet, die sich an dem Buch inspiriert, aus dem er sein Denken schöpft. Mit notwendigen Anpassungen, aber ohne die geringste demagogische Variante und ohne die kleinste Einschränkung. Man sieht, daß die christliche Botschaft schlecht ankommt, wenn sie mit der Soziologie oder der abstrakten Mode gefärbt ist, daß sie aber gut aufgenommen wird, wenn sie rein ist. Ist das nicht ein Zeichen dafür, daß die Welt nichts anderes erwartet als das Evangelium?

«Da Sie gerade von Saint-Denis sprechen, ich habe die Predigt gefunden, die ich gestern erwähnte. Hier die Stelle, die ich anführen wollte: ‹Die Welt der menschlichen Arbeit muß vor allem eine auf der moralischen Kraft aufgebaute Welt sein: Es muß die Welt der Liebe und nicht die Welt des Hasses sein. Das heißt, eine aufbauende Welt und nicht eine zerstörende. In die menschliche Arbeit sind zutiefst die Rechte des einzelnen Menschen, der Familie, der Nation, der Menschheit, eingeschreiben. Von der Achtung dieser Rechte hängt die Zukunft der Welt ab.›

‹Soll das heißen, daß das Grundproblem der Arbeitswelt heute nicht die Gerechtigkeit und der Kampf für die soziale Gerechtigkeit ist? Im Gegenteil: Das soll heißen, daß die Wirklichkeit der menschlichen Arbeit unter keinen Umständen von dieser Gerechtigkeit und von diesem edlen Kampf getrennt werden darf ... Doch dieser Hunger nach Gerechtigkeit, dieser brennende Wunsch, für die Wahrheit und für die sittliche Ordnung in der Welt zu kämpfen, sind nicht und können nicht Haß sein, noch eine Quelle des Hasses in der Welt.

278

Sie können sich nicht in ein Programm des Kampfes gegen den Menschen verwandeln, nur weil er sich, wenn man es so ausdrücken will, ‹im anderen Lager› befindet. Dieser Kampf darf nicht zu einem Programm der Zerstörung des Gegners werden, er darf nicht soziale und politische Mechanismen hervorbringen, in welchen sich immer größere kollektive Egoismen äußern, mächtige und zerstörerische Egoismen, die mitunter die eigene Gesellschaft, die eigene Nation und skrupellos auch die anderen zerstören: Sie zerstören die an kulturellem und wirtschaftlichem Zivilisationspotential ärmsten Nationen und Gesellschaften, indem sie sie ihrer Unabhängigkeit und wirklichen Souveränität berauben und ihre Rohstoffquellen ausbeuten . . .›»

Bevor der Papst meine nächste Frage beantwortet, mahnt er mich zur Mäßigung. Er hat keinen Gefallen an den Komplimenten. Er selbst gibt wenige und hat es nicht gern, Komplimente zu erhalten. Er hat mich schon mehrere Male ermahnt, ihn eines Tages in einem zu günstigen Licht darzustellen und aus ihm einen „ Romanhelden" zu machen, ich meinte eher „einen römischen Helden". Doch das würde ihm noch weniger gefallen:

«In Ihren Darlegungen gibt es mehr Beobachtungen als Fragen. Natürlich höre ich Ihnen zu, wenn es um Frankreich geht, denn das ist Ihr Gebiet, Ihr ‹Teil der Welt›: Hier sind Sie zu Hause. Mit Interesse und manchmal mit einer gewissen Verunsicherung bemühe ich mich in dem, was Sie über mich sagen, zu unterscheiden, was mir davon richtig erscheint, was übertrieben ist und was ich weder denken noch akzeptieren kann; wenn bei diesen Begegnungen in Saint-Denis, bei der UNESCO und im Parc des Princes etwas Gutes herausgekommen ist, dann danke ich einfach Gott dafür. Er, der durch den Heiligen Geist der Urheber aller Gaben ist, wirkt nicht nur im Herzen dessen, der spricht, sondern auch und vielleicht in besonderer Weise im Herzen derjenigen, die zuhören. Das will nicht heißen, daß man jede Anstrengung der Kommunikation aufgeben darf!

Auf jeden Fall steht fest, daß diese drei Begegnungen in drei verschiedenen Umgebungen stattgefunden haben, von denen jede eine unterschiedliche und spezifische Dimension der heutigen Welt darstellt. Und jedes Mal bin ich bis zu einem gewissen Punkt überrascht gewesen, welche Reaktionen die Zuhörer zeigten, was die Leute beim Rundfunk ‹Qualität der Rezeption› nennen. Bei der UNESCO zum Beispiel war ich erstaunt darüber, wie die Angestellten gerade die Gedankengänge und Kernaussagen aufnahmen, die ich aufgrund meiner Erfahrungen für wesentlich hielt: Ich habe gespürt, daß in dieser Welt eine sehr weite – nicht immer bewußte – Übereinstimmung existiert, ein breiter *Konsensus,* nicht nur über bestimmte Werte, sondern auch über bestimmte Bedrohungen. Meine Zuhörer kamen aus allen Teilen der Welt, aus allen Kontinenten. Ich hatte den Eindruck, daß sie die Repräsentanten der jungen Nationen und der neuen Staaten waren, die mit großer Wärme auf meine Darlegungen über den Sinn der Kultur und über die Bedingungen ihres Aufschwungs reagierten. Die grundlegende Tatsache, um die Atmosphäre dieser Begegnung zu wissen, die sich mit den Problemen der Kultur beschäftigt hat, machte mich sehr nachdenklich. Auch das schien mir symptomatisch: Die Kultur beinhaltet immer einen gewissen Protest des Menschen gegen seine Herabwürdigung zu einer Sache oder einem Objekt. Das bedeutet ... einen Weg auf eine Welt hin, wo der Mensch seine Menschheit verwirklichen kann in der Transzendenz, die ihm eigen ist, und die ihn ruft zur Wahrheit, zum Guten, zur Schönheit.

Was den Parc des Princes betrifft, haben wir schon zweimal darüber gesprochen. Auf Ihre Frage ‹Was die Welt verzweifelt erwartet, ist das nicht das Evangelium?› antworte ich hundertmal ja. Und je größer dieses Warten ist, desto stärker ist der Widerspruch, desto entschiedener die Opposition.»

Je menschlicher die Grundsätze sind, desto mehr müßten

sich die Menschen danach richten. Johannes Paul II. hat sie in diesem Buch immer wieder aufgezählt und wiederholt. Was bleibt, ist das Ereignis; doch das Ereignis hat den großen Nachteil, daß es noch schneller vergeht als ein Buch. Einen Monat nach dem Falkland-Krieg sprach man nirgendwo mehr von den Falklands, nicht ein mal mehr dort selbst. Die Zeitungen stürzen sich auf die aktuellen Ereignisse wie die Schlange aufs Kaninchen: Es füllt zunächst das Maul, bis es von den Kiefern zermalmt wird, dann verschwindet es nach und nach ohne irgendeine Spur einer fernen Tiefe zu hinterlassen. Es gibt aber eine Aktualität, die niemals vollkommen ausgelöscht wird, da sie von Zeit zu Zeit – normalerweise unter der gleichen abscheulichen Form – immer wieder auftaucht: die Aktualität der Sünde gegen die Menschheit. Zum Beispiel der Antisemitismus und sein Zwillingsbruder, der Rassismus. Ist das nach so viel Leid zu Ende? Was kann uns die Kirche heute über diesen beständigen Greuel sagen?

«In Auschwitz habe ich am 7. Juni 1979 während der konzelebrierten Messe auf dem Terrain des Lagers die Anwesenden eingeladen, mit mir einen Augenblick innezuhalten vor der Inschrift, die an das Volk erinnert, dessen Söhne und Töchter zu einer totalen Ausrottung verdammt wurden. Die Söhne und Töchter eines Volkes, die zurückgehen auf Abraham, ‹den Vater unseres Glaubens› , wie Paulus von Tarsus sagt.

Dieses Volk hatte von Jahwe das Gebot erhalten: ‹nicht töten›; und dieses Volk ist getötet worden.

Es ist nötig, den heiligen Paulus zu zitieren, der sagt: ‹Von ihrer Erwählung her gesehen sind sie von Gott geliebt, und das um der Väter willen. Denn unwiderruflich sind Gnade und Berufung, die Gott gewährt›(Röm 11,28–29). ‹ Sie sind Israeliten, damit haben sie die Sohnschaft, die Herrlichkeit, die Bundesordnungen, ihnen ist das Gesetz gegeben, der Gottesdienst und die Verheißungen, sie haben die Väter, und dem Fleisch nach entstammt ihnen der Christus, der über allem als Gott steht, er ist gepriesen in Ewigkeit› (Röm 9,4–5).

Aus dem Brief an die Galater: ‹Ihr alle, die ihr auf Christus getauft seid, habt Christus angelegt. Es gibt nicht mehr Juden und Griechen, nicht Sklaven und Freie, nicht Mann und Frau; denn ihr alle seid einer in Christus Jesus. Wenn ihr aber zu Christus gehört, dann seid ihr Abrahams Nachkommen, Erben kraft der Verheißung› (Gal 3,27).

Das Zweite Vatikanische Konzil schreibt in der Erklärung über das Verhältnis der Kirche zu den nichtchristlichen Religionen: ‹Im Bewußtsein des Erbes, das sie mit den Juden gemeinsam hat, beklagt die Kirche, die alle Verfolgungen gegen irgendwelche Menschen verwirft, nicht aus politischen Gründen, sondern aus dem Antrieb der religiösen Liebe des Evangeliums alle Haßausbrüche, Verfolgungen und Manifestationen des Antisemitismus, die sich zu irgendeiner Zeit und von irgend jemanden gegen die Juden gerichtet haben.› – So weit zum Antisemitismus.

Was den Rassismus angeht, lesen wir einige Zeilen weiter: ‹Die Kirche verwirft jede Diskriminierung eines Menschen oder jeden Gewaltakt gegen ihn um seiner Rasse oder Farbe, seines Standes oder seiner Religion willen, weil dies dem Geist Christi widerspricht. Und dementsprechend ruft die heilige Synode, den Spuren der heiligen Apostel Petrus und Paulus folgend, die Gläubigen mit leidenschaftlichem Ernst dazu auf, daß sie einen guten Wandel unter den Völkern führen und womöglich, so viel an ihnen liegt, mit allen Menschen Frieden halten, so daß sie in Wahrheit Söhne des Vaters sind, der im Himmel ist.›

Soweit die Stimme des Konzils. Nimmt diese ‹Sünde›, von der Sie sprechen, ab oder flammt sie neu auf? Ich glaube, man muß auf eine meiner früheren Antworten zurückkommen, wo ich über die Liebe zu den Feinden gesprochen habe. Es gibt keinen anderen Weg, um radikal mit diesen Einstellungen Schluß zu machen, die Sie zu Recht beunruhigen. Es gibt keinen anderen Weg als das Gebot der Nächstenliebe.»

IV

Das letzte Gespräch über „die Welt" fand in Castel Gandolfo
statt, in der Bibliothek der Privatgemächer am Ende eines
Sommernachmittags. Das Zimmer, das wie ein Cap über dem
Albaner See liegt, erhält Licht von drei Seiten. Rechts führt der
Abend seinen unsichtbaren Begleiter unter den Kiefern spazie-
ren, und am Ende einer großen bläulichen Weide stören win-
zige Boote die Ruhe des Sees. Der Heilige Vater schaut ihnen
einige Sekunden lang wehmütig zu. Er kann jetzt nur noch
einer einzigen sportlichen Betätigung nachgehen, dem
Schwimmen in dem berühmten Bad im Park, wo übrigens viele
andere vor oder nach ihm schwimmen gehen, von der Schweizer Garde bis zum Präfekten des Hauses. Geräuschlos brach
der Abend herein und hüllte die Hügel ins Dunkel. Das ganze
Gespräch wird eine lange Lektion über die Heiterkeit, die
Mäßigung und die Nächstenliebe. Ich weiß, daß das, was ich
hier sage, dem Heiligen Vater nicht gefallen wird. Darüber ist
er nicht mit mir einverstanden: Er hält mich für zu „päpstlich".
Er gibt den Anschein, wie wenn er sich nicht bewußt wäre, was
er für die Christen darstellt, die um ihre Kirche gezittert haben,
da sie die Einheit ihrer Lehre bedroht sahen, da sie erlebten,
wie sie von einem schweigenden Auszug der Gläubigen entvöl-
kert wird, die nicht mehr wissen, was sie glauben sollen und
was nicht, die die Orientierung verloren haben bis zu dem
Punkt, daß sie nicht mehr auf die größte Frage ihres Glaubens
antworten können, auf die Gründungsfrage Christi: „Und ihr,
was sagt ihr, wer ich bin?"Und sie suchten ihre Rettung in der
Flucht. Dieser Mann ist gekommen, fest verwurzelt in einem
sicheren Glaubensgebäude, und er hat zu den Christen gesprochen mit inspirierten Worten, durch eine Art Offenbarung der
Kirche, die so viele Herzen mit Wärme erfüllt. Er hat begon-

nen, das christliche Gewebe Zelle für Zelle neu zu beleben; er hat um die Welt ein Netz von Menschen guten Willens geknüpft, das ihm, so wehrlos er ist, eine Macht gibt wie den größten Menschen, welche die Geschichte in ihrer Nacht hervorgebracht hat, als die Kirche jenseits des Ufers der Zeit aufglänzte.

Ob er das weiß? Auf jeden Fall möchte er nicht, daß man davon spricht. Als ich ihm sagte, daß das nicht etwas Alltägliches sei, meinte er seufzend: „Zum Glück!" Dennoch kann er nicht leugnen, daß er, genau genommen, gekommen ist, um diese aufsehenerregenden Worte in die Welt zu rufen: „Fürchtet euch nicht!" Diese Worte trafen unmittelbar das Herz der Menschen, die in einem Jahrhundert leben, das an der Schwelle zum Jahr 2000 steht und von Greueltaten heimgesucht wird, die denen des Jahres 1000 gleichen, ausgenommen die religiöse Angst, dafür aber mit der Furcht einer freiwilligen oder zufälligen Apokalypse. Viele haben diese Ansprache Johannes Paul II. zu Beginn seines Pontifikats verstanden als eine Ermutigung zum inneren Widerstand und zum Zeugnis. Andere, man muß sagen, sehr wenige, sahen darin eine väterliche Art, um die unruhigen Geister zu beschwichtigen. Er selbst ließ damals seine korrekte Interpretation folgen: „Fürchtet euch nicht, eure Grenzen zu öffnen, die Türen eures Lebens für Christus aufzumachen." Aller Wahrscheinlichkeit nach hätte es kein Wort gegeben, das besser für unsere Zeit gepaßt hätte. Denn unser Jahrhundert hat Angst, und seine unzählbaren Ängste führen zu den verschiedensten Auswüchsen. Dieses Jahrhundert hat Angst vor dem Krieg, berechtigte Angst vor einem dialektischen Universum, das keine anderen Gesetze kennt als die des Aufeinanderprallens der Gegensätze, und es hat Angst – zumindest im Westen –, daß diese Bewegungen, die sich „pazifistisch" nennen, die Risiken eines Konflikts vergrößern könnten, indem sie den verschiedenen aktiven Formen des Hasses gute Gründe liefern, um in ihren Unternehmungen weiterzumachen. Dazu weist mich Johannes Paul II.

darauf hin, daß die Aussagen der Kirche über den Frieden nicht die gleichen des Pazifismus sind. Die Kirche trennt nicht den Frieden vom Respekt vor den Rechten des Menschen und vor dem Recht der Völker. Es gibt eine weitere Art der Angst, die weiter verbreitet ist, als man denkt: Die Angst vor der Wirklichkeit, durch die viele junge Menschen zu Drogenabhängigen geworden sind, so daß man sehr wohl die berühmte Formel von Karl Marx umdrehen und sagen kann, daß das Opium die Religion des Volkes geworden ist. Und es ist diese Angst, die die Erwachsenen dazu bringt, sich vor der Wirklichkeit zu schützen, hinter der Kinoleinwand oder dem Fernsehschirm, welche die äußere Welt als einen Roman darstellen, als einen Traum oder einen Alptraum, den man mit einem Knopfdruck entzünden oder auslöschen kann. Die Angst der modernen Welt entfesselt den Fanatismus; der Fanatiker versucht, sich in seine Vergangenheit zu flüchten wie ein Kind, von dem uns die Psychoanalyse sagt, daß es in den Schoß seiner Mutter zurückkehren will. Die Staaten haben Angst voreinander, und das nicht ohne Grund; aber sie haben auch Angst vor ihren eigenen Bürgern oder Personen, die sie eingeschlossen oder eingeschläfert halten; sie haben Angst, daß die Person erwachen könnte, um nein zum System zu sagen; denn die Person hat auf dem Grund ihres Kerkers keineswegs die Erinnerung an die Verheißungen der Ewigkeit verloren, die sie empfangen hat und die sie eigentlich immer wieder widerspenstig machen müßten gegenüber den Trugbildern des Absoluten.

Wir kennen die großen Ängste dieses Jahrhunderts. Die Angst vor der Zukunft, über die man sich kaum Illusionen macht; die Angst vor der Gegenwart, in der die Gewalt so sehr um sich greift; und sogar die Angst vor der Vergangenheit, so daß man mit Recht nichts so sehr fürchtet, als von gestern zu erscheinen; und eine ganz neue Angst vor der Wissenschaft, die trotz ihrer hervorragenden Errungenschaften beginnt, mehr Unruhe zu schaffen als Sicherheit zu vermitteln.

Doch neben den großen Ängsten gibt es auch kleine, die

nicht weniger weh tun, wie die Angst, die letzte „Kurve der Geschichte" zu verpassen, diese quälende Furcht der Rennwagenpiloten, die die Kurve von weitem sehen und sie dennoch verpassen. Ich erwähnte dem Heiligen Vater auch die Angst, vor den Augen unseres heutigen Rationalismus lächerlich zu erscheinen, was einige Christen, manchmal auch Ordensleute, dazu drängt, mehr oder weniger geschickt, ihren traditionellen Glauben zu verleugnen, wie junge Leute, die sich vor neuen Freunden ihrer alten Mutter schämen; die Angst vor dem Engagement, ich möchte sagen vor einem endgültigen Engagement, sei es im Priestertum, wo es Erneuerer gibt, die eine Weihe befürworten auf Vertrag, der je nach Belieben erneuert werden kann, oder in der Ehe, wo die Risiken die kirchlich nicht akzeptierte Form einer Ehe „auf Probe" hervorgebracht haben, wo man das Versprochene nicht zu halten braucht oder wo man sich nichts verspricht. Dazu kommt die Angst, nicht genügend links zu stehen, worüber Péguy sagte, daß man nie wissen wird, „wie viele Gemeinheiten dadurch den Christen angetan wurden". Man weiß, daß der Heilige Vater diese Unterscheidung zwischen links und rechts, zwischen Traditionalisten und Progressisten ablehnt; er möchte sie um jeden Preis vermeiden; für ihn besteht der Glaube darin, mit Einfachheit zu leben und „das Evangelium zu befolgen, aber nicht eine Entscheidung zu treffen zwischen dem Vorauseilenden und den Nachhinkenden, sondern der Wahrheit zu dienen". Von allen Sorgen, die ich aufgezählt habe, findet die Furcht zum Engagement seine besondere Aufmerksamkeit:

«Sie kommt wie viele andere Formen der Unordnung, die Sie aufgezählt haben, von daher, daß man den Sinn des Lebens verloren hat. Man versteht das Leben nicht mehr in seiner Gesamtheit, nicht wie ein Ganzes, das eine Entscheidung und eine Richtung beinhaltet; man sieht das Leben nur in einzelnen Scheiben, ohne weiter zu schauen als auf das Ende einer Periode und den Anfang der folgenden – wenn man sie noch wahrnimmt! Doch man muß sich ganzheitlich engagieren.

Das Ordensleben und das Eheleben sind zwei Arten eines gleichen absoluten Engagements. Leider fehlt heute eine klare Sicht von der Zielsetzung der menschlichen Existenz. Das ist eine wirkliche Krankheit, eine Schwäche, vielleicht sogar eine Sünde gegen den Heiligen Geist. Man lebt nicht gleicherweise vor Gott und vor dem Nichts.»

Zweifellos lebt er vor Gott, und ich wüßte nicht, was ihn von seiner Position abbringen könnte. Auf alle Ängste, die ich vor ihm ausgebreitet habe, gab er die Antwort des Glaubens: Diese Menschen, die die Welt gleichzeitig aufbauen und zerstören, will Gott retten und sie zur Erkenntnis der Wahrheit führen. Ob sie es wissen oder nicht, alle schreiben ein Stück der Heilsgeschichte, die die Seele ihres gemeinsamen Schicksals ist. „Fürchtet euch nicht!" sagt er. Und er selbst? Hat er niemals Angst? Gibt es nichts, wovor er sich fürchtet?

«Da wir dieses Gespräch begonnen haben, wird man leicht aus meinen Antworten herauslesen können, wovor ich mich fürchte. Wir leben zwischen der Furcht und der Hoffnung. Das Evangelium ist eine Hoffnung für diese Welt, wo sich das Reich Gottes schon verwirklicht. Man muß sich fürchten und Hoffnung haben. Aber man darf sich nicht fürchten zu hoffen.»

Man konnte einmal mehr feststellen, wie bei Johannes Paul II. das Vertrauen in Gott ein Vertrauen in den Menschen hervorbringt und wie die Tugend der Hoffnung dazu, wenn ich so sagen darf, die Hilfen des Glaubens hinzufügt. Die Lebendigkeit und Frische seines Geistes lassen ihn mitten in dieser Welt nicht nur Bitterkeit und Resignation feststellen, sondern das Gegenteil: Er sucht das, was es im Schlechten an Gutem gibt und was an weniger Schlechtem im Schlimmsten ist.

Diese seltene innere Einstellung führt ihn aber keineswegs dahin, sich Illusionen hinzugeben. Er läßt keine der harten Wirklichkeiten außer acht, mit denen er übrigens schon sehr früh in seinem Familienleben Bekanntschaft gemacht hat. Aber alle seine Gedanken finden ihren Abschluß und ihre

Lösung in Christus, dessen Licht seine Erkenntnisse durchzieht.

Doch auch wenn er so friedlich von einer Welt spricht, die es nicht ist, so denke ich an die Kriege, die nicht aufhören wollen, an die Gewalt, die ihn persönlich getroffen hat, an diese Menschheit, die voller Pathos, Haß und Leid ist und die – wie es der Glaube sagt – ihm anvertraut ist. Und ich denke an das Wort Christi, der Petrus einlädt, „seine Schafe zu weiden", heute und an den verschiedenen Orten der Erde, wo sie von den Wölfen bedroht sind. Da das Gebet die einzige Waffe ist, die der Papst benutzt, stelle ich ihm eine letzte Frage, die viele andere in sich vereint und die die kürzeste Antwort dieses Gesprächs erhält. Ich frage ihn, was er für die Welt erbittet, und er antwortet: «Ich bitte um die Barmherzigkeit. Ja, um die Barmherzigkeit.»

Das Attentat

I

Fast das ganze Jahr verbringt sie in Rom, diese Frau aus Polen. Mit ihrem scharfen und klaren Blick beobachtet sie Menschen und Dinge und entdeckt dabei manches, was andere übersehen. Sie versäumt keine Audienz, es sei denn, ihre Pflichten erlauben es ihr nicht; doch das kommt nur in seltenen Ausnahmefällen vor.

Ich stand in ihrer Nähe in der „Ecke der Polen", als genau vier Monate nach dem Attentat vom 13. Mai 1981 Johannes Paul II. sich zum erstenmal wieder auf dem Petersplatz zeigte. Er stand in dem kleinen weißen Wagen und fuhr durch die Menschenmenge genau die gleiche Strecke, auf der seine Fahrt unlängst unterbrochen worden war. So macht es ein verunglückter Pilot, der möglichst bald wieder ins Flugzeug steigt, um sich von dem Bann unguter Erinnerungen zu lösen.

Wir standen also in der „Ecke der Polen", und ich glaube, wir haben beide gezittert. Nicht aus Sorge, sondern weil uns – gewissermaßen rückwirkend – Angst erfüllte. Wir dachten an das Verbrechen, das dort verübt worden war, mitten in diesem Fest der großen Familie der Gläubigen, von dem soviel Güte und Wärme ausgeht. Tags darauf kamen aus meiner Feder Worte der Verzweiflung über diese Welt, wo Kain umhergeht, er, der allezeit auf seiner Stirn jenes Zeichen trägt, das sein Leben schützt.

Sie ist also dabeigewesen, an jenem Nachmittag des 13. Mai, gegen fünf Uhr. Und wie ein General seinen Gästen eine Schlacht erklärt, indem er auf der Tischdecke Tassen und Kaffeelöffel entsprechend gruppiert, so ordnet sie auf ihrem Arbeitstisch Bücher und Gegenstände, die ihr in die Hände fallen, um die Szenerie anzudeuten: die Basilika, die Kolon naden, die Absperrungen, die den Platz in einzelne Sektoren unterteilen und Wege zwischen den Feldern bahnen.

„Das ist der Sessel, der Thron des Papstes, zum Mittelgang hin gerichtet. An der linken Seite des Gebäudes unter der großen Uhr der Glockentorbogen: Von dort kommt der Papst aus dem Vatikan.

An diesem Tag ist die Menschenmenge ausnahmsweise nicht sehr groß. Nicht einmal die Polen sind zahlreich erschienen. Das habe ich ausgenutzt, um ganz nahe an die Absperrung heranzukommen, dort wo sein Weg vorbeiführt.

Als der Papst in seinem weißen Jeep erschien – sie wissen, es ist der gleiche, den wir soeben gesehen haben; die Leute hier nennen ihn das ‚Papstmobil‘ –, war sein Gesicht völlig entspannt, es hatte eine gesunde Farbe und trug sein Lächeln; seine Augen waren klar wie die eines Kindes, und ich dachte mir: Wie jung und gut er doch aussieht! Er schaute nicht auf meine Seite, sondern weiter weg auf den hinteren Teil des Platzes. Da war er auch schon wieder vorbei, fuhr am Obelisken vorbei und durch den großen Gang, ein-, zweimal. Als ich ihn nicht mehr sehen konnte, setzte ich mich wieder. Neben mir stand eine Frau aus Krakau, die ich nicht kannte; sie sprach die ganze Zeit auf mich ein, aber ich hörte nicht zu, denn ich verfolgte die Fahrt des Papstes, indem ich auf den Beifall und den Jubel der Menge hörte, und von Zeit zu Zeit konnte ich ihn auch durch die Gänge hindurch erkennen.

Dann geschah es. Hier sind also die Kolonnaden, da der Krankenwagen des Roten Kreuzes, der ständig bereitsteht, wenn es jemand schlecht wird wegen der Hitze oder sonstwie, und da sind die Säulen vor der Bronzetür.“

Das ist der Haupteingang zum Vatikan; oben auf der Treppe der Schweizer Gardist, der wahrscheinlich nach dem Papst der meistfotografierte Mann der Welt ist.

„Die Krakauerin sprach immer noch. Alles war friedlich. Aus dem Lärm des Beifalls erkannte ich, daß der weiße Jeep zwischen der Bronzetür und der Ambulanz sein mußte.“

Der Attentäter hatte sich die Stelle zeigen lassen, wo er den Papst aus nächster Nähe sehen konnte. Und hier wartete er nun hinter der Absperrung.

„Plötzlich hörte ich Schüsse, Pistolenschüsse. In dem Kloster, wo ich untergebracht bin, gibt es ein Rufsystem mit kurzen, schrillen Läutesignalen. Damit können die Gäste oder die Schwestern ans Telefon oder ins Sprechzimmer gerufen werden, denn jeder hat sein Rufzeichen – meines beispielsweise: drei, zwei, eins. Deshalb habe ich mir angewöhnt, in meinem Unterbewußtsein immer die Signale zu zählen. So habe ich auch die Schüsse wie Rufzeichen gezählt: eins, zwei, drei, vier, fünf. Ich habe fünf Schüsse gehört, aber das stimmte nicht – warum, das habe ich nie verstanden. In diesem Augenblick sind alle Tauben des Platzes aufgeflogen. Ich begriff, daß es sich um ein Attentat handelte, denn ich hatte schon lange befürchtet, daß einmal so etwas passieren könnte. Auch wenn ich wußte, was geschehen war, so fragte ich mich doch: Wer wird denn in Gegenwart des Papstes auf die Tauben schießen? Ich wollte die Wahrheit nicht akzeptieren, ich wollte meinen eigenen Gedanken nicht glauben. So fragte ich die Frau aus Krakau in der Hoffnung, sie gebe mir eine andere Erklärung als die, der ich ausweichen wollte: ‚Was ist los?‘ Sie antwortete: ‚Was?‘ Sie hatte so viel geredet, daß sie nichts bemerkt hatte. Mit einem Mal war die Menge, die noch einen Augenblick zuvor Beifall klatschte und ihre Freude zum Ausdruck brachte, vom Schrecken erfaßt. Wie viele Menschen auf dem Platz waren, weiß ich nicht: vielleicht zwanzigtausend. Nach dem Lärm der aufgeschreckten Tauben hörte man nur noch ein großes Seufzen, wie einen Schmerzensschrei der Menschenmenge.

Dann der Tumult, das Rennen der Polizisten, die Menschenmenge, die auf die eine Seite des Platzes hindrängte. Ich habe versucht zu erkennen, was vor sich ging, und ich sah den weißen Jeep umkehren. Seither kann ich diesen Wagen nicht mehr ausstehen. Er fuhr sehr schnell, und ich sah den Papst in den Armen von Don Stanislaw, so wie Sie es von den Fotos des Geschehens her kennen. Das Gesicht des Papstes war kreidebleich; ich dachte, er sei tot. In seiner Regungslosigkeit erinnerte er an die Darstellungen der Kreuzesabnahme, wo der ganze Körper Jesu in den Armen eines anderen ruht, der ihn trägt. Sein Ausdruck war friedvoll, er hatte den Anschein eines leichten Lächelns; ich sagte mir, daß tote Menschen oft ein solches Lächeln zeigen.

Ich mußte mich wieder hinsetzen; obwohl mir sonst schnell die Tränen kommen, weinte ich dieses Mal nicht. Ich hatte den Eindruck, daß der ganze Petersplatz mit uns allen im Erdboden verschwand, daß alles ins Nichts stürzte, der Vorplatz, die Menschenmenge, die Statuen, die auf den Kolonnaden stehen und deren barocke Bewegungen von Entsetzen und Abscheu sprachen. Dennoch habe ich diese Figuren gern. Der Schmerz, den ich neben der großen Erregung verspürte, wurde immer stärker und berührte mich in meinem Innersten. Die Menschen um mich herum sind blaß geworden, in den blutleeren Gesichtern der Polizisten stand ihre Bewegtheit geschrieben. Einer von ihnen war so bleich unter seinen schwarzen Haaren, daß ich befürchten mußte, er würde bald zusammenbrechen. Doch nein, er weinte. Eine Frau, mit den Nerven am Ende, schrie unter Seufzen: ‚Es waren Italiener! Man wird sagen, die Italiener hätten den Papst erschossen!‘ Und sie klagte noch lauter. Ich habe sie getröstet und ihr geschworen, es seien Ausländer gewesen, obwohl ich es noch gar nicht wußte.“

In den Stunden nach dem Attentat hatten die Italiener wirklich Angst, dieses Verbrechen könnte das Werk ihrer Extremisten sein. Ein ganzes Volk fühlte sich verletzt in seinen edelsten Empfindungen, die in seiner einnehmenden Gastfreundschaft und Aufmerksamkeit gegenüber seinen Besuchern zum Ausdruck kommen.

„Stellen Sie sich den Platz vor. Der Sessel, das heißt der

Thron des Petrus, stand hier, nein, dort war er. Meine Landsleute, vielleicht zwei-, dreihundert, hatten aus Polen ein Bild der Muttergottes von Tschenstochau mitgebracht, die bei uns immer dabei ist, wenn etwas Wichtiges geschieht. Dieses Bild, übrigens eine sehr gute Kopie, stellten sie vor den Sessel. Ein Windstoß warf das Bild um, und die ganze Welt konnte lesen, was auf der Rückseite geschrieben stand: Muttergottes, beschütze den Heiligen Vater vor allem Bösen. Danach haben die Polen die Tafel auf den Sessel gestellt, auf den Platz des Papstes, und die Menschen, die sich näherten, hielten inne, um zu beten.

Man wußte immer noch nicht, was genau geschehen war. Ich weiß nicht, wieviel Zeit verging, bis schließlich ein Priester bekanntgab, daß der Papst verletzt sei, aber nicht lebensgefährlich; und so war es. Aber er sagte nicht, daß der Verletzte in Todesgefahr schwebte, da er mehr als drei Liter Blut verloren hatte. Die Polen waren aufgestanden, um die Nachricht anzuhören. Nun knieten sie wieder hin, um zusammen mit den Bischöfen und den versammelten Menschen zu beten. Niemand hat den Platz verlassen, bis der Abend hereinbrach und die Nachrichten genauere Einzelheiten meldeten."

II

Wenn es schon schwierig ist, bei Audienzen auf dem Petersplatz voranzukommen, so ist es nicht weniger schwierig, wieder wegzukommen: Der Attentäter wurde also sofort gefaßt. Bald erfuhr man, daß er aus der Türkei stammte, ein Rechtsextremist war und schon im eigenen Land einen Menschen umgebracht hatte. Und er hatte nur deshalb nicht auf die englische Königin geschossen, weil er sich an die Vorschriften des Koran bezüglich der Frauen erinnerte. Die Gründe für seine Taten, die Mordabsichten, kennt er allein. Seine Aussagen, die er – freiwillig oder nicht – vor dem Gericht machte, haben keine Klärung gebracht. Wenn die Polizei etwas von seinen wahren Beweggründen erfahren haben sollte, dann hat sie es für sich behalten. Seine Mitteilungen waren lakonisch, die Untersuchung dauerte nur kurze Zeit, und das Gerichtsverfahren selbst war schnell beendet. Der Angeklagte schien darauf zu warten, daß ein allmächtiger und geheimnisvoller *deus ex machina* eingreifen würde, auf den er allerdings wohl vergeblich wartete. Nachdem man den äußerst komplizierten Weg rekonstruiert hatte, auf dem er nach Rom gekommen war, nachdem man seine Anträge gehört hatte (er wollte, daß der Prozeß im Vatikan stattfinde, wo man über solche Verfahren aber nicht zu Gericht sitzt), nachdem man die Erklärungen einiger Zeugen vernommen hatte, die keine weitere Klärung brachten, wurde er von seinen Richtern ins Gefängnis geschickt, und dort verschwand er mit seinem Geheimnis – wenn er eins hatte. Ich kann es nicht glauben, ich meine, er gehört zu jenen Terroristen, die sich zusammenfinden in kleinen Gruppen, die von einer makabren Dialektik vergiftet sind und die seit dem 19. Jahrhundert hier und da in Europa ihr Unwesen treiben: Ihre Ideologien sind entstanden, nachdem die alten Strukturen untergegangen waren und nach dem langsamen Verfall der sittlichen Werte in den Demokratien. Aber es gibt auch andere Hypothesen . . .

Weder das Opfer noch seine Umgebung wurden in den Zeugenstand gerufen. Das Gericht hielt es nicht für nützlich, unbegründete Meinungen zu veröffentlichen. So wurde viel Genaues und Ungenaues über die Umstände des Attentats gesagt und geschrieben. Es ist zum Beispiel falsch, daß der Papst auf dem Weg zum Krankenhaus gefragt habe „Warum?-" oder „Warum ich?". Eine überflüssige Frage. Das Gute zieht das Böse an; als die Treue Abels eine gewisse Tiefe erreicht hatte, legte sein Bruder im Dunkeln die Waffen an.

Doch für den, der sich für die Fakten interessiert, ist der

Hergang der Ereignisse entscheidend, und den kennt niemand besser als der persönliche Sekretär des Papstes. Er war im Jeep mit dabei. Er hat seinen Meister nicht verlassen – ich gebrauche dieses Wort hier bewußt im Sinne der Heiligen Schrift –, weder tagsüber noch nachts, bis er wieder völlig genesen war. Dann mußte er selbst in Erholung geschickt werden, so viele Kräfte hatte er eingesetzt, während sein Patient die eigenen Kräfte wiedergewann.

Don Stanislaw, oder *Monsignore Stanislao*, wie er in Rom genannt wird, wo man schon befördert wird, wenn man nur römischen Boden betritt, ist ein Bergfreund. Er ist still wie alle Leute aus den Bergen, die kein Wort zu viel sagen. Das Vertrauen, das er nie mißbraucht, gibt ihm eine Unbeschwertheit, die ihn auch humorvoll sein läßt, aber nicht mehr. Es brauchte die Erlaubnis des Papstes, damit er das Versprechen des Schweigens brechen konnte, das fast Bestandteil seiner angeborenen Verschwiegenheit ist. Hier nun sein Bericht, wie ich ihn in Erinnerung behalten habe. Seine eigene innere Anteilnahme findet sich zwischen den Zeilen: Dort muß man sie suchen.

„Am 13. Mai hatte der Papst mit Prof. Lejeune, seiner Gattin und einem anderen Gast gegessen. Die Audienz begann pünktlich um 17 Uhr in einem großen Frieden. Nichts deutete auf das hin, was dann geschehen sollte. Als der Papst zum zweitenmal über den Platz fuhr und sich der Bronzetür näherte, schoß der Türke Mehemet Ali Agca auf den Papst, verwundete ihn in der Bauchhöhle, am rechten Oberarm und am Zeigefinger der linken Hand. Ich glaube, daß er zweimal geschossen hat, auch wenn es darüber verschiedene Meinungen gibt. Die eine Kugel hat zuerst den Zeigefinger berührt, bevor sie in die Bauchhöhle eindrang. Trotz ihrer gewaltigen Schlagkraft landete die Kugel bei uns im Auto, zu meinen Füßen. Die andere Kugel streifte den rechten Ellenbogen, versengte die Haut und verletzte dann andere Personen.

Was ich dabei gedacht habe? Niemand hätte so etwas für

möglich gehalten, deshalb habe ich nicht sofort verstanden, was geschehen war. War etwas unter dem Wagen explodiert? Der Lärm war ohrenbetäubend. Eine Schwester hat sogar in unserer Wohnung, die oben vom Palast aus auf den Platz hinunterschaut, den Lärm gehört. Alle Tauben sind aufgeflogen. Dann habe ich natürlich sehr bald begriffen, daß jemand geschossen hatte. Aber wer? Ich sah, daß der Papst getroffen war. Er taumelte, aber man sah ihm nichts an, kein Blut und keine Verletzung.

Ich fragte ihn: ‚Wo?‘ Er antwortete mir: ‚Im Bauch.‘ Ich fragte weiter: ‚Tut es weh?‘ Seine Antwort: ‚Ja.‘ Da ich wie gewöhnlich hinter dem Papst stand, stützte ich ihn. So saß er halb zu mir gebeugt im Auto. Auf diese Weise erreichten wir die Ambulanz vor dem Erste-Hilfe-Zentrum.

Im Augenblick des ‚Unfalls‘ war kein Arzt bei uns. Die Entscheidung, sofort loszufahren, wurde getroffen, um Unruhe und vielleicht auch einen weiteren Attentatsversuch zu vermeiden. Ich hatte nur den einen Gedanken: ins Krankenhaus, und zwar in die Gemelli-Klinik. Einmal, weil die Poliklinik für einen solchen Fall vorbereitet ist, und zum anderen, weil der Heilige Vater in einem Gespräch nach seiner Wahl von der Gemelli-Klinik sprach für den Fall, daß er eines Tages ein Krankenhaus benötigen würde. Im Vatikan gibt es kein eigenes Krankenhaus; es wäre auch sehr schwierig, dort eines einzurichten.

Die Klinik war also bereit, den Papst jederzeit aufzunehmen. Die Entscheidung, ihn dort hinzubringen, wurde sehr schnell getroffen. Niemand wußte, wie groß die Lebensgefahr für den Papst wirklich war; man kannte ja nicht einmal seine Verletzungen.

Zweimal wurde der Krankenwagen gewechselt, denn im ersten war keine Intensivbehandlung möglich; erst im zweiten Wagen gab es die nötigen Geräte. Der Chauffeur dieses Wagens hatte die ausgezeichnete Idee, dem ersten Wagen zu folgen.

Der Heilige Vater schaute uns nicht an, er hielt die Augen geschlossen. Er litt sehr unter den starken Schmerzen und wiederholte kurze Stoßgebete. Wenn ich mich recht erinnere, vor allem: ‚Maria, meine Mutter! Maria, meine Mutter!'

Dr. Buzzonetti, ein Krankenpfleger und Bruder Kamillos waren mit mir im Krankenwagen. Er fuhr sehr schnell, aber ohne Polizeieskorte. Schon nach einigen hundert Metern fiel die Sirene aus. Die Strecke, für die man normalerweise mindestens eine halbe Stunde braucht, wurde in acht Minuten zurückgelegt – und das im Stadtverkehr Roms!

Ich wußte nicht, ob der Heilige Vater noch bei Bewußtsein war. Er hatte große Schmerzen und wiederholte von Zeit zu Zeit eine Anrufung. Es stimmt nicht, wenn gesagt wird, er habe gefragt: Warum ich? Oder er hätte einen Vorwurf gemacht. Nichts dergleichen. Kein Wort der Verzweiflung oder der Bitterkeit, sondern tiefe Gebete unter großen Schmerzen.

Später hat mir der Heilige Vater gesagt, er habe bis zum Krankenhaus das Bewußtsein behalten und sei die ganze Zeit überzeugt gewesen, daß seine Verletzungen nicht tödlich seien."

Im Krankenhaus herrschte große Aufregung. Eines ist es, sich für die Aufnahme eines Papstes vorzubereiten, etwas anderes, dann konkret zu sehen, wie er eingeliefert wird, mit hohem Blutverlust und ohne Bewußtsein. Die Abteilungen hatten Zeit, sich zu organisieren, doch trotz allem entstand ein Augenblick der Aufregung. Die Ärzte waren zusammengekommen, sie waren bereit, doch bei dieser inneren Bewegtheit gelingt es wohl niemandem mehr, einen klaren Kopf zu bewahren. Man brachte den Heiligen Vater in ein Zimmer im zehnten Stockwerk, wie man zunächst die Aufnahme geplant hatte, um ihn dann wenige Minuten später in den Operationssaal zu bringen. Don Stanislaw war mit dabei. Die Operation dauerte fünf Stunden und zwanzig Minuten. Bei der Vorbereitung sagte Dr. Buzzonetti, daß der Zustand des Verletzten sehr ernst sei und daß um sein Leben zu fürchten sei. Der Blutdruck war außergewöhnlich niedrig; der Puls fast kaum noch tastbar. Alle befürchteten das Schlimmste.

„Man mußte ihm also das Sakrament der Krankensalbung geben. Ich spendete es ihm im Operationssaal, kurz vor dem Eingriff. Doch der Heilige Vater war nicht mehr bei Bewußtsein.

Während der Operation kehrte dann Schritt für Schritt die Hoffnung zurück. Wenn auch zunächst der Tod unaufhaltsam schien, so stellte sich doch nach und nach heraus, daß keines der lebenswichtigen Organe lebensgefährlich verletzt war. Es blieb also die Möglichkeit, daß er überleben würde."

Unter schwierigsten Umständen, denn man konnte den Patienten nicht wie gewöhnlich auf eine Operation vorbereiten, mußte man die Bauchhöhle säubern, 55 cm des Darms abtrennen, den Dickdarm an mehreren Stellen nähen und den hohen Blutverlust ausgleichen: Der Heilige Vater hatte drei Viertel seines Blutes verloren. Man kannte seine Blutgruppe, die Transfusion stand ständig bereit. Dazu kam, daß man einen künstlichen Ausgang legen mußte, was den Patienten meist in sehr schlechter Erinnerung bleibt.

„Die Operation führte Prof. Crucitti durch unter der Assistenz von Prof. Corrado Manni, Anästhesist, und dem Herzspezialisten Manzoli, dem Internisten Breda und einem Arzt aus dem Vatikan. Prof. Castiglioni, Direktor des Institus für klinische Chirurgie, ist von Mailand herbeigeeilt und gegen Ende der Operation eingetroffen.

Die Nachricht vom Attentat ging in wenigen Minuten um die ganze Welt. Sofort kamen Besucher, Kardinäle, Politiker, darunter auch Staatspräsident Pertini, Premierminister Forlani, B. Craxi, E. Berlinguer und viele andere, aus fast allen politischen Lagern.

Nach der Operation wird der Papst auf die Intensivstation verlegt und bleibt bis zum 18. Mai dort unter ständiger ärztlicher Aufsicht, besonders von Prof. Manni und dem Chirurgen.

Alle hoffen das Beste, aber niemand will sich festlegen. Alles war noch offen."

Es ist fast unglaublich, daß die Kugel auf ihrer Bahn kein lebenswichtiges Organ getroffen hat. Ein Neun-Millimeter-Kaliber ist ein unerhört brutales Geschoß. Daß es keine bleibenden Schäden im Organismus hinterlassen hat, ist auf den eigentümlichen Weg zurückzuführen, den die Kugel genommen hat.

„Sie hat nur um wenige Millimeter die Aorta verfehlt. Hätte sie diese getroffen, wäre unmittelbar der Tod eingetreten. Die Kugel hat weder die Wirbelsäule noch sonst einen lebensnotwendigen Bereich durchschlagen. Unter uns gesagt, wie ein Wunder. Das weitere verdankt man der unmittelbaren Einlieferung in das Krankenhaus und den Ärzten, die die Operation optimal durchgeführt haben, wirklich wunderbar. Der Eingriff war bestens ausgeführt worden, ohne daß weitere Komplikationen aufgetreten sind. Um eine Infektion zu verhindern, wurden täglich Antibiotika verabreicht. Während der beiden ersten Tage waren die Schmerzen sehr stark, vor allem wegen des künstlichen Darmausgangs. Doch von Stunde zu Stunde hat sich der Gesundheitszustand gebessert.

In der Nacht nach der Operation kam der italienische Staatspräsident Pertini. Der Heilige Vater ist kurz aufgewacht und dankte ihm für seinen Besuch, doch am nächsten Morgen konnte er sich nicht mehr daran erinnern. Staatspräsident Pertini kam noch dreimal; am 17. Mai hat er sich anerboten, bei seinem bevorstehenden Besuch in der Schweiz die Grüße des Papstes zu übermitteln.

Im Krankenhaus herrschte eine sehr familiäre Atmosphäre. Ärzte und Pfleger bemühten sich hingebungsvoll um den Heiligen Vater, versuchten mit ihm zu sprechen oder an seiner Messe teilzunehmen. Er begegnete ihnen mit seiner gewohnten Unkompliziertheit und brachte ihnen seine Dankbarkeit zum Ausdruck.

Ich war immer bei ihm; nur in Ausnahmefällen verließ ich das Krankenhaus. Pater Magee hat mich vertreten. Mit den polnischen Schwestern haben wir den Heiligen Vater in den drei Monaten nie alleingelassen.

Vom ersten Tag an empfing der Heilige Vater die Kommunion. Am zweiten Tag schon feierte er mit uns von seinem Bett aus die heilige Messe.

Wir befürchteten immer noch eine Komplikation, vor allem weil das hohe Fieber nicht zurückging; aber das kam nicht von der Operation her. Wir haben sehr bald an eine internationale ärztliche Konsultation gedacht, nicht um die Ärzte der Gemelli-Klinik zu kontrollieren, sondern um sie zu unterstützen, denn sie hatten alles mit großer Aufopferung ausgeführt, mit Können und ehrfurchtsvoller Ergebenheit. Wir wollten den Konsult eines internationalen Ärzteteams, um uns auf die postoperative Phase vorzubereiten.

Mittwochs war die Operation. Sonntags darauf war der Heilige Vater schon in der Lage, den Angelus zu beten (er hat dieses Gebet nie ausgelassen)."

Wir können uns noch gut an diese erste Ansprache erinnern, die nur wenige Minuten dauerte, an seine Stimme, die schwach klang, die aber alle wiedererkannten, die ihren tiefen Klang im Ohr bewahrt hatten. Es waren die Worte des Verzeihens und seines Vertrauens in die göttliche Vorsehung. Das Opfer nannte seinen Attentäter seinen „Bruder". Noch unter dem Eindruck des schrecklichen Geschehens schrieb ich damals meine Gedanken nieder, nämlich daß ich es insgesamt lieber gehabt hätte, wenn dieser Bruder auf einem anderen Weg in unsere Familie eingetreten wäre.

„In der Klinik drängten sich immer viele Menschen, die auf die neuesten Nachrichten vom Heiligen Vater warteten. Immer mehr Briefe kamen an, wir haben allein 15.000 Telegramme erhalten.

Montag, 18. Mai um 13.30 Uhr wurde der Papst in die zehnte Etage gebracht, wo ihn die Schwestern von Maria Bambina betreuten. Der Umzug von der Intensivstation vollzog sich nicht ohne innere Bewegtheit; ich sehe noch die Tränen in den Augen von Prof. Manni vor mir. An diesem Tag trafen auch die ersten Spezialisten ein – aus den Vereinigten Staaten, aus Münster, Krakau, Barcelona und aus Frankreich. Vor ihren Augen hat er seine ersten Schritte gemacht."

Dazu ein interessantes Detail: „Der Heilige Vater hat nie das Breviergebet versäumt. Ich erinnere mich an den Tag nach dem Attentat, als er kaum aus der Narkose erwacht war und mich fragte: ‚Haben wir schon die Komplet gebetet?' Es war schon Mittag, also zu spät für dieses Gebet.

Während seiner ersten und seiner zweiten Erkrankung, als er so schwach war, daß er nicht selbst das Brevier beten konnte, rezitierten wir es mit lauter Stimme, so daß er in Gedanken folgen konnte. Sobald er konnte, betete er es abwechselnd mit uns.

Täglich besuchte ihn Kardinal Confalonieri, der Dekan des Kardinalkollegiums, Kardinal Poletti, der Vikar der Diözese Rom, und der Substitut im Staatssekretariat, Erzbischof Somalo. Zweimal täglich kam Kardinal Casaroli und sehr oft auch Erzbischof Silvestrini.

Am 17. Mai traf ihn ein neuer Schmerz: Die Volksabstimmung in Italien über die Abtreibung, bei der die Gegner verloren haben. Diese mörderische Gesetzgebung, gegen die er so sehr gekämpft hatte, war ein weiterer Schlag, der seinen Wunden hinzugefügt wurde.

Am 20. Mai ging das Fieber zurück. Der Heilige Vater bekam seine erste Mahlzeit: eine Suppe mit Ei – bislang war er künstlich ernährt worden. Abends haben wir gemeinsam das *Te Deum* gebetet.

In allem sah der Heilige Vater ein Zeichen von oben, und wir, auch die Ärzte, verstanden es als ein Wunder. Alles schien uns von einer unsichtbaren Hand geleitet zu sein. Die Menschen auf der ganzen Welt dachten so. Der verletzte Finger heilte von allein. Während der Operation hat man sich nicht darum kümmern können, ja man dachte sogar daran, ihn amputieren zu müssen. Eine einfache Schiene und die Medikamente für den allgemeinen Genesungsprozeß genügten, um diesen Finger zu heilen. Doch das zweite Gelenk war gebrochen. Jetzt ist alles wiederhergestellt.

Jeden Abend feierten wir die Messe und beteten anschließend die Lauretanische Litanei. Der Heilige Vater sang mit den Schwestern. Das Personal versuchte, so gut es konnte, jeden Abend mit dabei zu sein.

Am 23. Mai haben die Ärzte ein Kommuniqué unterzeichnet, in dem sie mitteilten, der Papst sei außer Lebensgefahr."

Doch das Fieber kam wieder. Und ein weiterer Schmerz kam hinzu: Kardinal Wyszynski lag im Sterben. Am 25. Mai, um 12.25 Uhr führte der Papst das letzte Telefongespräch mit dem polnischen Primas, der den Heiligen Vater um seinen Segen bat. Er antwortete mit dem Segen für „Mund und Hände", gleichsam um alles zu bestätigen und zu ratifizieren, was der Kardinal in seinem Leben gesagt und getan hatte.

„Das Allgemeinbefinden ist besser, aber noch nicht zufriedenstellend. Fieber und neue Spannung. Nachdem der Heilige Vater am 27. Mai eine Ansprache für schlesische Pilger aufgezeichnet hat, fühlt er sich sehr ermüdet. Sein Gesundheitszustand bleibt weiter ungewiß, es muß noch ‚etwas anderes' geben. Atembeschwerden, Keuchen und Herzschmerzen deuten auf eine neue Komplikation hin. Heute wissen wir, daß es der Beginn der Virus-Infektion war, die sich sehr bald in heftiger Weise zu erkennen gab.

Kardinal Wyszynski starb am 28. Mai. Wir warteten bis zur Messe am Abend, um dem Heiligen Vater die Nachricht mitzuteilen. Er war tief getroffen, bemühte sich aber, sich nichts anmerken zu lassen. Wir feierten die heilige Messe für den polnischen Primas.

Dann besserte sich sein Zustand, und am 3. Juni erlaubten die Ärzte dem Heiligen Vater, in den Vatikan zurückzukehren, um sich dort zu erholen."

Es ging ihm besser, aber er litt noch unter den Schmerzen seiner Wunden, seines Fingers, seines Ellenbogens – und des Schneidezahns, der zur großen Verwunderung der Ärzte während der Narkose abgebrochen war. Am Sonntag nimmt er über den Rundfunk an der Beisetzung von Kardinal Wyszynski teil; dann feiert er zur gleichen Zeit wie in Polen die heilige Messe.

Während seines Krankenhausaufenthaltes hat er nie aufgehört, sich um die Anliegen der Kirche zu kümmern, sich mit den Mitarbeitern zu besprechen, Entscheidungen zu treffen, Dokumente zu unterzeichnen. Er hat seine Abreise in den Vatikan hauptsächlich aus zwei Gründen beschleunigt: um den Feierlichkeiten des 7. Juni vorstehen zu können, dem Jahrestag des Konzils von Ephesus und des ersten Konzils von Konstantinopel. Zu dieser großen Feier wurden Delegationen aller Bischofskonferenzen der Welt erwartet. Zum zweiten wollte er die Welt Maria weihen, was dann in seiner Abwesenheit in Santa Maria Maggiore vollzogen wurde. Der Papst mußte sich darauf beschränken, von der Loggia des Petersdoms aus eine Botschaft zu verlesen.

Er war sehr bleich und kam nicht zu Kräften; seit dem 10. Juni stieg das Fieber wieder sprunghaft an, erreichte plötzlich 39,5 Grad Celsius, fiel dann aber wieder rapide zurück, ohne daß man die Ursache finden konnte. Alle Untersuchungen waren negativ ausgefallen, doch dieses unerklärliche Fieber versetzte die Welt in eine neue Angst, die vielleicht noch größer war als die vorige, weil der Patient immer schwächer wurde. „Ein Alptraum", sagt Don Stanislaw. Das Gesicht war grau und abgezehrt, die Nase eingefallen, die Augen zeigten ein unbekanntes Grün mit fast schwarzen Ringen, sie schauten niemanden an und schienen wie abwesend zu sein. Erneut mußte man wieder das Schlimmste befürchten.

Keines der noch so perfekten Geräte, mit denen man den Organismus gründlich untersuchte, gab einen Anhaltspunkt über die Ursache dieses Fiebers, das auch durch Antibiotika nicht zu bekämpfen war. Der Papst mußte abermals künstlich ernährt werden.

Am 12. Juni bat die Umgebung des Papstes um eine weitere Konsultation, an der bekanntlich auch ein Virusspezialist teilnahm. Man wollte sich vergewissern, daß dieses rebellische Fieber nicht auf den chirurgischen Eingriff zurückzuführen war. Nein, die Operation war bestens verlaufen.

Der Papst mußte am 20. Juni ins Krankenhaus zurück; man machte neue Untersuchungen, die aber auch nicht mehr Aufschluß gaben als die vorangegangenen. Man fand einfach die Ursache nicht. Und eine Krankheit, die man nicht kennt, kann man nicht behandeln. Es war dann Prof. Sanna, dem es gelang, den Zytomegalie-Virus festzustellen und zu isolieren. Damit war die Ursache der Krankheit gefunden; man rechnete mit sechs Wochen bis zur Heilung. In dieser Zeit war das Gesamtbefinden des Patienten großen Schwankungen und plötzlichen Fieberausbrüchen unterworfen. Gerade an diesem Tag konnte man eine gewisse Besserung feststellen; doch es dauerte nicht lange, bis eine Rippenfellentzündung dazukam.

Während der beiden Krankenhausaufenthalte hat der Heilige Vater weder das Brevier noch seine anderen Gebete versäumt, den Rosenkranz, freitags den Kreuzweg, dessen Stationen ihm vorgelesen wurden. Um sieben Uhr morgens, wenn der Nachtdienst endete und das Personal wechselte, begann der Tag mit einem gemeinsamen Vaterunser, manchmal sang man noch ein Lied, und der Papst gab den Segen. Zwischen dem 15. und dem 16. Juli kam endlich die Beruhigung: Das Fieber verschwand – und so weit man von außen beurteilen konnte, auch der Virus.

So konnte man an die zweite Operation denken, die den Patienten von dem künstlichen Ausgang befreien sollte. Die Ärzte wollten diesen Eingriff möglichst lange hinauszögern, aber der Heilige Vater fühlte sich in jeder Hinsicht so behindert, daß er darauf drängte, möglichst bald operiert zu werden.

Er wollte auf keinen Fall in den Vatikan zurückkehren, um dann ein drittes Mal die Klinik aufsuchen zu müssen. Schließlich hat er selbst den Tag bestimmt: den 5. August, das Fest Notre-Dame des Neiges. Er wollte möglichst bald seinen gewohnten Rhythmus wieder aufnehmen, denn er litt sehr darunter, daß er gezwungenermaßen langsamer arbeiten mußte.

Diese Operation war natürlich weniger zufälligen Gegebenheiten überlassen als die erste; die Risiken waren nicht größer als bei jedem gewöhnlichen chirurgischen Eingriff. Er dauerte eine Stunde und gelang sehr gut. Am 14. August kehrte der Heilige Vater in den Vatikan zurück und konnte am nächsten Tag, dem Fest der Aufnahme Mariens in den Himmel, mit 50.000 Pilgern auf dem Petersplatz den Gottesdienst feiern. Nie waren an einem 15. August so viele Menschen dort versammelt, denn normalerweise bleibt an diesem Feiertag kein Römer in Rom. Um 17.30 Uhr brachte ein Hubschrauber den Papst nach Castel Gandolfo.

„Nun ging die Genesung voran." Mit diesen Worten schließt der Bericht von Don Stanislaw.

III

Ich bin den Weg gegangen, der von St. Peter zur Gemelli-Klinik führt, durch die neuen Viertel Roms, von denen einmal sicher keine Ruinen erhalten bleiben werden. Die Straßen sind breit, aber völlig verstopft; sie kreuzen wieder andere Straßen, die nicht kleiner sind; man braucht die geniale Gewandtheit römischer Autofahrer, um zu verhindern, daß diese Kreuzungen, wo die Ampeln zwar auf die Schwierigkeiten hinweisen, sie aber nicht lösen können, zu riesigen Autofriedhöfen werden. Ich kam an einem überfüllten Markt vorbei, überquerte wie ein Ruderer, der mit seinem Kanu gegen das Wildwasser ankämpft, den Fahrzeugstrom der Via Aurelia und sah endlich auf einer Anhöhe des *Monte Mario* die Glasfront der Poliklinik und der Katholischen medizinischen Fakultät, die auf ihrem Hügel genausoviel Platz beanspruchen wie der Vatikan auf seinem. Es bleibt mir ein Rätsel, wie der Krankenwagen ohne Sirene sein Ziel in acht Minuten erreichen konnte.

In der Eingangshalle hängt ein großes Porträt: ein Ordensmann, in Gedanken versunken, bekleidet mit einer Mönchskutte und dem weißen Strick. Es ist der Bruder Agostino Gemelli, der Gründer dieses Babylon des Leids. Ich hatte gemeint, es sei das Werk eines sehr reichen Stifters, doch es stammt von einem, der arm sein wollte aus Berufung, der nach dem Beispiel seines Schöpfers aus wenig viel gemacht hat. Und wie viele Reiche gibt es, die aus Vielem nichts machen!

Vor langer Zeit gab es einen gotterfüllten Papst, der zum allgemeinen Erstaunen vor einem jungen Bettler aus der Gegend von Assisi niederkniete; dieser predigte den Vögeln und trug das Evangelium in seinem Herzen. Jahrhunderte später wurde ein tödlich verwundeter Papst vom Bild eines Jüngers dieses jungen Mannes empfangen, auch er mit leeren Händen. Und er fand unter seinem verborgenen Schutz das Leben wieder. An keinem Ort der Welt wäre Johannes Paul II. besser aufgehoben gewesen.

Der Gebäudekomplex der Poliklinik Gemelli umfaßt fünf Operationssäle und 1.800 Betten. Es arbeiten dort 4.000 Personen, darunter 500 Ärzte. Im zehnten Stockwerk ist ein Flügel des Mittelbaus durch Türen aus grünem Rauchglas abgetrennt. Dieser Teil diente den diensthabenden Ärzten, ist aber bestimmt für Persönlichkeiten, die nicht krank werden können, ohne daß zugleich das Wohl eines Staates auf dem Spiel steht, und die überall ihre Begleiter dabei haben, welche die Verbindung zur Außenwelt halten. Johannes Paul II. hat diese Spezialabteilung eingeweiht, zu der folgende Ausstattung gehört: rechts ein geräumiger Vorraum, der zum Wartezimmer führt, darin eine Sitzgarnitur, eine Kommode, ein niederer

Tisch und ein Regal mit einigen Büchern, zu denen der Heilige Vater einige weitere aus seinem Besitz hinzugefügt hat. Eine Tür führt in das kleine Zimmer, das von beispielhafter Schlichtheit ist und den anderen gleicht, abgesehen vom Panzerglas in den Fenstern. Ich füge schnell hinzu, daß Johannes Paul II. diese Form von Sicherheitsmaßnahmen nicht besonders schätzt, daß er insbesondere das *Papstmobil* nicht mag, über das ein Glasgehäuse montiert wurde, welches ihn von den Menschen trennt, aus deren Begegnung er einen Teil seiner Kraft schöpft. Er glaubt, daß die Menschen ein Recht haben auf seine Präsenz des Vertrauens, ohne diese mit Waffen zu schützen. Er steigt nur deshalb in dieses seltsame Gefährt, um die Angst seiner Gastgeber zu mindern. Hinter dem Zimmer eines dieser Bäder, das so groß ist wie die Thermen von Caracalla, wo die Kranken sich von ihren Betten aus vorstellen können, daß sie schwimmen und tauchen. Auf der anderen Seite des Vorraums liegt das Zimmer von Don Stanislaw, davor eine große Sitzgruppe, wo sich die Ärzte versammeln, was der Papst den „Hohen Rat" nannte.

Mit der Erlaubnis des Heiligen Vaters habe ich mich erkundigt, wie die Dinge vom Blickpunkt der Ärzte ausgesehen haben.

Am 13. Mai um 17.25 Uhr erhielt Chefarzt Prof. Tresalti einen Anruf aus dem Vatikan und fast gleichzeitig kam der Verletzte an. Der Papst – so lautete die Nachricht – sei *colpito* – das kann heißen: getroffen, berührt, erschrocken. Das Wort hat viele Bedeutungen; es wird ebenso im Zusammenhang mit einem Herzinfarkt wie mit einer Hirnthrombose oder einem Unfall verwendet; von daher erklärt sich die Auffahrt in den zehnten Stock vor der umgehenden Einlieferung in den Operationssaal.

Der Bereitschaftsdienst war zur Stelle, auch das Blut, allerdings nicht in ausreichender Menge für die notwendige Transfusion. Die Operation begann kurz vor 18 Uhr, als Prof. Crucitti kam, der die Verantwortung für den Eingriff übernahm. Um 20 Uhr gab Prof. Tresalti ein erstes beruhigendes Kommuniqué bekannt. Hunderte von Journalisten belagerten das Krankenhaus und hielten den kleinsten Geräuschen ihre Mikrophone entgegen. Um 0.45 Uhr gab es ein zweites Kommuniqué, das besagte, daß die Operation gut verlaufen sei und um 23.25 Uhr beendet wurde. Der Allgemeinzustand des Patienten sei als zufriedenstellend zu bezeichnen. Die folgenden Kommuniqués sprachen immer wieder von Besserung – bis zum 3. Juni, als der Heilige Vater entlassen wurde. Ich mußte an die berühmten Bulletins der Großen Armee Napoleons denken, die von Sieg zu Sieg eilte, bis zum Brand von Moskau und bis zum Rückzug am 19. Oktober 1812. Hier war es das 18. Kommuniqué am 19. Juni, das von einem hohen Fieber sprach, einer Reaktion auf eine nichtidentifizierte Infektion, wodurch ein neuer Krankenhausaufenthalt notwendig wurde.

An jenem Tag erwartete Prof. Tresalti den Heiligen Vater am Eingang der Klinik mit einem Rollstuhl, den der Patient zunächst nicht annehmen wollte, den er aber nach wenigen Schritten gern in Gebrauch nahm, denn er war zu sehr geschwächt und seine Schritte wankten. Der Professor, ein feiner und gebildeter Mensch, erzählte mir scherzend, wie sein Patient, der sich sonst nie beklagte, doch einmal vor dem „Hohen Rat" seine Klage vorbrachte im Namen der „Rechte des kranken Menschen". Ich bringe seinen Einwand später.

Im Augenblick ist der Heilige Vater im Krankenhaus eingetroffen, gezeichnet von inneren Blutungen, die sehr schnell den Tod herbeiführen können. Alles ist zur Operation bereit, doch zunächst muß der Verwundete für den Eingriff vorbereitet werden, und das in möglichst kurzer Zeit. Alles spielt sich in wenigen Minuten ab, zwischen Leben und Tod, zwischen den Bemühungen der Ärzte und der Schwere seiner Verletzungen. Während man den Sterbenden vom zehnten Stockwerk in den Operationssaal in der neunten Etage bringt, ruft man überall nach Prof. Crucitti, einem Chirurgen von internationalem Ruf, den die diensthabenden Ärzte dabei haben wollen. Natürlich sind sie entschlossen, selbst die Operation durchzuführen, aber sie ziehen es zweifellos vor, wenn er dabei sein kann.

Prof. Crucitti ist zu einem Krankenbesuch in einer Klinik an der Via Aurelia, vier Kilometer entfernt. Eine Ordensschwester, die im Radio die Direktübertragung der wöchentlichen Audienz verfolgt, hört vom Attentat auf den Papst und seiner Überführung in die Gemelli-Klinik. Sie verständigt sofort den Arzt, der die Nachricht zunächst nicht glauben kann und in der Klinik anruft. Die Nummer ist frei, aber niemand antwortet. Diese Sekunden, in denen das Telefon in die Leere hineinläutet, scheinen ihm eine Ewigkeit zu dauern; sie sagen ihm alles. Er zieht den Kittel aus, die Jacke an und springt in den Wagen; es ist Stoßverkehr.

„Den ersten Abschnitt legte ich auf der linken Fahrbahn zurück, um eine lange Kolonne zu überholen, aber an der Kreuzung der Via Aurelia mit der Straße, die zur Pineta Sacchetti führt, mußte ich in die Wagenreihe zurückkehren, um das Grünlicht abzuwarten. Als ich dann die Polizeisirenen aufheulen hörte, waren meine letzten Zweifel beseitigt: Die Nachricht stimmte also doch! Als ich versuchte, mich durch die Polizeiautos hindurchzuschlängeln, kam ich in eine verzwickte Situation, als ein Polizist sein Maschinengewehr auf mich richtete, um mir Angst einzujagen. Mit Zeichen gab ich ihm zu verstehen, daß auch ich in der gleichen Eile war wie er.

Als mich die Polizeifahrzeuge, die mit großer Geschwindigkeit fuhren, hinter sich gelassen hatten, konnte ich – mit einer Hand ständig auf der Hupe – einen Augenblick in ihrem Kielwasser vorankommen. Ich war nicht mehr weit von der Klinik entfernt, als ich im Rückspiegel bemerkte, wie mich ein Polizist mit dem Motorrad verfolgte. Ich fürchtete, daß er mich aufhalten könne, doch alles kam anders. Als er meinen Wagen erreicht hatte, konnte ich ihm zurufen, daß ich sofort zur Gemelli-Klinik müsse, worauf er mir ohne Zögern antwortete: ‚Fahren Sie! Ich helfe Ihnen!' Er hat mir den Weg ins Krankenhaus gebahnt. An der Pforte schrie ich: ‚Es ist also doch wahr?' – „Ja', wurde mir geantwortet, ‚der Papst ist schon im Operationssaal.'

Im vierten Stock, wo sich der Haupteingang befindet – denn das Krankenhaus ist an einem Hang gelegen –, hatte ein unbekannter Genius alle Aufzüge gerufen. Ich konnte also sofort in das neunte Stockwerk fahren, wo mir eine Schwester zurief: ‚Schnell! schnell!' Assistenten und Schwestern haben sich buchstäblich auf mich gestürzt, mir Jacke und Hose abgenommen, damit ich meine Operationskleidung anlegen konnte; alles was ich in der Tasche hatte, lag zerstreut am Fußboden: Schlüssel, Geldbeutel, Münzen ... Ich rannte, säuberte mir die Hände, während mir jemand den Kittel zuknöpfte und ein anderer meine Füße in die Schutzschuhe steckte. Ein Arzt rief mir aus dem Saal zu: ‚Blutdruck 80, 70, fällt weiter!' Als ich eintrat, hatte die Anästhesie schon angefangen; der Papst schlief, ich hielt das Skalpell in der Hand. Das Team hatte schon die nötigen Arbeiten eingeleitet, ich hatte nur noch einen Gedanken: Öffnen! Keine Sekunde verlieren!

Und ich habe geöffnet und sah Blut, eine große Menge Blut. Es waren vielleicht drei Liter Blut im Bauchraum. Wir haben es abgesaugt, gestillt und abgewischt, wie es nur ging, bis wir die Ursache der Blutung erkannt haben. Dann konnte ich weitere blutstillende Maßnahmen veranlassen. Der Verletzte verlor nun kein Blut mehr, und die Transfusion konnte angelegt werden. Die Spannung ging zurück; jetzt konnten wir mit größerer Ruhe weiterarbeiten.

Ich habe dann den Darm untersucht und eine ganze Serie von Verwundungen gesehen: verschiedenartige Verletzungen des Dünndarms und des Dickdarms. Einige direkte Schußwunden, andere Verletzungen durch Splitter. Das Dünndarmgekröse, eine Membrane, von der die Blutgefäße, die den Dünndarm durchbluten, ausgehen, war an mehreren Stellen durchtrennt. Ich machte die notwendigen operativen Entfernungen und Anastomosen (Verbindungen), wusch das Bauchfell und nähte das Sigma (die große Schleife des Dickdarms). Im hinteren Teil des Dickdarms befand sich eine sehr schlimme Blutung, da das Projektil hier direkt durchgeschlagen war.

Nach der Blutstillung und der Kontrolle der Schlagadern, als die Schwere der Verletzungen sichtbar war, glaubte ich, daß die Situation vor allem eines von mir verlangte: einen kühlen Kopf. Ich war mir völlig im klaren, wie schwierig meine Aufgabe war, doch ich war auch überzeugt, daß wir zu einem guten Ende kommen würden.

Kein lebenswichtiges Organ wie die Aorta oder die über das Darmbein laufende Schlagader waren getroffen, auch nicht die Harnleiter. Das Projektil war bis zum Kreuzbein gelangt, nachdem es durch den Dünndarm eingedrungen war. Das Venensystem, das zum Kreuzbein gehört, blutete heftig und hat uns vor ein schwieriges Problem gestellt: Um die Blutungen zu stillen, mußten wir eine sterile Salbe verwenden. Doch die wesentlichen Organe, deren Verletzung den Tod hervorgerufen hätten, waren nur leicht gestreift worden. Und die benachbarten Nervenzentren waren offensichtlich nicht getroffen. Das war wirklich überraschend. Da der Patient in der Narkose war, konnten wir nicht wissen, ob auch Nervenbahnen verletzt waren. Wir haben uns davon überzeugt, sobald er sich wieder bewegen konnte.

Die Operation selbst hat knapp fünf Stunden gedauert; nachdem wir die Blutungen zum Stillstand bringen konnten, haben wir dem Organismus ein wenig Zeit zur Erholung gegeben; auch nach dem Nähen haben wir Röntgenaufnahmen gemacht, um sicher zu sein, daß keine andere Kugel oder Teile davon im Körper vorhanden waren. Wir haben uns nun um die Verletzung am Arm gekümmert, den Finger geröntgt, mit dem sich dann der Orthopäde beschäftigt hat.

Nach der Operation blieb der Papst noch eine gewisse Zeit im Operationssaal liegen. Wir haben ihn nicht in den nahegelegenen Aufwachraum gebracht, wie es sonst üblich ist, wenn andere Kranke auf ihren Turnus warten. An diesem Tag war er der einzige, der operiert wurde.

Die Intensivstation, wohin er dann gebracht wurde, liegt im dritten Stock. Dort lag er fünf Tage; Herz und Lungen waren in guter Verfassung. Ein anderer Kranker hätte nicht so lange Zeit auf der Intensivstation bleiben müssen, doch wir wollten so viele Vorsichtsmaßnahmen treffen, wie irgendwie möglich waren. Die Boxen der Intensivstation sind steril und jederzeit aufnahmebereit. Sie sind komplett eingerichtet für die Kontrolle der Vitalfunktionen. Im Zimmer des Papstes gab es diese Anlage zunächst nicht, sie mußte erst installiert werden.

Nach der Operation war ich völlig ausgetrocknet. Wir können schon etwas trinken während einer Operation; die Krankenschwestern reichen uns ein Getränk im Glas oder mit einem Strohhalm, denn wir dürfen ja nichts berühren. Doch dieses Mal wollte ich warten; jetzt konnte ich Wasser trinken, und ich habe eine Zigarette geraucht.

Die ganze Welt fragte mich, ob ich Lampenfieber gehabt habe: Ich hatte keines. Sicher, einen Augenblick der inneren Beklommenheit vor dem Öffnen des Bauches. Doch nachdem die Blutung einmal gestillt war, hatte ich nur noch einen Kranken vor mir, der operiert werden mußte, einen Schwerkranken, der möglichst schnell operiert werden mußte. Ich habe vom Verstand her versucht, die Situation richtig einzuschätzen – das ist alles. In einer solchen Situation darf sich der Chirurg keiner Gefühlsregung oder philosophischen Überlegung hingeben, er muß einzig an seine Aufgabe denken. Die Probleme, die die Persönlichkeit des operierten Patienten mit sich bringen, kommen nachher, wenn alles vorbei ist, wenn man merkt, daß Hunderte von Menschen, Fernsehen, Fotografen und ein ganzer Schwarm von Journalisten – und mit ihnen die ganze Welt – darauf warten, was man ihnen sagen wird.

Ein Teil des Teams hat den Papst in die Intensivstation begleitet. Die Menschen mußten die Gänge verlassen. Wir nahmen uns in acht vor den Fotografen, aber wir haben uns anscheinend doch nicht genügend geschützt, denn einem von ihnen – ich weiß nicht, wie er es gemacht hat – ist es gelungen, eine Aufnahme von der Überführung zu machen – trotz der Wachen des Vatikans, trotz aller Kontrollen.

Nachdem der Papst auf seinem Zimmer war, hat sich zum erstenmal das ärztliche Konsilium getroffen, um die Therapie festzulegen. Staatspräsident Pertini kam auf mich zu und sagte mir: ‚Sie rauchen zu viel.‘ Ich habe ihn darauf hingewiesen, daß er selbst oft nicht auf die Pfeife verzichten kann. Er entgegnete: ‚Auch mir bereiten die Politiker zu viele Sorgen.‘

In der Nacht stand der Papst noch unter der Wirkung der Narkose, doch alles ging gut voran, wie es das zweite ärztliche Bulletin aussagte. Ich habe noch einige Stunden den Patienten beobachtet, dann legte ich mich zur Ruhe. Doch ich konnte nicht einschlafen. Am frühen Morgen trank ich einen Kaffee und ging in die Intensivstation. Die Nachrichten waren gut und unser kleiner Rat konnte wieder zusammentreten, was in Zukunft zweimal täglich geschehen sollte.

Meine ersten Kontakte mit dem Papst waren ausschließlich beruflicher Art: ‚Haben Sie Schmerzen? Wie fühlen Sie sich?‘ usw. Das blieb so, bis der Papst aus der Intensivstation verlegt wurde. Es war eine Beziehung Arzt-Patient, erst später wurde daraus die Beziehung eines einfachen Menschen mit dem Papst, eines Katholiken mit dem Hirten der Kirche.

Ein Journalist hat mir den Vorwurf gemacht, wir hätten das Berufsgeheimnis verletzt; ja, man hat sogar geschrieben, wir sprächen vom Papst wie von einem Menschen! Natürlich, der Papst ist doch nicht ein reines Symbol, er ist ein wirklicher Mensch, der einen direkten und brüderlichen Kontakt zur Welt hat. Und eine solche Beziehung von Mensch zu Mensch ist unter uns entstanden. Wir sprachen über alles, über das Attentat, die Hintergründe, über sein Land und mein Land, über die Weltsituation, über meine und seine Familie, über seine und meine Freunde, seine und meine Mitarbeiter, also ein weites Feld von Themen.

Aus unserem Gespräch über das Attentat habe ich den Eindruck gewonnen, daß er sich vergeblich nach dem Sinn dieser unverständlichen Tat fragte, und so ist es auch: Warum er, der sich nie in politische Angelegenheiten einmischte, warum dieses Attentat gegen den Mann der Hoffnung und des Friedens? Hat der Türke aus eigenem Antrieb gehandelt, oder war er nur ein ausführendes Organ? Diese Frage hat er sich gestellt. Ob er die Antwort gefunden hat, das hat er mir nie verraten."

In diesem Punkt ist man nie über Hypothesen hinausgekommen. Ich weiß nicht, ob sich eine große oder eine kleine Macht finden läßt – und sei es auch mittels „Geheim"-diensten, die ja nicht solche wären –, die das Risiko auf sich nimmt, entlarvt zu werden durch eine Untersuchung oder ein Gerichtsverfahren. Doch die Vermutung liegt sehr nahe, daß der Türke nicht allein war und daß er seine Flucht organisiert hatte. Ein *Monsignore* der Kurie, der am Tag des Attentats seinen Wagen vor den Kolonnaden geparkt hatte, wurde von zwei Individuen mit dunkler Brille aufgefordert, sich aus dem Staub zu machen, ohne daß die beiden ihre Aufforderung mit einem Ausweis oder einem Abzeichen begründen konnten. Komplizen? Der *Monsignore* ist davon überzeugt. Es ist wenig wahrscheinlich, daß der Attentäter allein auf den Petersplatz gegangen ist und mit eigenen Mitteln zurückkehren wollte, nur geschützt von einer Waffe, die ihn verraten konnte und die nach dem vierten Schuß tatsächlich Ladehemmung hatte (das ist eines der Wunder dieses Tages).

Doch dann kommt der Professor auf seinen Patienten zurück. Er hatte zeitweilig einen künstlichen Ausgang.

„Der Heilige Vater wünschte eine ausführliche Erklärung über die Anatomie des Darms, über seine normalen Funktionen und über die Art und Weise, wie wir seine vorübergehende Schwäche ausgleichen mußten. Nicht daß er schon an eine zweite Operation dachte, die ihn davon befreien würde, sondern allein, um sich ein genaues Bild der Lage zu machen.

Seither hat er alle ärztlichen Maßnahmen ohne Diskussion und ohne Einwände akzeptiert.

Während seines zweiten Aufenthalts haben wir die Untersuchungen erweitert, eingeschlossen auch die Computer-Tomographie, kurz CT genannt. Als die Analysen bewiesen, daß er klinisch geheilt war, entschlossen wir uns zur zweiten Operation, die ihm wieder ein normales Leben ermöglichen sollte. Aber wann? Sollten wir ihn sofort operieren, trotz der Infektion durch den Zytomegalie-Virus, von dem er gerade genesen war? Da ein Patient in diesem Zustand nicht die besten Voraussetzungen mitbringt und da das Risiko groß war, die Infektion wieder aufleben zu lassen, sagte ich ihm – wie ich zugeben muß, um Zeit zu gewinnen –: ‚Heiligkeit, Sie können jetzt wieder in den Vatikan zurück.‘ Denn die Gefahr nahm offensichtlich ständig ab. Doch er zeigte dafür kein Verständnis. Er wollte das Krankenhaus erst dann verlassen, wenn er wiederhergestellt war wie früher, nicht vor der zweiten Operation. An dem Tag, als wir uns trafen, um den Termin für die zweite Operation festzulegen, hat er unerwartet selbst das Wort ergriffen und ungefähr folgendes gesagt: ‚Vergessen Sie nicht, daß Sie Ärzte sind; ich bin der Patient, und ich habe Ihnen meine Probleme als Kranker mitgeteilt, vor allem dieses: Ich möchte nur vollkommen geheilt in den Vatikan zurückkehren. Ich weiß nicht, wie Sie darüber denken, aber ich fühle mich sehr gut, selbst wenn die Untersuchungsergebnisse das Gegenteil sagen würden. Ich fühle mich wirklich in der Lage, eine zweite Operation zu überstehen!‘ Er versuchte uns also zu überzeugen, daß der Arzt nicht das Orakel sein darf, das seine Entscheidungen von oben herab auf den Patienten niedergehen läßt. Die Entschlüsse sollten in einer gemeinsamen Übereinkunft gefaßt werden; denn wenn es auf der einen Seite das Wissen und die Kenntnis der Medizin gibt, so steht auf der anderen Seite das, was der Patient von sich selbst weiß und kennt. Das wissen wir Ärzte zwar, aber wir vergessen es immer wieder. Es war nützlich, daß er uns daran erinnerte.

Der Heilungsprozeß dauerte bis zum 14. August 1981, ohne daß weitere Komplikationen aufgetreten sind. Ich würde sagen, daß er acht Tage nach dem Attentat ‚chirurgisch' geheilt war, doch dann kam die Virusinfektion hinzu, die er zu überstehen hatte. Nach der zweiten Operation war er dann geheilt ... von der Krankheit, die wir ihm zugefügt haben: dem künstlichen Ausgang. Am siebten Tag nach der zweiten Operation haben wir die Nähte gezogen. Wir sagten ihm: ‚Eure Heiligkeit ist geheilt, morgen können Sie uns verlassen.' Und er verließ das Krankenhaus am 14. August.

Nach einer Woche der Erholung habe ich ihn im August und September ‚betreut'. Ich besuchte ihn in Castel Gandolfo, wo er sich zu seiner Rekonvaleszenz bis zum Oktober aufhielt. Wir haben ihm geraten, langsam und schrittweise seine Arbeit wieder aufzunehmen. Allerdings ohne Erfolg. Kaum ging es ihm besser, hat er sich nicht mehr geschont.

Es stimmt, daß er abgenommen hat; das ist aber nicht eine Folge der Operation oder der Infektion oder der Arbeit, die er sofort wieder auf sich genommen hat. Wir haben ihm geraten, auf sein Gewicht zu achten. Er wog zu viel vor dem Attentat. Ein 60jähriger Mensch soll eher weniger als zu viel wiegen. Er hat eine Diät befolgt und fühlte sich wohl.

Der Zeigefinger heilte von allein unter der Obhut von Prof. Fineschi. Das Endergebnis kann die Welt selbst beurteilen.

Noch ein Wort: Der Papst arbeitet zu viel. Das habe ich ihm kürzlich noch einmal gesagt. Und es war nicht der Arzt, der sprach, denn diesen braucht er jetzt nicht mehr; es war, wenn ich mir dieses Wort erlauben darf, der Freund. Ab einem gewissen Alter muß jeder Mensch einen bestimmten Rhythmus für seine Arbeit finden, um so mehr, wenn er einen schweren Schock erlitten hat. Zu viel Arbeit kann selbst jungen Menschen schaden."

Dies alles erzählte mir Prof. Crucitti zwischen zwei Operationen, zwei Tassen Kaffee und zwei Zigaretten. Er verabschiedete sich mit den Worten: „Die Ärzte haben mit Kranken zu tun, wir Chirurgen nicht immer. Jemand leidet an einem Bruch zum Beispiel, er ist also nicht richtig krank. Wir sind es, die ihm – mit der Anästhesie und der Operation – die chirurgische Krankheit zufügen. Ein Grund mehr, um mit ihm eine Beziehung des Vertrauens, von Mensch zu Mensch, aufzubauen, und nicht von Krankenschein zu einer Nummer." Ein anderer großer Chirurg hatte mir eines Tages gesagt: „ Ich operiere doch keine Radios."

IV

Beim Gedanken, daß ihr Name in diesem Buch erscheinen könnte, errötete die Schwester. Wir werden also ihre Bescheidenheit respektieren. Die Schwester gehört zu jener Sorte von kerngesunden Krankenschwestern, denen die Quadratur des Kreises gelingt: Sie geben sich rund und eckig zur gleichen Zeit. Sie ist freudig, voller Leben und erinnert mich an die Gärtner, von denen man sagt, sie haben „grüne Hände", weil sie sich so sehr eingesetzt haben, um eine Pflanze vor dem Aussterben zu bewahren. Ihr Patient hatte von dieser Gabe profitiert. Sie hatte sich mit energischer Ehrfurcht um ihn gekümmert.

Sie gehört zu den Schwestern von Maria Bambina. In einer transparenten Plastikschatulle zeigt sie mir ein hübsches Baby, das wie die Orchidee eines großen Floristen kunstvoll in Windeln gewickelt ist, mit einem Heiligenschein, der durch das Kopfkissen allerdings leicht verrutscht war.

„Sie kennen die Verehrung des Kindes Maria nicht? Schade. Unser Orden hat eigentlich einen anderen Namen, aber man nennt uns die Schwestern von Maria Bambina wegen einer wunderbaren kleinen Statue. Hier ist also das Zimmer des Heiligen Vaters. Nein, er hat nichts verändert, auch nichts hinzugefügt, außer den Akten, vielen Akten. Kleider? Auch nicht. Er trug die des Krankenhauses. Das weiße Hemd ohne Kragen mit dem Band, einen blauen Bademantel, wie alle anderen Kranken. So ging er im Flur auf und ab. Oder zur Kapelle, in unsere kleine Kapelle in dem Teil des zehnten Stockwerks, der für uns reserviert ist. Als er arbeiten wollte, holte man den Tisch seines Zimmers an sein Bett, der dann auch als Altar für die Messe diente. Er hatte keine besonderen Ansprüche und verlangte nichts. Nach seiner Meinung kümmerte man sich zu sehr um ihn. Natürlich war ich in Sorge, als ich am ersten Tag zu ihm kam: Der Papst! Doch das war am nächsten Tag schon vorbei; ich hatte mich wieder gefangen. Eines Tages, als er nicht aus dem Bett wollte, habe ich ihm gesagt: ,Heiliger Vater, Sie *müssen* aufstehen, um zu Kräften zu kommen!' Er lächelte: ,Sieh mal an, die Schwester hat ihre Hemmungen verloren.' Mit einem Wort, mit einem Lächeln, kann er ein Klima schaffen, in dem man sich wohlfühlt. Sein Bett war nicht besonders groß. Nein, nicht weil wir die Schwestern von Maria Bambina sind, stellen wir Kinderbetten in die Zimmer, es sind überall die gleichen: Leichtbauweise mit Rädern; das ist bequem, wenn die Kranken irgendwohin gebracht werden müssen; man braucht sie nicht umzubetten – mit all den Apparaten.

Es war schon ein bißchen kurz für ihn, aber er hat sich doch zurechtgefunden. Er kam mit allem zurecht. Ein unkomplizierter Patient! Und so einfach. Wer hätte gemerkt, daß es der Papst ist, wenn nicht so viele Leute um ihn herum gewesen wären? Ja, er war der erste, der in diesen Trakt des Gebäudes aufgenommen wurde, wo früher die Ruheräume für die diensthabenden Ärzte waren. Er hat uns dieses Bild hinterlassen, Maria, umgeben von Kranken, und er, der als letzter dazukommt. Und dieses große Bild von der Schwarzen Madonna von Tschenstochau über seinem Bett. Nein, er hat nicht heimlich andere Etagen besucht. Er kam höchstens öfter in unsere Klausur am Ende des Ganges, um in unserer Kapelle zu beten. Er kam, kniete zunächst auf dem Fußboden nieder, dann in der ersten Bank, den Kopf in die Hände gestützt. Morgens und abends. An einem Sonntag hat er die Tür geöffnet, wo andere Kranke schon warteten. Wie sehr waren sie bewegt!

Wie alle Ausländer sprach er nicht viel. Hin und wieder machte er gern einen Scherz. Eines Tages kam er aus seinem Zimmer und sah niemanden auf dem Flur. Wir hörten ihn sagen: ‚Aha, sie sind alle weg; sie haben mich also im Stich gelassen.‘ Wir waren alle da, aber in einer Ecke oder in einer anderen, mit irgend etwas beschäftigt, ohne von den Wachen zu reden, die auf den Treppen warteten, vor dem Diensteingang, in der Etage darüber und darunter. Die Fenster sind blind, aber wie Sie sehen, kann man doch durch sie hindurchschauen wie durch eine opake Türfüllung. Er ging von Fenster zu Fenster und segnete die Kranken des Pavillons gegenüber. Die Kranken seines Gebäudes, die ihn nicht sehen konnten, ließ er am letzten Abend kommen, wenn nötig in ihrem Bett oder in ihrem Rollstuhl.

Die anderen Personen, die bei dem Attentat verletzt worden waren, sind nicht in der Gemelli-Klinik behandelt worden. Die junge Amerikanerin, die am Arm verletzt worden war, kam hierher, um ihn zu besuchen. Die andere hat er im Vatikan empfangen. Er betete viel. Einmal sagte er mir: ‚Die Welt hat das Recht, viel vom Papst zu erwarten, deshalb betet ein Papst nie genügend.‘ Nein, ich hätte ihn mir nicht anders vorgestellt, vielleicht weil ich ihn hier schon einmal erlebt habe, als er seinen Freund, Erzbischof Deskur, besuchte, noch bevor er ins Konklave einzog. Schon damals lernte ich seine Einfachheit kennen. Er war ‚in Reichweite‘.“

Ich denke an *Maria Bambina* in der Schatulle aus synthetischem Kristall; die Schwester trägt sie vorsichtig weg wie ein richtiges Baby, bevor sie sich wieder ihren Kranken zuwendet, denen sie sich mit der gleichen Fürsorge widmet wie den Päpsten.

Die Person des Prof. Manni läßt in mir das Bild von Granat-
äpfeln aufkommen, die unter einer rauhen Schale eine Menge
kleiner Körner verbergen, Blutstropfen gleich. Er ist von einer
außergewöhnlichen Sensibilität – den Bericht, den er mir gibt,
unterbricht er mehrere Male, um eine Entschuldigung zu mur-
meln, wobei er den Kopf von einer Seite zur anderen dreht wie
ein ertrinkender Taucher, der nach Atem ringt. Er will nicht
„Erinnerungen" sammeln, sondern eher ihre Umklammerung
lösen: „1967 habe ich schon mit meinem Lehrer Prof. Valdoni
an der Operation eines Papstes mitgewirkt: Es war Paul VI.
Damals machte ich die Anästhesie. Aber es war nicht das gleiche. Alles war vorbereitet, auch der Patient. Paul VI. wurde im
Vatikan operiert, in einem Flügel der Privatgemächer, den
Pius XII. zu einem Vorführraum für Lichtbildvorträge
umbauen ließ. Wir haben alles herbeigeschafft, um unsere
Operationsanlage zu installieren: Tisch, Lampe, die Geräte für
die Anästhesie und die Beatmung usw. Niemand hätte daran
gedacht, den Papst ins Krankenhaus zu schicken. Wir waren
weniger besorgt um die Operation selbst, die minuziös vorbereitet war, als darum, doch etwas vergessen zu haben, dieses
berühmte ‚Medikament, das man nicht braucht', ohne das es
aber dann doch nicht geht.

Am 13. Mai war die Situation völlig anders! Als ich im
Radio die Nachricht vom Attentat hörte, eilte ich unvermittelt
in die Klinik zurück, wo der Heilige Vater schon eingeliefert
worden war. Er war fast ohne Bewußtsein, erschöpft durch die
inneren Blutungen, die auch sehr schnell hätten tödlich sein
können, sein Blutdruck sank von Augenblick zu Augenblick.
Als ich ihn voller Blut auf dem Operationstisch sah, die beiden
Arme festgebunden für die Transfusionen und die Infusionen,
dachte ich an das Bild Christi am Kreuz. Ja, ich glaubte, den
Gekreuzigten zu sehen. Ich habe mich gebeugt, um ihm den
Ring abzunehmen. In der allgemeinen Aufregung hatte noch
niemand daran gedacht. Dann leitete ich die Anästhesie.
Bekanntlich hat die Operation mehrere Stunden gedauert. Die

Wiederherstellung des so schrecklich geschädigten Verdauungsapparates dauerte sehr lange, dazu kam eine Komplikation, verursacht durch eine Perforation des Sigma, die einen Infektionsherd in der Bauchhöhle darstellte, mit allen Gefahren, die so etwas für eine Operation mit sich bringen kann.

Zum Glück ist alles sehr gut verlaufen. Um Mitternacht haben wir ihn auf die Intensivstation gebracht. Ein wenig später begann die Wirkung der Narkose nachzulassen. Ich habe mich über ihn gebeugt, um ihm zu sagen: ‚Heiliger Vater, jetzt liegt es an Ihnen, uns zu helfen. Die Ärzte haben ihren Teil für Sie getan, jetzt brauchen wir Ihre ganze Mitarbeit, um diesen schwierigen Augenblick zu überstehen.‘ Er nickte mit dem Kopf und brachte mir damit sein Einverständnis zum Ausdruck.

Er hat sich fast nie beklagt; sobald er wieder sprechen konnte, waren seine ersten Worte ein Dank, fast eine Entschuldigung für all diese Umstände, die er der Klinik bereitet hatte, den Ärzten, Schwestern und dem ganzen Personal. Dann ist er wieder eingeschlafen.

Ich war todmüde. Eine Menge Menschen drängte sich in den Gängen. Ich mußte das ärztliche Bulletin vorbereiten. Staatspräsident Pertini hat das Durcheinander ausgenutzt, um sich einen Kittel zu besorgen und in die Intensivstation zu gelangen; er war ganz stolz, daß er der Erste war, der dort eintreten durfte.

Der Papst blieb fünf Tage dort, fünf entscheidende Tage, denn in dieser Zeit hätten noch Komplikationen auftreten können. Glücklicherweise wurde die Operation zu einem vollen Erfolg. Am letzten Tag erlosch die rote Gefahrenlampe, und wir haben den Papst in die zehnte Etage verlegt. Er hat nach mir verlangt und mir ein Bild von A. Fanfani, dem Präsident des Senats, gegeben, der auch ein talentierter Maler ist. Das Bild zeigte die Muttergottes von Tschenstochau: ‚Herr Professor‘, sagte er mir, ‚ich bitte Sie, dieses Geschenk anzunehmen als Dank für das, was Sie getan haben.‘

Mir kamen die Tränen, so wie auch jetzt. Er hat sich noch einmal bei uns allen bedankt. Bitte entschuldigen Sie; jedesmal, wenn ich an diesen Augenblick denke, bin ich innerlich bewegt.

Ich antwortete ihm: ‚Ich verlasse Sie nicht, meine Mitarbeiter und ich werden sich um Sie kümmern, zusammen mit den Kollegen der Allgemeinmedizin. Seien Sie froh, daß die Gefahr vorbei ist. Auch für uns ist das eine große Freude.‘

Als ich wieder zurückkam, hat er mich an diesen Augenblick erinnert, und als er wieder meine Bewegtheit sah, sagte er: ‚Herr Professor, Ihre große Rührung könnte gefährlich werden. Sie riskieren damit, meine hervorzurufen!‘

Nun gut, ich stand vor dem Papst, er hat über meine Ergriffenheit gesprochen, was er einige Monate später auch meiner Frau und meinen Söhnen gegenüber tat (der eine ist Arzt, der andere Rechtsanwalt). Ich bekomme immer noch feuchte Augen.

Wissen Sie, am 12. Mai, dem Vorabend des Attentats, hatte der Papst den medizinischen Pavillon des Vatikans besichtigt. Einige Monate zuvor hatten katholische Ärzte auf Initiative von Monsignore Fiorenzo Angelini einen Krankenwagen mit der Ausstattung für eine Intensivbehandlung gestiftet, um den Kranken auf dem Petersplatz helfen zu können. Es gab schon ein kleines Zelt für Notfälle, doch vom ärztlichen Standpunkt her war das nicht ausreichend. Der neue Krankenwagen war dem Heiligen Vater anläßlich seines Besuchs des Pavillons vorgeführt worden: Es war der zweite Wagen, der ihn einen Tag später zur Gemelli-Klinik fahren sollte.

Den Aufenthalt des Papstes hier nenne ich meine ‚neunzig Tage im Kloster‘. Vom 13. Mai bis zum 14. August mußte man ein regelrechtes Büro unterhalten; das hatten wir uns nicht erwartet. Die ganze Welt wollte sich um den Papst kümmern, man stellte die kühnsten Hypothesen auf oder erfand eigene Behandlungsmethoden; selbst als man die Beweise hatte, daß das Fieber von dem Zytomegalie-Virus herrührte, gab es eini-

324

ge, die nachweisen wollten, daß es sich um etwas anderes handelte. Sicher gehört der Papst der ganzen Welt, und es ist normal, daß sich die ganze Welt in einem solchen Fall Sorgen macht, doch es ist schmerzlich zu sehen, wie das kleinste Mißgeschick verzerrt und auf unvorstellbare Weise vergrößert wird.

Danach haben wir zugestimmt, daß bedeutende Kollegen aus dem Ausland den Heiligen Vater untersuchen können. Sie konnten sich davon überzeugen, daß die Operation perfekt ausgeführt und die Therapie angemessen durchgeführt war. Vor dem zweiten Krankenhausaufenthalt gehörte ich zu denen, die eine neue Operation verschieben wollten. Es war heiß, wir hätten keinen anderen Patienten unter diesen Bedingungen operiert. Wir sagten ihm: ‚Sie haben eine schwere Operation überstanden, Sie haben eine Infektion gehabt und sie überstanden, doch jetzt brauchen Sie ein bis zwei Monate Erholung. Wir werden Sie im Oktober operieren.‘

Doch der Papst hat einen eisernen Willen. Er wollte das Krankenhaus erst verlassen, wenn er wieder unter normalen Bedingungen leben konnte. Scherzhaft sagte ich ihm: ‚Wenn Eure Heiligkeit hier bleiben wollen, wird man Sie nicht vor die Tür setzen.‘

Er antwortete: ‚Entweder geht es dem Papst schlecht, dann kann er nicht entlassen werden, oder es geht ihm gut, dann muß er völlig wiederhergestellt werden, ohne Handicap.‘ Denn wegen seines künstlichen Ausgangs fühlte er sich in hohem Maße beeinträchtigt.

Er ist sehr hartnäckig gewesen. Er machte seine Späße mit uns: ‚Was hat denn der › Hohe Rat‹ heute gesagt? Was hat er in meiner Abwesenheit beschlossen?‘ – Daraufhin kam er zu unserer Besprechung, wo wir den Termin für die zweite Operation festlegten.

Er hat das Wort ergriffen und eine halbe bis dreiviertel Stunde gesprochen. Über die Beziehungen vom Patienten zum Arzt. Es müsse einen ständigen Dialog zwischen beiden geben.

Eine gute Lektion, die uns überzeugt hat. Ich hätte nie geglaubt, daß ich in diesem Punkt nachgeben würde. Doch man kann ihm nicht widerstehen. Wenn er eine Entscheidung getroffen hat, bleibt er dabei: Alle Einwände oder Gegenargumente der Welt können ihn nicht davon abbringen, zum Beispiel nach England und nach Argentinien zu reisen.

Ich habe ihn kürzlich wiedergetroffen bei der Einweihung des neuen herzchirurgischen Pavillons der Kinderklinik ‚Bambino Gesù‘ auf dem Janiculus. Er sagte mir: ‚Sie sind ja in exzellenter Form‘, worauf ich antwortete, daß ich genau das gleiche von ihm gedacht hatte.

Er ist ein außergewöhnlich robuster Mann; er hat auf das Attentat sehr gut reagiert; ich glaube auch aufgrund seiner körperlichen Robustheit als Bergsteiger.

Tagtäglich hat er große körperliche und geistige Anstrengungen auf sich genommen. Sein Leben hat mich erschreckt. Es ist ein ständiges Engagement. Nicht zu glauben, daß ein Pazifist wie er dem Attentat eines Terroristen zum Opfer fällt! Für den Frieden eintreten und von Pistolenschüssen dafür belohnt werden: Das muß psychologisch sehr hart sein. Er, der so menschlich ist, voller Güte, der so gut eine Distanz zwischen den Menschen aufzuheben vermag. Eines Tages ging er durch den Flur und überraschte mich, wie ich eine Praline aus dem Glas fischte, das mir eine Schwester anbot: ‚Aha‘, sagte er, ‚Sie sind eine Naschkatze? Wie die Großväter oder die Enkelkinder?‘ Ich antwortete, daß ich kein Kind mehr sei und noch nicht Großvater – meine Kinder sind noch nicht verheiratet – und daß ich nicht einmal gern Schokolade esse. Er lachte. Das zeigt, wie sehr es ihm gelingt, eine Kleinigkeit aufzugreifen, um aus ihr eine Freundschaft werden zu lassen.

Ein unvergleichlicher Mann. Ich werde nie die Tage vergessen, die ich in seiner Nähe verbracht habe. Sie waren ein außergewöhnliches Erlebnis für mich. Ich sagte meinen Kindern: ‚Euer Vater hat ein großes Glück erleben dürfen!‘ Und das hat er mir – und Ihnen – mitgeteilt!

Zwischen dem 3. und dem 24. Juni erscheint kein ärztliches Bulletin. Das vom 3. Juni trägt die Nummer 18 und besagt, daß sich der postoperative Zustand zufriedenstellend entwickelt. Die klinischen Werte bewegen sich in den Grenzen der Normalität."

Der Heilige Vater muß nicht mehr im Krankenhaus bleiben, er kann die Poliklinik verlassen. Der Text schließt mit einem Lob der Ärzte auf ihren Patienten, wegen seiner vorbildlichen Geduld und Gelassenheit, mit denen er ihnen ständig begegnete.

In diesem Augenblick können die zwei oder drei Milliarden Freunde des Heiligen Vaters in der ganzen Welt aufatmen. Doch es ist nur eine Atempause. Am 24. Juni gibt das Bulletin Nummer 19 bekannt, daß nach einer Zeit der allgemeinen Besserung den Patienten ein hohes Fieber befallen hat; es steht im Zusammenhang mit der Pleuropneumonie, die durch eine entsprechende Therapie rasch zurückging. Die Rückkehr des Fiebers hat einen neuen Krankenhausaufenthalt notwendig gemacht. Die zusätzlichen Untersuchungen und die Computer-Tomographie haben postoperative Komplikationen ausgeschlossen; die Untersuchungen nach einem Virus haben die Existenz eines Zytomegalie-Virus aufgedeckt.

Ich wollte wissen, wie sich diese Art zusätzlichen Terrors in den Organismus einschleichen konnte und wieso sie den Papst so schnell schwächen konnte. Prof. Sanna, Dekan der medizinischen Fakultät der Katholischen Universität und ein berühmter Mikrobiologe, beschreibt mir die Symptome der Krankheit: Fieber, Veränderungen des Blutbilds und Anzeichen einer Lungen- und Rippenfellentzündung sowie eine Leberschädigung: „Glücklicherweise", sagte er mir, „war das nicht eine Folge des chirurgischen Eingriffs, denn in dem Zustand, in dem sich der Patient befand, hätte er nur schwer eine weitere Operation ertragen können. Daß der Infekt durch den Zytomegalie-Virus verursacht wurde, wurde sehr bald entdeckt, vom 20. Juni an.

Man muß wissen, daß dieser Virus durch Bluttransfusionen übertragen werden kann. Während der Operation des Heiligen Vaters war eine große Menge frischen Bluts notwendig; da er eine seltene Blutgruppe hat, brauchte man mehrere Spender. Natürlich sind wir für solche Fälle vorbereitet, aber an jenem Tag kamen die Spender erst von allen Ecken Italiens herbei. Ich erinnere mich, daß ich den Chef der römischen Feuerwehr sah, wie er eine Anzahl Flaschen brachte. Zu unserem Unglück muß einer der Spender diesen Virus übertragen haben. Das kommt sehr selten vor, denn nur drei Viren können durch Bluttransfusionen übertragen werden: Hepatitis B, infektiöse Mononucleose und der Zytomegalie-Virus.

Wir haben sofort daran gedacht, und vom ersten Tag des Krankenhausaufenthaltes an haben wir Untersuchungen gemacht nach der Hepatitis, der Mononucleose und dem Zytomegalie-Virus. Die beiden ersten Untersuchungen sind negativ ausgefallen, die dritte positiv. Das bedeutete, daß es spezifische Antikörper der Klasse IgM (Immunglobuline der Klasse M) gab, die sich sehr schnell bilden und auch sehr bald wieder verschwinden; sie signalisierten eine akute Infektion. In der Folgezeit haben sich diese Antikörper ständig vermehrt und erreichten einen sehr hohen Prozentanteil.

Die Laboruntersuchungen wurden in Rekordzeit ausgeführt: drei Tage. Um einen Zytomegalie-Virus in Kulturen zu isolieren, benutzen wir menschliche Zellen, denn es handelt sich um einen *artspezifischen* Virus, der nur auf menschlichen Zellen lebensfähig ist. Diese Zellen sind *Fibroblasten*, längliche Bindegewebszellen. Der Virus weitet sie aus, daher spricht man von *Zytomegalie*. Den *Herd* bilden *zytopathogene* Erreger. Wir können nachweisen, daß es sich um einen Zytomegalie-Virus handelt, indem wir diesen Virus mit speziellen Antikörpern zusammenbringen. Auf diese Weise konnten wir ihn auch beim Papst identifizieren.

Nein, es gibt kein spezielles Antibiotikum dagegen, nur eine allgemeine Therapie, eine Aufbautherapie: Man hilft dem

Organismus, daß er selbst diesen Virus bekämpft. So nützlich die Antibiotika bei chirurgischen Komplikationen sind, so gilt das nicht in diesem Fall. Es ist der eigene Organismus, der den Virus bezwingt.

Der Papst wollte ihn sogar sehen; so habe ich ihm Dias davon gebracht."

Ich frage, ob man sicher sein kann, daß man diesen Schmarotzer in den Zellen gefunden hat, oder ob er plötzlich wieder auferstehen kann, gerade dann, wenn man glaubt, er sei ausgerottet?

„Der Zytomegalie-Virus kann in einem Organismus lange am Leben bleiben und auch wieder aktiv werden. Doch wir haben den Heiligen Vater genau beobachtet und nichts Besorgniserregendes feststellen können. Im Gegenteil! Wenn ich überlege, daß er in Fatima, England, Argentinien und in der Schweiz war, wo er, wie ich gelesen habe, in zehn Stunden zwölf Reden gehalten hat, dann bin ich fast versucht zu sagen: Es geht ihm zu gut. Er übernimmt Lasten, die niemandem auf der Welt zuzumuten sind. Und das macht uns Sorgen. Auch im Krankenhaus war es so. Sobald das Fieber für eine Weile verschwunden war, begann er zu arbeiten. Wir sahen ihn umhergehen mit Aktenordnern unter dem Arm. Später haben wir erfahren, daß es sich um die Enzyklika *Laborem exercens* handelte, die er im Krankenhaus überarbeitete und korrigierte."

Prof. Sanna erzählt mir dann von der berühmten Sitzung des „Hohen Rates". Die Ärzte wollten die zweite Operation möglichst lange hinausschieben (und sei es nur, um die Gefahr einer zweiten Transfusion zu vermeiden). Doch der Papst hat sie überzeugt, den 5. August als Termin festzulegen, den Tag Notre-Dame des Neiges, damit er, wenn alles gut ginge, am 15. August in St. Peter sein konnte, dem Fest der Aufnahme Mariens in den Himmel. Der liturgische Kalender hat sich also gegenüber der ärztlichen Terminplanung durchgesetzt, die Einfachheit der Tauben gegenüber der Klugheit des Äskulapstabes. Prof. Sanna und seine Kollegen waren erstaunt über die Worte des Heiligen Vaters, die Prof. Tresalti auf diese treffende Weise zusammenfaßte: „Mein ganzes Leben habe ich die Menschenrechte verteidigt. Heute bin ich dieser Mensch."

Nachdem ich mit seinen Ärzten gesprochen hatte, die unsere Bewunderung verdienen wegen ihrer Kompetenz und Opferbereitschaft, fragte ich Johannes Paul II., ob er diese Rede in Erinnerung hat als ein Wort der Beschwerde, das er an die Ärzte richtete. Er antwortete mir, daß er sich schon bei Kräften fühlte, auch wenn viele glaubten, er sei noch zu schwach. Er habe den Ärzten das sagen wollen, um ihnen zu helfen; er habe ihnen erklären wollen, wie der Patient, der auf dem Weg ist, seine Persönlichkeit zu verlieren, ständig dafür kämpfen muß, um sie wiederzugewinnen, daß er das „Subjekt seiner Krankheit" werden muß, anstatt „Behandlungsobjekt" zu bleiben, daß die Ärzte an der jetzigen Situation nicht schuld sind, da es sich um eine Angelegenheit des inneren Lebens handelt, aber daß sie sich der Gefahr bewußt werden müssen und daß sie Anstrengungen unternehmen müssen, damit die Person gezwungen ist, sich selbst zurückzuerobern. Dieses Problem der „Versachlichung" des einzelnen gibt es überall im Bereich der sozialen Beziehungen. Johannes Paul II. hält es für eines der größten Probleme der Philosophie – und eines der schwerwiegendsten Probleme der modernen Welt.

V

Als ich nach der zweiten Operation nach Castel Gandolfo
kam, erschien mir dieser Berg über dem Albaner See noch
schöner als sonst, die Sonne schien noch milder. Der fast ver-
lassene Platz mit den Sonnenblumen vor dem imposanten
Gebäude vermittelte den Eindruck verborgener Anmut eines
kleinen Strandes zu Füßen einer Felswand. Die Polizeikon-
trollen am Eingang der Stadt und an der Ecke des Platzes
waren verdoppelt. Doch die Schweizer Garde unter dem Por-
talvorbau bestand immer noch aus den zwei Männern, deren
Hellebarden weder schärfer noch stumpfer waren als früher
auch. Im Aufzug zu den Privatgemächern stand ich neben dem
Gemüse aus dem Garten. Der Papst war „sportlich" gekleidet,
das heißt mit einer weißen Soutane ohne den Kollar und ohne
Schultermäntelchen. Er machte einen Spaziergang im Park,
der sich über den anderen Hang von Castel Gandolfo hinzieht
bis zum Meer, das ca. zwanzig Kilometer entfernt ist. Auf
diesen langen, blühenden Terrassen stößt man bei jedem
Schritt und Tritt auf hartnäckige Überreste der riesigen Som-
mervilla des Domitian, des kleinen Theaters, wo die Schau-
spieler bis zur Erschöpfung vor dem Kaiser spielten, des
Geheimtores, das die Größe einer Kathedrale hat, des Wan-
delganges für Regentage, Überreste von diesem und jenem,
von Gebäudeteilen, die den Zeiten trotzten und anderen, welche die Zeit nicht überdauerten und die von ihr wie mit dem
Absatz in den Erdboden getreten wurden. Der Verfolger
konnte nicht ahnen, daß die Ruinen seines Luxus eines Tages
den friedlichen Betrachtungen des Verfolgten dienen würden.
Zu Tisch servierte man dem Heiligen Vater ein großes Glas,
ich glaube, es war gefüllt mit einem fleischigen Fruchtsaftge-
misch. Am Ende der Mahlzeit reichte man ihm ein Glas exqui-
siten Weins aus den Weinbergen Loretos, von einer Farbe, wie
wenn er aus einer Quelle mit Rosen rinnen würde. Die Antibio-

tika hatten in ihm eine Aversion gegen dieses Getränk erzeugt. Es war heute der erste Versuch zu einer Versöhnung. Er trank seinen Wein wie das Getränk mit den Vitaminen: ohne besonderen Genuß, aber auch ohne Abneigung.

Er war sehr abgemagert, seine Augen hatten noch nicht ihren alten Glanz wiedergefunden. Ich hatte den Eindruck, daß das Leiden in ihm ein fernes Nachhutgefecht lieferte. Man erinnert sich an seine Worte: Wenn man jung ist, wird man vom Schmerz *eingeschüchtert*, und man macht sich fast Vorwürfe, davon frei zu sein, wenn es viele andere trifft.

Das Unbekannte, das den niedrigen Beweggründen des Hasses entsprungen war und ihn an einem Festtag traf, hat ihn lange Zeit nicht verlassen. Er mußte diese überaus raffinierte Eifersucht erfahren, die die Menschen voneinander trennt und die zwischen ihnen und dem Mitleid, das aufkommt, unüberwindliche Räume schafft. Unter ihrem feurigen Schlag hat er einen zweifachen Todeskampf durchlitten, ohne zu klagen und ohne andere Schwächen als die physischen. Er hat alles mit einem unerschütterlichen Glauben ertragen und wie eine heimlich ersehnte Taufe dieses zweifache, überraschende Eintauchen in die Unendlichkeit erlebt; dennoch hat er sich nie vor dem Tod gefürchtet.

«Nicht wegen meines Mutes», sagt er, «sondern weil ich selbst in dem Augenblick, wo ich auf dem Petersplatz zusammengebrochen bin, die lebendige Vorahnung hatte, daß ich gerettet werde. Diese Gewißheit hat mich nie verlassen, nicht einmal in den kritischen Augenblicken nach der ersten Operation oder während der Viruserkrankung.»

Das war die härteste Prüfung. Eine Woche lang war es nicht so sehr die Angst vor dem Tod, sondern vielmehr die Angst, nicht vollständig zu genesen, gebrechlich zu bleiben, allen zur Last zu sein, auch der Kirche. Doch selbst diese Angst, so furchtbar sie sein mag, hat keine Berechtigung in seinem Vertrauen. Seine Umgebung in der Klinik zögerte, offen von Wunder zu sprechen, er wagte es ohne Bedenken: «Eine Hand hat geschossen», sagte er mir an diesem Tag, «eine andere hat die Kugel gelenkt.» Er zweifelt nicht daran, wer ihn vor dem tödlichen Schuß bewahrt hat; das Wunder wird beglaubigt vom Datum, an dem es geschehen ist: dem Jahrestag der ersten Erscheinung von Fatima.

Ein Jahr später unternimmt er eine Wallfahrt des Dankes, wobei ihn ein einfacher Priester mit einer blanken Waffe angreift und fast sein Ziel erreicht. Der Attentäter hatte schon das Stilett in der Faust und hielt sich in der Hocke bereit wie ein Infanterist, um aus seinem Loch herauszuspringen, als ihn der Chef der vatikanischen Wache festnehmen läßt. Der Geisteszustand des Integralisten, der sich vornimmt, einen Papst zu töten, das heißt, den Stein herauszubrechen, auf dem sein ganzes Lehrgebäude aufbaut, ist schlechthin unerklärbar. Aus dem Gefängnis, wohin er gebracht wurde, kam jedenfalls kein Wort des Bedauerns, weder von seiner Seite, noch von seiten seiner Anhänger. Es stimmt also doch nicht, daß die Familie um eine Audienz gebeten hat, zu der Johannes Paul II. bereit gewesen wäre, was er sie auch wissen ließ. Mit diesem Papst haben die Attentäter ein leichtes Spiel. So schnell sie gefaßt werden, so schnell wird ihnen verziehen. Seine Gerechtigkeit ist nicht die des Mittelalters. Einem Polen, der mir anvertraute, daß er sehr wohl wisse, „wer diejenigen seien, die die Hände des Türken bewaffnet haben", antwortete ich eilends: „Sagen Sie es nicht dem Heiligen Vater! Sonst fordert er uns auf, für diese zu beten." Denn in ihm gibt es keinen geheimen Winkel, in dem sich ein Groll verbergen könnte. Alles in ihm ist erfüllt vom Evangelium. Seit langer Zeit, seit jeher. So liegt es ihm auch fern, sich zu fragen, ob ihn diese Prüfung vom Mai verändert hat.

„Ich werde, der ich bin", gab Demokrit denen zur Antwort, die ihn fragten, wie es ihm gehe. Das Leid hat Johannes Paul II. in seinem Glauben bestärkt; es hat ihn für eine Zeit zum Weggefährten der Kranken gemacht, denen er sagen kann, daß er ihnen die Kirche anvertraut und daß sie vielleicht die einzigen sind, die ihr wirklich helfen können. Durch die Prüfung ist er das geworden, was er war, und das, was ich hier nicht aussprechen kann, weil ich befürchten muß, daß ein Bleistift an den Rand meiner Zeilen eines jener Fragezeichen setzt, durch die er mir in seiner zurückhaltenden Art zu verstehen gibt, daß er ganz und gar nicht meiner Meinung ist.

Doch alle Fragezeichen der Welt können mich nicht daran hindern zu sagen, daß dieser Pazifist ein Mann ist, der an die Menschen glaubt, selbst an jene, die ihre Hand gegen ihn erheben, weil er ihnen die Freude an diesen Glauben schenken möchte. Er ist ein Mann, der an Gott glaubt, vielleicht weil er den Menschen die Freude geben möchte, mit ihm zusammen an diesen Gott zu glauben.

So ist der Papst. Die „Apostelgeschichte", die Menschen und die Zeitungen nennen ihn Johannes Paul II. Doch der Name, den Christus ihm gibt, ist Petrus.

Inhalt